比较

总第111辑

2020年第6辑

COMPARATIVE STUDIES

吴敬琏 主编

中信出版集团 · 北京

比较

COMPARATIVE STUDIES

主管 中信集团

主办 中信出版集团股份有限公司

出版 中信出版集团股份有限公司

独家代理：财新传媒有限公司

电话：（8610）85905000 **传真：**（8610）85905288

广告热线：（8610）85905088 85905099 **传真：**（8610）85905101

电邮：ad@caixin.com

订阅及客服热线：400-696-0110（8610）56592288 **传真：**（8610）85905190

订阅电邮：circ@caixin.com **客服电邮：**service@caixin.com

地址：北京市朝阳区工体北路8号院三里屯SOHO 6号楼5层（**邮编：**100027）

目　录

Contents

第111辑

改革论坛 Reform Forum

金融评论 Financial Forum

新书架 New Books

拍卖理论的改进与新拍卖模式的发明

诺贝尔经济学奖评委会

1. 引言

把有价值的货品卖给出价最高的竞标人，或者从报价最低的竞标人那里采购所需的服务，此类活动可以追溯到人类有文字记载之初。古希腊历史学家希罗多德就记录过在他之前约 2500 年的古巴比伦的拍卖活动。① 在罗马帝国，债权人经常利用拍卖来出售从违约债务人那里没收的资产。到更为接近今天的时代，瑞典男爵克拉斯·罗兰布（Claes Ralamb）于 1674 年建立了世界上现存最古老的拍卖机构，即斯德哥尔摩拍卖行（Stockholms Auktionsverk）。除罚没资产外，该拍卖行还代表卖家出售类型广泛的物品，例如 17 世纪后期的瑞典国王卡尔六世在那里拍卖过一批狩猎武器。1744 年，塞缪尔·贝克（Samuel Baker）与乔治·利（George Leigh）则在他们新成立的拍卖公司售出了一套贵重书籍，价值 826 英镑。这间位于伦敦的企业日后将成为全球最大的艺术品拍卖机构，即索斯比拍卖行。

先不谈历史上的某些劣迹，拍卖在今天的重要性显然远远超出以往任何时

* 本文为诺贝尔经济学奖评委会对 2020 年诺贝尔经济学奖得主保罗·米尔格罗姆（Paul R. Milgrom）和罗伯特·威尔逊（Robert B. Wilson）的学术贡献的总结报告。感谢特邀编辑李一南提供的大力支持和帮助。——编者注

① 19 世纪的英国艺术家埃德温·朗（Edwin Long）在一幅著名画作中描绘了古巴比伦的拍卖。在 1882 年的拍卖中，该作品以 6615 英镑的价格被出售给托马斯·霍洛威（Thomas Holloway），创下了当时的现代画作的纪录。如今，该画作悬挂于伦敦大学霍洛威学院。

候。鱼类、鲜花和原钻等大宗商品，仍像多个世纪以来那样以拍卖的方式出售。政府债券等金融证券也经常以现代版本的古老拍卖机制来发售。各国政府还越来越多地依赖拍卖来出售伐木、采矿、采油和使用无线电频率的权利，以及从私人企业那里采购多种多样的产品和服务。过去10年来，互联网拍卖又变得无处不在。易贝（eBay）等网络平台通过拍卖来促成企业与企业（B2B）、企业与消费者（B2C）以及消费者与消费者（C2C）之间的各类交易。谷歌与雅虎等搜索引擎则利用拍卖来出售关键词位置排名和广告。

拍卖的应用增加刺激了有关拍卖的研究，而相关研究又进一步推动了应用。拍卖理论的改进与新拍卖模式的发明无疑是多人共同努力的成果，而来自斯坦福大学的两位学者在其中尤为突出，他们是保罗·米尔格罗姆与罗伯特·威尔逊，也是今年的诺奖获得者。他们的研究深化和拓宽了该领域的分析基础，回答了具有基础理论重要性的关键问题：面对不同拍卖模式和不同信息条件，竞标人会如何采取行动。他们的研究还回答了极具实践重要性的关键问题：监管机构与政府应该如何设计拍卖机制，以实现社会价值的最大化。此外，他们的研究成果直接改变了真实世界的重要市场的设计。这些发现不仅能让卖家获得更高收入，或能让买家降低采购成本，而且有利于把拍卖品卖给最适合的买家，或在采购中找出最适合的卖家。拍卖理论由此可以给全世界的监管机构和政府带来帮助，把物品与事务交给那些最有能力做妥善管理的当事人。

拍卖理论为科学研究的“意外之喜”提供了又一例证：在很多时候，受好奇心驱使而做出的基础研究的重大发现会找到出乎预料的实际用途。就拍卖领域而言，两位获奖人都既做出了基础研究成果，又参与了最重要的应用。

1.1 拍卖理论的改进

不同拍卖的区别主要在两个方面：模式和信息。模式方面涉及价格公布应遵循何种规则，竞标人如何投标，价格如何更新，拍卖怎样终结，以及“赢家”如何选出等？例如，英国式拍卖要求向上公开报价，直至没有人出更高价，拍卖品即以最高报价归属竞标人。信息方面涉及参与人对拍卖品的价值有多少了解。在大多数情形下，每个竞标人都拥有其他人不易观察到的某些信息。这些信息可能既包含竞标人对拍卖品的独特估值（私人价值部分），也包含他对拍卖品的特性发出的信号，而后者会影响其他竞标人的估值（共同价值部分）。

由于拍卖参与者往往有不同的目标和行为策略，对某位竞标人的行为的理解不能脱离其他竞标人的行为。拍卖并非零和博弈，恰恰相反，拍卖的要点正在于通过把拍卖品交给能最好利用它的人，从而尽可能地创造更多价值。因此，在严格分析拍卖之前，必须对零和博弈等特殊情形之外的非合作博弈进行一般性的理论概括。这一步骤是在 1950 年，由 1994 年诺贝尔经济学奖得主约翰·纳什在其数学博士论文中完成的（Nash，1950）。而针对每个竞标人都拥有某些私人信息的更为现实的拍卖场景的研究，则要等到威廉·维克里（William S. Vickrey）与约翰·海萨尼（John C. Harsanyi）对纳什理论的拓展，他们也分别荣获了 1996 年和 1994 年的诺贝尔经济学奖。

维克里在独立私人价值模型中全面分析了当时的不同拍卖机制（Vickrey，1961，1962），其含义是，每个竞标人对拍卖品的估值不会给其他人的估值提供信息参考。虽然在研究上有用，但这种场景设计在现实中颇为罕见。尤其是，对于转售价值至关重要的所有物品而言，上述独立信息假设都不合适。

海萨尼（1967，1968a，b）提出的均衡概念，则让威尔逊能够脱离独立信息假设来研究拍卖问题。具体来说，威尔逊（1969，1977）总结了另一种特殊场景下的均衡竞价与价格的特征，即拍卖品的事后价值对所有竞标人来说是相同的，但他们在事前对这个价值的估计拥有不同私人信息。在采矿权或金融资产等物品的拍卖中，这种共同价值模型远比独立私人价值模型更接近竞标人的目标设定。

然而，大多数真实世界的拍卖兼有私人价值与共同价值两个部分。曾在 20 世纪 70 年代作为威尔逊的博士研究生的米尔格罗姆，对这些更为现实的情形做出了决定性的新发现。在 20 世纪 80 年代早期的一系列成果中（尤其是 Milgrom，1981a，b；Milgrom and Weber，1982），他探讨了兼有私人价值与共同价值的一般情形，对竞标人的信息与估值分布采用较为合理但数学上易于处理的设定，从而推进了拍卖理论的发展。米尔格罗姆的详尽分析修订、综合并概括了许多早期成果。除了其他贡献，他的发现表明卖家在什么情况下可以通过与潜在买家分享专家评估意见，如真实性鉴定书或审查协定等，获得更高拍卖收入。他的拓展分析还使得可以通过预期收入的高低对不同拍卖模式做优劣排序。

1.2 新拍卖模式的发明

到20世纪90年代初期，拍卖理论研究者已经深入描述了绝大多数拍卖模式和信息设定下的单物品拍卖的均衡竞价结果。通过观察与实验数据，均衡竞价理论的许多预测得到了实证支持。与此同时，研究重点又从单物品拍卖转向了多物品拍卖。这一转变很大程度上是由于需要利用市场来交易类型广泛的物品，如无线电频段、电力以及“问题债务”组合，它们在过去是采用其他方式配置的。此类物品的交易数量和规模往往非常惊人，几个百分点的效率提高，对企业、客户与纳税人而言可能意味着数十亿美元的收益。

如何收获这些利益是一项挑战，要求发明新的拍卖机制。大量彼此相关物品的拍卖，提出了过去的“标准”拍卖机制研究没有遇到或忽略掉的议题。例如，无线电频段需要同时做多物品拍卖，这是因为不同通信渠道的频段在技术上和空间上存在互补性。电力拍卖同样如此，因为要考虑电力分配的规模经济和范围经济。另外，关联物品拍卖中常见的物品互补性、竞标人外部性以及其他特征，又可能诱使竞标人下调自己的需求并寻求串谋，由此可能导致拍卖品不能由对其估值最高的竞标人获得。

设计新的拍卖模式以缓解上述问题，通常需要拍卖理论研究者、监管机构与私人企业各方面的投入。因此，实际拍卖设计同工程项目类似，经过扎实训练的专家可以针对特定经济场景设计出合适的拍卖机制，好比经验丰富的工程师可以针对特定地点设计出合适的桥梁。①

米尔格罗姆与威尔逊通过对关联物品拍卖中某些关键议题的识别和分析，发明了若干有价值的新拍卖模式和具体设计。同时多回合拍卖（Simultaneous Multiple Round Auction）作为其中最知名的例子，是他们同普雷斯顿·麦卡菲（Preston McAfee）合作，为1994年美国联邦通信委员会的无线电频段拍卖而设计。这一拍卖模式此后成为全球拍卖频段许可证采用的主要方法。他们设计的其他拍卖模式还包括：份额拍卖（Share Auctions，Wilson，1979）、组合时钟拍卖（Combinatorial Clock Auctions，Ausubel、Cramton and Milgrom，2006），以及激励性拍卖（Incentive Auctions，Milgrom et al.，2012）等。

---

① 拍卖理论是热闹的市场设计研究领域的两个主要方面之一，另一个是匹配理论，2012年诺贝尔经济学奖授予阿尔文·罗斯（Alvin E. Roth）与劳埃德·沙普利（Lloyd S. Shapley），主要是因为这方面的研究成果。

拍卖理论的改进不仅带来了新拍卖模式的发明，也有助于把对不同交易制度的研究统一起来，让我们能认清拍卖同市场标价交易及其他谈判交易的紧密联系。拍卖理论的概念还能帮助理解其他一些初看上去与拍卖殊为不同的经济现象，如收购战和价格消耗战等（Klemperer，2003）。罗杰·迈尔森（Roger B. Myerson）于 2007 年因为机制设计获得诺贝尔经济学奖，让·梯若尔（Jean Tirole）于 2014 年因为对监管理论和竞争政策的贡献而获奖，他们的获奖研究都利用了拍卖理论的相关成果。

1.3 本文的内容结构安排

本文第 2 节将介绍单物品拍卖研究的一个正式理论架构。利用该理论，首先介绍维克里关于私人价值特殊场景的发现，然后是威尔逊关于共同价值特殊场景的研究，以及米尔格罗姆对兼具私人价值与共同价值的场景的研究。之后简要讨论两位获奖人及其合作者对拍卖理论的改进如何推动实证研究者利用观察和实验数据验证理论预测。

本文第 3 节将介绍多物品拍卖。这里描述的一个核心困境是，试图兼顾拍卖收入与有效配置的监管机构会面临挑战。本节将展示，在过去几十年里，米尔格罗姆与威尔逊发明了某些最重要的拍卖模式，以应对此类挑战。

第 4 节将简要提及拍卖理论研究对其他领域的促进，以及两位获奖人在密切关联的其他研究领域的主要成果。

第 5 节做简要总结。

2. 单物品拍卖

通过引入一个灵活的模型设定，利用关于信息条件与拍卖交易规则的不同假设可以做不同方向的特定探讨，这样更便于描述拍卖理论的某些基本成果。第 2.1 小节将介绍单物品拍卖的一般理论架构，第 2.2—2.4 小节将探讨在不同特殊情形下的理论发现。这些发现带来了若干可以实证检验的预测，因此第 2.5 小节将介绍，这些预测已经用计量经济学和实验方法做了检验。

2.1 一般理论架构

设想有位卖家希望拍卖一件不可分割的物品。我们把潜在竞标人的数量设为固定值，以 B 代表。然后，竞标人 $b \in \{1,\cdots,B\}$ 对物品的估值由以下函数给定：$v_b = V_b(\theta,\beta)$，这里 $\theta = (\theta_1,\cdots,\theta_B)$ 代表每个竞标人观察到的私人信号的矢量。其中或许包含竞标人 b 对拍卖品的个人评价，如欣赏画作的愉悦感，或者使用该物品耗费的个人成本，如行使采矿权的私人成本等。相反，$\beta = (\beta_1,\cdots,\beta_S)$ 代表实际价值状态函数的矢量，影响拍卖品对所有竞标人的价值，例如对矿产储量的估计，或者决定矿产价格的因素等。其中某些变量或许只有卖家知道，例如在矿产的拍卖案例中，卖家或许已做过某些地质测试，但结果对外保密。①

下文的第 2.2—2.4 小节将指出，不同拍卖模型会有不同的信息假设：状态函数的维度、每个拍卖参与人得到的确切信息（信号）、θ 与 β 的分布，以及它们之间的条件依存度等。模型还可以用不同假设反映不同拍卖模式：价格如何公布，竞标人如何报价，价格如何更新，拍卖如何结束，赢家如何选择等。

早期拍卖理论对四种拍卖模式的竞标策略和结果做了比较研究，这些拍卖模式包括（以字母顺序排列）：

（D）荷兰式拍卖或时钟拍卖（Dutch or Clock auction）：价格从卖家设定的一个高水平开始，逐渐降低，直至有竞标人接受，并以此价格付款；

（E）英国式拍卖（English auction）：从较低的起步价（通常根据卖家建议）开始，通过公开报价而提价，在所有人见证下，直至没有竞标人愿意给出更高报价，此时最高报价者胜出，并按最终报价付款；

（F）最高价格（密封报价）拍卖［First-price（sealed-bid）auction］：竞标人提交一次性报价，其他人无法观察到（例如，封在信封里），最高报价者胜出，按照其报价付款；

（V）次高价格（密封报价）拍卖或维克里拍卖［Second-price（sealed-bid）or Vickrey auction］：竞标人用密封方式提交报价，最高报价者胜出，不过按照次高报价付款。

这些常见拍卖模式被用于出售类型广泛的物品、资产和大宗商品。例如，荷兰的阿尔斯梅尔鲜花拍卖市场每天利用荷兰式拍卖出售约 2000 万份鲜花，纽约联邦储备银行利用时钟拍卖向主要交易商出售债券，为美国财政部筹集资

① 某些拍卖模式中的报价行为还取决于竞标人对风险的态度。通常为简化起见，会假设所有竞标人是风险中立的，比如他们对任何彩票的估值都等于其预期收益。

金。英国式拍卖或许是如今最常用的拍卖模式，至少对易贝等网上平台的私人单物品拍卖是如此。最高价格拍卖是企业和其他组织采购产品与服务，以及各国政府发包公共合同与分配采矿租约的常用工具。次高价格拍卖较为少见，但也有多个世纪的应用历史，例如收藏品的出售，也被今天的互联网搜索引擎用来出售广告位。

拍卖总是由一家拍卖商操办，其任务是执行拍卖规则。在历史上，拍卖商总是由真人担任。但如今，计算机软件可以替代人类拍卖商，以提高交易速度和频率。在多物品拍卖中（见本文第 3 节），计算机还能完成人类拍卖商难以胜任的更复杂的交易。与之类似，竞标人在历史上多为亲自报价。而今，电子化代理人，通常称为代理竞标人，经常基于预先对支付意愿和标准化提价或降价的设定，来替代真人参与竞价。

2.2 私人价值

维克里（1961）在其开创性论文中探讨了纯私人价值环境下的单物品拍卖机制。利用上文介绍的符号，维克里模型考察的是竞标人信息中不包含任何共同价值的特殊情形，即 $S=0$。另外他还假设，估值与私人信号相同，即 $v_b=\theta_b$，也就是说，每个竞标人 b 知道自己对拍卖品的私人估值 θ_b，但卖家和其他竞标人都不知道（$j\neq b$）。① 具体而言，维克里假设估值 θ_b 是统计上独立的随机变量，因此其模型也被称作独立私人价值模型。最后他还假设，竞标人属于风险中立、事前对称的类型：每个估值 θ_b 都来自相同的概率分布。

主要发现与启示。维克里（1961）首先考察了四种主要拍卖模式之间的“策略等价性”。他发现最高价格拍卖与荷兰式拍卖具有策略等价性：竞标人在荷兰式拍卖中打算退出的最优价格对应着他在最高价格拍卖中的最优报价。不过，这些拍卖模式不存在占优策略，因为最优报价取决于其他竞标人的策略。下调自己的报价，可以在赢得拍卖时降低成交价格，但也会降低取胜的概率。最优报价需要在两种考虑之间做平衡。

维克里（1961）的研究还表明，与最高价格拍卖和荷兰式拍卖不同，次高价格拍卖中的每位竞标人 b 都有一个占优策略，即严格按照自己对拍卖品的私人估值 θ_b 报价。这样做的话，当他的估值高于最高的竞争性报价时，他会赢

① 对于竞标人了解彼此的信息，但卖家不了解的情形，可参见 Cremer and McLean（1988）。

得拍卖并获得正收益。当他的估值低于最高的竞争性报价时，就不会赢得拍卖。如果报价低于 θ_b，则会承担不必要的放弃收益的风险。如果报价高于 θ_b，则会承担不必要的发生亏损的风险。此外，英国式拍卖与次高价格拍卖具有策略等价性。竞标人在英国式拍卖中打算退出的最优报价对应着他对拍卖品的估值。因此在这两种拍卖机制中，有最高估值的竞标人都会获胜，并且按次高估值支付拍卖价格。

利用博弈论的证明，维克里（1961）指出四种常见拍卖模式在他的模型中都具有效率，也就是说，拍卖品最后会配置给对其估值最高的人，而且会给卖家产生相同水平的预期收入。后一项发现被称为收入等价定理（revenue equivalence theorem）。

拓展与深入研究。维克里（1961，1962）的研究探讨了私人价值模型的两项重要拓展。其一是有多个相同物品的多物品拍卖，此类拍卖将在本文第 3 节讨论。其二是事前非对称性。维克里通过案例指出，当竞标人处于非对称状态时，上述四种拍卖模式不能一般地以预期收入来排序。对某些分布状态来说，最高价格拍卖比次高价格拍卖的预期收入更高，而对其他分布状态来说排序则相反。维克里还发现，最高价格拍卖对非对称竞标人是缺乏效率的，而次高价格拍卖和英国式拍卖总是有效率的。

在 1961 年的一篇论文中，维克里证明了估值一致分布情况下的预期收入等价定理，并将其拓展到更为一般的分布类型（Vickrey，1961，1962）。在 20 年后的一篇论文中，2007 年诺奖得主迈尔森指出，当有最低可能估值的竞标人没有预期支付时，收入等价可以扩展到风险中立和事前对称的竞标人的任何有效率拍卖中（Myerson，1981）。① 本节其余部分和第 3 节将介绍这样的分析，它们已被用于不同的信息条件设定与拍卖模型中。

2.3 共同价值

私人价值假设认为，每位竞标人的估值都只依据自己特定和独立的条件，如本人的品位，或拍卖品的私人用途。但大多数情况下，价值并非纯私人属

① 后来的研究得出了更多结果（Myerson，1981；Riley and Samuelson，1981），关注最优拍卖问题：何种机制能使卖家的预期收入最大化？在某些重要案例中，如果与仔细选定的保留价格（最低报价）相结合，上述四种拍卖模式都是最优拍卖。有关研究可参阅 Holt（1980），Harris and Raviv（1981）。

性，而是相互依赖的。在有相互依赖时，如果某位竞标人了解到其他人的估值，就可能修正自己的估计。例如在石油开采权拍卖中，有若干企业为之前尚未开发的某个地区的采油权竞标，那里能采出多少石油，对这些企业都存在不确定性。每家企业都可以雇用专家做地震波和其他地质测试，测试的结果让它们各自对开采权的价值有不完美的估计。然而，如果某家企业了解到另一家的测试结果，它就可能修正原有的估计。

威尔逊为建立相互依赖价值条件下的拍卖理论做出了最早的关键性贡献（Wilson，1969）。他的模型有时也被称为采矿权模型（mineral-rights model），在提出模型的近10年后，他又做了深入分析（Wilson，1977）。采用前文介绍的一般理论架构，该模型代表了如下特殊情形：对所有竞标人 b 而言，都有 $S=1$，$v_b=\beta_1=\beta$，但每个竞标人对这一共同价值是多少并不确定。由于这一不确定性，每个竞标人的报价都要根据与 β 有关的某些私人信息。由于竞标人掌握着不同的私人信息，他们对 β 的估计也不同。可以描述为：每个竞标人 b 观察到信号 θ_b，后者服从条件概率密度函数 $h_b(\theta_b \mid \beta)$。较高的 β 值会随机导致较高的 θ_b，使信号存在正相关（但都独立于 β）。这被称为条件－独立假设（conditional-independence assumption）。

主要发现与启示。威尔逊对共同价值条件下的最优报价做了首个均衡分析，在采矿权模型中推导出了贝叶斯纳什均衡（Wilson，1969）。他得到的一个核心发现是，赢家或许会高估真实价值。例如，再以石油开采权拍卖为例，竞标人 b 的信号 θ_b 如今对应着他对于可采储量的估计，较高的 θ_b 也会包含 b 对于采矿权价值的乐观态度。受乐观情绪影响，他愿意提出较高的报价。而事实上，由于竞标人的估计存在独立误差，赢得拍卖的将是最乐观的竞标人。但因为 θ_b 是独立的，赢家就可能高估真实价值。

对此，假设仅有两个事前对称的竞标人的情形，即 $B=2$。在提交报价前，竞标人 $b \in \{1, 2\}$ 观察到的私人信号为 $\theta_b=\beta+\varepsilon_b$，其中，$\beta$ 是真实价值，ε_b 是异质性的零均值的噪声项。当竞标人 b 为石油开采权提交报价时，他对价值的最佳估值将满足 $E[\beta \mid \theta_b]=\theta_b$。由于均衡报价是这些估计值的增函数，因此有最高异质性信号 ε_b 的竞标人会赢下拍卖。这意味着，赢得拍卖会提供另一位竞标人的信号的定性信息。如果竞标人1获胜，他可以确信 $\theta_2<\theta_1$，其预期价值满足 $E[\beta \mid \theta_1, \theta_2<\theta_1]<\theta_1$。因此，赢得拍卖对石油开采权价值来说可能是“坏消息”。除非竞标人得到的是负面异质性信息（即 $\varepsilon_2<\varepsilon_1<0$），

获胜确实会是坏消息。这一现象被称作“赢家诅咒”。①

威尔逊对赢家诅咒现象做了首次严格的理论分析，并以此揭示最高价格拍卖中的竞标人具体应该如何行动，以“隐蔽”自己的报价，避免过高报价。这要求采用比仅考虑私人价值时更复杂的策略思维。

虽然纯共同价值模型提供了一些有意思的启示，却没有对不同拍卖规则下的配置效率做更多分析。由于除异质性事前信号外，所有竞标人都是相似的，他们对拍卖品有相同的事后价值评估：$v_b = \beta$。这表明，只要能把拍卖品配置到估值最高的竞标人手里，任何拍卖规则都自然是有效率的。但第2.4小节将指出，如果竞标人同时受到私人价值与共同价值的影响，情形会有所不同。

拓展与深入研究。威尔逊证明了信息不对称会如何影响共同价值拍卖中的均衡报价水平（Wilson，1967）。在他分析的拍卖中，一位竞标人知道拍卖品的共同价值，另一位对此只有噪声估计。在密封报价拍卖中，不知情的竞标人必须随机报价。知情的竞标人大多数时候会获胜，并可望获得最大利润，但不知情的竞标人依然可以提出能够盈利的报价。

奥尔特加－莱克特（Ortega-Reichert，1968）把威尔逊（1969）的某些结论做了一般概括。罗斯科普夫（Rothkopf，1969）则独立探讨了共同价值问题，但没有考虑贝叶斯纳什均衡报价问题。② 后来有许多学者研究了不同类型的共同价值模型，包括威尔逊（1977）、米尔格罗姆（1979，1981b）、恩格尔布雷希特－威根斯等人（Engelbrecht-Wiggans et al.，1983），以及马斯金和莱利（Maskin and Riley，2000）等。除其他成果外，这些后续研究发现若干结论对竞标人非对称性较为敏感。总之，威尔逊的研究（1967，1969，1977）给米尔格罗姆分析兼具私人价值与共同价值的拍卖奠定了基础。下面就转入有关介绍。

---

① 关于赢家诅咒的实证研究最早来自 Capen et al.（1971），针对海洋石油钻井租约拍卖。该研究（第641页）指出：“常识告诉我们，租约拍卖的赢家通常是最高估储量潜力的竞标人，因此‘成功’的竞标人或许根本不会那么成功。”当然，这只是极其丰富的实证研究的序幕，本文第2.5节将做详细介绍。

② 贝叶斯纳什均衡（Bayesian Nash equilibrium）概念由1994年诺奖得主海萨尼在20世纪60年代后期的系列论文做了普遍发展（Harsanyi，1967，1968a，b）。需要提示一点，威尔逊于1969年发表的论文在1966年已作为工作论文广为流传。

2.4 私人价值结合共同价值

独立私人价值（Vickrey，1961）与纯共同价值（Wilson，1969，1977）均属于更一般的信息设定中的特殊情形。许多真实世界的单物品拍卖应该兼具私人价值和共同价值的部分。米尔格罗姆对于此类混合拍卖的研究做出了基础性贡献（Milgrom，1981b）。具体来说，他证明了单调似然率特征假设（monotone likelihood ratio property assumption）在研究不完全信息条件下的策略互动时的关键作用。他之前就做过严格分析（Milgrom，1981a）的这一特征表明，估值更高的信号比估值更低的信号代表“更好的消息”，因此，估值更高的私人信号更有可能得到更高的实际价值。尤其是，米尔格罗姆的单调似然率特征加上威尔逊的条件－独立假设，意味着竞标人应该采用单调竞价策略，即最优报价随着自己的信号单调递增。该特征还能确保，满足相应的一阶条件足以确立这种策略的最优属性。

以这些初步成果为工具（Milgrom，1981b），米尔格罗姆与韦伯得以考察远远超出之前所有研究的信息设定条件（Milgrom and Weber，1982），几乎包含本文第2.1小节提到的所有领域。在他们的模型中，每位竞标人都得到私人观察信号 θ_b（如关于自己的石油开采成本的信息），以及影响拍卖品共同价值的有关状态变量 β 的信号（如石油储量或者采矿权期限内的预期石油价格等）。还有某些状态变量可能只有卖家才知道。

估值表达式为：$v_b = V_b(\theta, \beta)$。米尔格罗姆与韦伯假定，信号 θ 与状态 β 的整个矢量都以非递减方式进入每位竞标人的估值函数，其含义是，变量的作用使得任何更高的输入都会略微提高每位竞标人的收益。为分析这一模型，他们沿用了某些简化假设，如竞标人是风险中立的，其偏好同信号的关系保持事前对称等。该模型的突出特点还在于一个关键假设，即竞标人的私人信号与只有卖家知道的变量有附属联系，这种正相关关系同单调似然率特征紧密相关。

例如在石油开采权案例中，假设某家企业获得了有关储油矿区价值较为有利的私人信息。大致来说，上述附属联系意味着，该信号值越高，不仅储油矿区实际价值较高的概率会（略微）越高，而且其他石油企业有更高估值的概率也越高。对此可以设想仅有两位竞标人的情形，$b \in \{1, 2\}$，它们的私人信号 θ_1 和 θ_2 有较高和较低两种可能的实现值，记为 H 和 L，使得：$\theta_1^H > \theta_1^L$，$\theta_2^H > \theta_2^L$。如果用 f 代表这些信号的联合概率密度函数，附属性质将意味着：

$f(\theta_1^H, \theta_2^L) f(\theta_1^L, \theta_2^H) \leqslant f(\theta_1^L, \theta_2^L) f(\theta_1^H, \theta_2^H)$。或者说，更有可能出现的情形是，两个私人信号有相近的（较高或较低）估值，而非相反的估值。① 现有的实际数据看起来可以支持单调似然率特征与附属联系假设。②

主要发现与启示。米尔格罗姆与韦伯（1982）在其信息设定中推导出了不同拍卖规则下的均衡报价的准确条件。这些发现让他们得出了两个关键结果。首先是英国式拍卖得出的预期收入略高于次高价格拍卖，而次高价格拍卖的预期收入又略高于荷兰式拍卖与最高价格拍卖。其次是卖家通过对自己的私人信息做专家评估的策略，可以得到更高的预期收入。

这两个结果均与所谓“连接原则”（linkage principle）有关。该原则基于如下发现：每当某种拍卖模式能更好地汇聚竞标人的私人信息时，就能产生比其他拍卖模式更高的预期收入。以英国式拍卖与密封竞标拍卖为例，相比后者，英国式拍卖在竞价过程中揭示了私人信号的相关信息，例如竞标人在何时退出。于是英国式拍卖中的价格就比密封竞标拍卖中的价格反映了更多私人信息。如果在竞价过程中有更多附属联系信息被揭示给竞标人，就可以缓解赢家诅咒现象，由此鼓励更积极的报价，给卖家带来更高的预期收入。

再来看收入排名的第一项主要发现。如之前第 2.2 小节所述，英国式拍卖与次高价格拍卖在独立私人价值模型中是策略等价的，但由于英国式拍卖的竞标人在附属价值模型中知道了更多私人信号的有效信息，而在密封竞价拍卖中不存在类似的学习过程，共同价值因素就会破坏两种拍卖机制在附属价值模型中的策略等价性。于是，连接原则会确保英国式拍卖中的预期收入将略高于次高价格拍卖。与之相反，荷兰式拍卖与（密封）最高价格拍卖依然具有策略等价性。在这两种拍卖机制下，赢家只知道其他报价（及其他人的私人信号）低于自己，但在拍卖结束之前并不清楚其他人比自己低多少。因此，英国式拍卖会给卖家提供略高于次高价格拍卖的预期收入，而次高价格拍卖的预期收入

---

① 假设以概率密度函数f来决定一组变量的联合分布（借鉴 Milgrom and Weber，1982），则附属关系的确切定义为：对于所有适量x与x'，有$f(x \vee x') f(x \wedge x') \geqslant f(x) f(x')$，其中，$x \vee x'$是$x$与$x'$的分量方式的最大值，$x \wedge x'$是最小值。

② 对于单调似然率与附属联系特性的有效性的实证检验，可参见 de Castro and Paarsch（2010）、Li and Zhang（2010）、Roosen and Hennessy（2004）。这些研究还在相应的拍卖和信息条件下为附属联系假设提供了实证支持。第一项研究是关于成本，后两项是针对报价。

又略高于最高价格拍卖及荷兰式拍卖。①

类似的逻辑可以支持第二项主要发现背后的直觉：卖家可以把自己的私人信息以非策略方式展示给潜在买家，从而提高预期收入。对卖家是否揭示信息的情形，可以设想为两种不同的拍卖机制。以连接原则的逻辑看，如果卖家分享其私人信息，相比对这些信息严格保密的情形而言，最终的拍卖价格会包含更多的私人信息。增加的信息将帮助缓解赢家诅咒，从而鼓励更积极的报价，最终带来更高的收入。对于在拍卖前给潜在买家提供专家评估意见的普遍做法，这一洞察从理论上奠定了基础，例如艺术品拍卖前的真品鉴定、房地产拍卖中的检查报告，以及油气开采权拍卖中的实验勘探结果等。

2.5 理论与数据

对特定拍卖机制下的均衡报价与价格的确切预测为实证检验铺平了道路。这方面的一种方法是利用公共拍卖中产生的丰富观测数据，另一种方法则是借助实验来检测特定拍卖的预测。2002 年诺贝尔经济学奖得主弗农·史密斯（Vernon L. Smith）是后一方法的先行者，如他与拉森提（Stephen Rassenti）和布尔芬（Robert Bulfin）合作开展的机场时段拍卖机制的开创性研究（Rassenti et al.，1982）。

本小节将回顾对单物品拍卖的丰富实证研究得出的部分成果，特别聚焦于同米尔格罗姆和威尔逊的核心贡献联系最密切的实证研究。

简化的观测研究。早期实证研究的目标是利用观测数据检验最基本的理论预测，例如，约翰逊利用美国林务局的拍卖操作的变化检验收入等价定理，发现密封报价拍卖的收入更高（Johnson，1979）。然而这一证据较为薄弱，而汉森（Hansen，1986）和其他人没有在不同拍卖模式之间发现显著的收入差距。早期检验结果不确定的一个可能原因是，被考察的拍卖并不满足私人价值模型下的严格信息设定条件。

---

① 英国式拍卖带来的收入高于密封竞价的最高价格拍卖，这在真实世界的拍卖商中间似乎是经验之谈。然而这在理论上需要竞标人对称与风险中立的假设，假如竞标人是风险厌恶型的，那么原则上排名会倒过来（Maskin and Riley，1984）。关于风险厌恶型竞标人的拍卖研究，可参阅 Holt（1980）、Milgrom and Weber（1982）、Matthews（1987）。英国式拍卖还有另一个突出特点：即使面对非对称的竞标人，也可以实现拍卖品的有效配置（Maskin，1992；Krishna，2003）。

20世纪80年代后期，肯尼斯·亨德里克斯（Kenneth Hendricks）与罗伯特·波特（Robert H. Porter）意识到，共同价值模型与附属价值模型给实证研究提供了现实而有用的基础。在一系列论文中，他们（尤其是Hendricks，1987；Hendricks and Porter，1988；Porter，1995）分析了美国的近海抽采租期拍卖数据。

他们的研究（Hendricks et al.，1987；Hendricks and Porter，1988）指出，针对特定拍卖中出租的区域，拥有邻近区域的“相邻”企业对租约的价值更为了解，而“非相邻”企业缺乏了解，更容易遭受赢家诅咒。共同价值模型与附属价值模型都认为，非相邻企业会更少参与拍卖，参与时也更不容易胜出。还有，相邻企业应该获得正的平均利润，非相邻企业平均应该获得零利润，并且在相邻企业不参与竞价时会获得负利润。根据简化的经济计量模型，他们发现有证据显示，这些预测在油气拍卖中是成立的。波特（1995）的进一步观测研究考察了石油开采量、产业成本和石油价格等数据，以便对赢家的回报做事后测算，由此可以直接估计赢家诅咒，并检验米尔格罗姆与威尔逊的模型的不同预测。

此类研究令学术界确信，私人信息在拍卖研究中确实非常重要，而博弈论模型给观测到的拍卖竞价提供了可靠的解释。对早期拍卖实证研究的全面回顾，可以参阅亨德里克斯和帕尔施（Hendricks and Paarsch，1995）。

结构性观测研究。到更近的时期，实证研究者采用了一种结构性方法，假设理论成立，然后试图从竞价行为中推导出未观测到的竞价函数与估值分布。当然，这涉及有关函数形式以及竞标人预期和偏好的具体假设。例如，研究者可以假设竞标人的预期满足贝叶斯均衡条件，偏好满足风险中立。这一结构性方法的优势在于可以做反事实研究，例如，出现估值的突然变化或者在不同拍卖机制下，会发生什么情形？

拉丰等人发展出了新的结构估计技巧（Laffont and Vuong，1993；Paarsch，1992，1997）。借助这些技术，拉丰等人利用法国的茄子和其他农产品的拍卖价格估算了竞标人估值分布（Laffont et al.，1995）。还有数十位研究者利用结构估计研究拍卖活动，例如苏珊·阿西等人（Athey and Haile，2006；Athey et al.，2011）。

实验研究。在实验室中，研究者可以控制参与者的估值。通过实验室观察到的竞价同理论预测的对比，可以精确检验模型的预测。早期实验研究聚焦于检验基本预测，例如，有学者检验了私人价值环境下的收入等价定理（Coppinger et al.，1980；Cox et al.，1982），发现并不成立。此外，尽管英国式拍卖与次高价格拍卖的策略等价性在理论上很直观，但相比后者，实验室里的对象在英国式拍卖中更容易实现其占优策略（Kagel et al.，1987）。①

某些实验发现则给理论提供了强劲支持。例如，贝叶斯纳什均衡可靠地预测了行为随环境的变化方向（Cox et al.，1982，1988）。实验研究还表明，某些参与者经常没有达到均衡策略。例如，赢家诅咒广泛存在，至少对较为缺乏经验的竞标人是如此（Kagel and Levin，1986）。该发现证实了博弈论的一个核心观点，即普遍来说没有充分理由期待人们的行为会迅速向均衡收敛（可参见 Weibull，1995）。而均衡理论主要描述的对象是，有机会从经验中学习的人，或者有机会协调其预期的人。②

关于拍卖的实验研究，有关综述可参考卡格尔等人（Kagel，1995；Kagel and Levin，2014）。

3. 多物品拍卖

现实世界的拍卖活动越来越多涉及多个物品的同时拍卖。其中一种类型是针对不可分割的物品，例如政府债务和电力。另一种类型是针对具有互补或替代性的多个不同物品，例如无线电频段和公交线路等。在实践操作中，同质品和非同质品的界限可能较为模糊。例如，电力是高度同质的，从来源看高度可分割，然而在某个地点输送电力的成本却可能与其他地点的输电成本有联动。

本节将首先描述可分割物品的拍卖（第 3.1 小节），继而介绍更复杂的相互关联的异质物品的情形（第 3.2 小节），这里主要关注无线电频段拍卖，涉及的价值极高，而且给各国政府带来了挑战：需要在增加财政收入与有效分配频段之间做出权衡。

在应对此类问题的过程中，今年的获奖人及其合作者利用理论解决了若干现实议题，由此大幅降低了关联物品交易的障碍。本节后续部分将介绍获奖人

---

① 有学者（Ausubel，2004）曾试图描述这种直觉，近期也有研究（Li，2017）关注了占优策略的“显性度”差异。

② 当然，如果参与者在报价时没有理性行动，拍卖理论会有不同预测。2017 年诺奖得主理查德·塞勒在《经济展望杂志》（*Journal of Economic Perspectives*）早期发表的一篇文章中针对赢家诅咒探讨了这一可能性（Thaler，1988）。

及其他人发明的某些拍卖模式（第3.3—3.4小节）。

3.1 份额拍卖

威尔逊为份额拍卖（share auction）设计了开创性的共同价值模型（Wilson，1979）。首先，每位竞标人都观察到物品真实价值的某个私人信号。接下来，竞标人为物品的每个可能的份额制定出一个价格，结果会使得报价等同于一份需求计划表（demand schedule）。威尔逊考虑了统一价格拍卖（对物品的每个份额收取相同价格）与歧视价格拍卖（按竞价支付价格）两种类型，并率先尝试以拍卖收入为不同拍卖类型和模式排序。① 他的模型尤其适用于对公共债务拍卖的研究。

主要发现与启示。威尔逊的模型带来了两个主要洞见（Wilson，1979）。第一，在试图购买多个单位时，竞标人知道对边际单位的报价可能影响自己为超边际单位支付的价格。因此与单物品拍卖模式相比，竞标人可能有额外的动机"隐蔽"报价，使其低于自己的真实估值。第二，由于存在广泛的策略空间，竞标人有时可以在几个不同均衡之间开展协调行动，某些均衡结果会使卖家的收益变得极低。

拓展与深入研究。基于威尔逊对份额拍卖的研究，克伦佩勒与迈耶发展出了通过供应函数开展竞争的一般模型（Klemperer and Meyer，1989），竞标人作为卖家，而非买家。当时是20世纪80年代后期，随着若干国家的能源市场私有化，带有供应函数竞标的采购拍卖变得日益重要。与威尔逊的模型类似，克伦佩勒与迈耶的模型也有多重均衡，但他们观察到，加入特定形式的不确定性将筛选出一个独有的均衡。后期分别针对供应函数与需求函数背景的研究（von der Fehr and Harbord，1993；Kremer and Nyborg，2004）则表明，如果要求竞标函数足够离散，也能得出唯一均衡结果。同不确定因素一样，这种离散性也得到了实证检验。在电力市场中发现，竞标限额与产能约束可以深刻影响均衡结果。有关综述可参阅霍姆伯格和纽伯利（Holmberg and Newbery，2010）。

威尔逊对自己参与电力市场的实务设计做了精彩介绍（Wilson，2002），提出了一些新的理论议题，并且为利用严肃的正式分析解决新问题做出了贡

---

① 这种配置机制对两种拍卖模式是相同的，因为每位竞标人都以均衡价格分配到所需份额的物品，但支付价格不同。

献。例如，他总结了一个拍卖市场中的供给函数均衡的特征，其现实约束包括交通网络的有限连接能力，以及拍卖参与者有限的投入 - 产出能力等（Wilson，2008）。

因此，对份额拍卖模型较现实的一般化意味着，多重均衡问题或许没有威尔逊最初的分析结论那么严重。当然，他对多重均衡的担心依然有先见之明，因为一旦把目光转向更普遍的多物品拍卖，这一问题又会出现，并有更大影响（见第 3.2 小节）。

经验研究。到目前为止，电力市场与债券市场的拍卖都得出了丰硕的经验研究成果。广泛地说，数据支持竞价隐蔽现象的存在，隐蔽程度反映着竞标人的市场份额。对电力市场的研究表明（Holmberg and Newbery，2010），在过剩产能较多的情况下加价幅度通常较小，而当产能面临约束时则会大幅提高。这些理论模型还显示出了稳健性特征。

在债券市场上，规模较大的参与者以及有潜在信息优势的参与者似乎掌握着某些市场支配力，但效应比较小（参见 Hortacsu et al.，2018，及其参考文献）。还需要指出，受欢迎的债券市场拍卖模型依然是最初的份额拍卖模型，只是根据卡斯尔（Kastl，2011）的建议做了一般化处理，考虑了现实的竞价离散性。还有学者研究了土耳其的财政债券拍卖，主要发现是（反事实场景）从歧视价格拍卖转向统一价格拍卖不会显著增加财政收入（Hortacsu and McAdams，2018）。

3.2 关联物品拍卖

20 世纪 90 年代早期，对移动通信需求的爆炸式增长促使美国联邦政府决定，要借助拍卖给各电信企业分配无线电频段。之前，美国联邦通信委员会只是通过行政审批程序（通常被称为“选美”）或抽签方式配置频段。这些传统方法在若干复杂场景下遭到严重挫败，给纳税人与最终用户都造成了巨大损失（参见 Binmore and Klemperer，2002；Cramton，2013；Kasberger，2020；Klemperer，2002；McMillan，1994）。采用拍卖发放许可证成为显而易见的新选项。事实上，1991 年的诺贝尔经济学奖得主罗纳德·科斯（Ronald H. Coase）早在 20 世纪 50 年代就提出，基本原则应该是把广播许可证等物品分配给能最高效率利用它们的企业，而找出这些企业的最佳办法则是通过竞价机制（Coase，1959）。

效率与社会价值。随着联邦通信委员会的政策转向，多物品拍卖几乎一夜之间从微观经济学边缘位置的秘传之学变成炙手可热的题目。公开的政策目标是实现“电信频段的高效和密集利用”（U. S. Congress，1993，第82页），创造收入只列为第二目标（参见 McMillan，1994，第147页）。① 利用拍卖手段的主要理由反映了两方面的效率考虑：首先，把物品配置给最具生产力的供应商，可避免或节约二手市场上重新配置的成本。其次，通过市场而非税收筹集资金，可以避免税收扭曲。② 针对不同国家和时期背景，经济学家已经发现每增加1美元税收，会造成0.17—0.56美元的无谓社会损失。有关论述可参阅巴拉德等人（Ballard et al.，1985；Feldstein，1999，及其参考文献等）。

可是，监管机构与政府可以通过产生高收入来避免税收扭曲，并不代表拍卖应该以收入最大化为目标。以此作为频段许可证之类的物品的拍卖目标，或作为拍卖成功与否的测算指标，可能过于短视并导致市场垄断。③ 而增强市场竞争程度可以增加长期政府收入，并通过提供更优质低价的服务，使长期福利得到改进。

因此，从公共福利出发，收入最小化的选美模式与收入最大化的拍卖模式都受到了经济学家和政策制定者的排斥。而“中间模式”并不容易操作，设计出达成有效结果的拍卖绝非轻松的任务，会受到如策略性误报、诱骗报价、共同价值因素、串谋、预算限制或外部性因素的影响。④ 有关内容可以参阅奥苏贝尔和米尔格罗姆等人（Ausubel and Milgrom，2002a；Hazlett and Munoz，2009，Hazlett et al.，2012，Jehiel and Moldovanu，2003；Klemperer，2002，等等）。其中某些问题将在下文讨论。

多物品拍卖的挑战。从效率为主的角度看，一个较为自然的解决办法是利

---

① 后来，欧洲国家的政府也将有类似行动，试图在频段牌照配置中追求社会福利最大化。参见 EU Directive（2002）和 Kasberger（2020）。

② 事实上，机制设计理论的著名结果显示，没有任何谈判协议能纠正初始的错配。更确切地说，即使没有成本的转售也不能在不完全信息条件下保证有效率的结果（Cramton et al.，1987；Jehiel and Moldovanu，1999；Myerson and Satterthwaite，1983）。

③ 对于把拍卖收入作为成功标准的批评意见，可参阅 Hazlett and Muñoz（2009）；Hazlett et al.（2012）等。

④ 竞标人可能有预算约束，有时还必须依靠外部融资。这些财务约束会影响竞价策略乃至拍卖结果。一篇开创性论文分析了当竞标人面临绝对或灵活的支出再配置时，若干标准的拍卖模式的结果（Che and Gale，1998）。

用维克里－克拉克－格罗夫斯拍卖（Vickrey-Clarke-Groves auction，以下简称VCG），来自他们三人的研究成果：维克里（1961）、克拉克（1971）、格罗夫斯（1973）。这种拍卖是次高价格拍卖的一般化，被认为在私人价值架构下具有效率。VCG 拍卖机制按照最大竞价之和分配物品，对每位竞标人 b 收取的价格是他给其他竞标人带来的外部效应，即 b 不在时其他所有竞标人的拍卖总价值减去 b 加入时的总价值。不过，尽管 VCG 拍卖在私人价值架构下是有效率的，在更复杂的场景下依然可能导致缺乏效率的结果，如下面两个案例所示。① 第一个案例展示买家如何伪托抬价（shill bidding），即采用不同人的名义来出价，以操纵竞标。第二个案例展示 VCG 拍卖如何导致竞标人串谋。

案例 1：有两件物品（A 和 B），向两位竞标人（1 和 2）拍卖。竞标人 1 把 A 和 B 视为互补品，愿意为这对组合支付 2 单位货币，但对单件物品只愿意支付 0 单位。竞标人 2 则愿意为组合物品支付 1 单位货币，对单件物品各自愿意支付 0.5 单位。如果双方都诚实竞价，VCG 拍卖会把物品组合（A 和 B）配置给竞标人 1（因为这使得拍卖总价值最大化），收取的总价格为 1（即竞标人 1 给竞标人 2 带来的外部效应）。② 该结果是有效率的。

但假设竞标人 2 虚假陈述自己的估值，为物品 A 报价 2，为物品 B 报价 0。此外，竞标人 2 还伪装成竞标人 3，为物品 B 报价 2，为物品 A 报价 0。这样两件拍卖品将分别被配置给竞标人 2 和竞标人 3（事实上也是竞标人 2），其价格则均为 0。于是通过虚假陈述和伪托抬价，竞标人 2 成了拍卖的赢家，有效率的配置变成了无效率的配置。

案例 2：有两件物品（A 和 B），向 3 位竞标人（1、2、3）拍卖。竞标人 1 的情况与案例 1 中相同。竞标人 2 和竞标人 3 都分别愿意为单件物品支付 0.5 单位货币，为组合物品支付 0 单位。此时，诚实的竞标过程同样会把物品组合分配给竞标人 1，总价格为 1。但如果竞标人 2 与竞标人 3

① 这两个案例都来自 Ausubel and Milgrom（2002a）。该文借鉴了一家咨询公司（Charles River Associates and Market Design Inc.）于 1997 年向美国联邦通信委员会提交的报告。

② 规范地说，这一外部效应的定义是以下两者的差额：竞标人 1 缺席时的拍卖总价值（此时竞标人 2 将得到物品组合，价值为 1）；竞标人 1 在场时、对于竞标人 2 的拍卖总价值（此时竞标人 2 没有得到拍卖物品，价值为 0）。因此，对竞标人 1 收取的价格为：$1-0=1$。还需要注意，对竞标人 2 收取的价格为 0，因为无论竞标人 2 是否参与拍卖，竞标人 1 的拍卖总价值均为 2，或者说竞标人 2 不会给竞标人 1 带来外部效应。

串谋，分别向物品A和B报价2，向另一件报价0，则两件物品会被分别配置，价格均为0。于是通过狡猾的虚假陈述和老练的串谋，竞标人2和竞标人3成了拍卖的赢家，有效率的配置变成了无效率的配置。

上述案例反映的问题的根源在于，竞标人1把两件物品视为互补品。如果他把两件物品视为替代品（愿意为单件物品分别支付1单位货币），问题将不复存在。然而在现实中，互补品现象广泛存在，不容忽视。在频段拍卖中，竞标人通常青睐互补牌照的组合（参阅Ausubel et al.，1997）。例如，电话服务商经常试图覆盖大片区域，因此更喜欢相邻地理区域的牌照。联邦通信委员会还关心其他方面的挑战：竞标人有不同的目标和资金实力，而且潜在的竞标人数量并不确定。此外，还有基本的计算能力问题，在有许多牌照出售时，不能指望竞标人为所有潜在物品组合报价。

早期拍卖设计。早期的多物品拍卖设计很大程度上未考虑上述问题。例子之一是拉森提等人（Rassenti et al.，1982）为机场时段配置提出的静态组合拍卖建议（static combinatorial auction），以及伯恩海姆与温斯顿（Bernheim and Whinston，1986）提出的在理论上颇具影响力的菜单拍卖（menu auction）。后者采取单回合拍卖模式，竞标人给任何物品组合提交报价，由拍卖商选择物品的配置，以实现总收入最大化，价格则按照报价支付的规则决定。与所有静态拍卖模式一样，菜单拍卖迫使每位竞标人对其他竞标人的估值和报价做完全缺乏信息的猜测。实际上，即使在单物品拍卖中，对于有共同价值的情况也更适合采用顺序报价设计。对多物品而言，多回合报价设计有更大的优势，便于让每位竞标人了解哪些组合可能有关联，从而更有效地发挥竞标人估值的作用。

相比单物品拍卖，组合拍卖面临如此多新问题，这意味着本文第2节中介绍的标准拍卖理论只能提供某些基本指导。为取得成功，还需要良好的直觉来填充可能长期持续的理论空白。这一知识缺陷也在呼唤新的拍卖模式与规则，本节余下部分将对其中的某些发展加以介绍。

3.3 多回合拍卖

本小节将介绍三种新的拍卖模式，其发明很大程度上是为应对前文所述的无线电频段需求暴增，以及美国联邦通信委员会通过拍卖出售频段组合的政策调整措施。

同时多回合拍卖。对 1994 年的联邦通信委员会拍卖而言，新设计的最终拍卖版本是“同时多回合拍卖”，有时也被称为“同时提价拍卖”（Simultaneous Ascending Auction，SAA）。该设计参考了两个建议，一个来自米尔格罗姆与威尔逊，另一个来自普雷斯顿·麦卡菲。① 同时多回合拍卖模式允许竞标人在多个回合中对任意数量的物品报价，多回合特征缓和了赢家诅咒，因为拍卖过程中有更多信息揭示出来，这是第 2.4 小节讨论的连接原则的应用。

为防止竞标人被动等待其他人报价，同时多回合拍卖模式的设计包含了所谓的行动规则（activity rules）。这些规则促使每位竞标人在每个回合至少尝试对某些物品给出可信的最高报价。具体而言，第一回合的价格设定很低，使所有物品都处于需求过剩状态。在每个回合中，竞标人对自己希望购买的任何物品按一个整数增量提高报价。到每个回合结束时，每件物品会产生一个“临时赢家”。这一过程不断重复，直至需求过剩消失，所有物品的报价停止。届时，竞价结束，最终回合的临时赢家将得到相应物品，并按当时的报价支付。

1994 年的联邦通信委员会频段拍卖给美国政府创造了约 200 亿美元收入，是之前预测值的两倍。这一结果吸引了广泛的媒体关注，并促使其他国家的政府推出自己的拍卖。英国 2000 年的 3G 频段拍卖给政府创收约 340 亿美元（Binmore and Klemperer，2002）。由此，同时多回合拍卖模式成为全球频段拍卖的主导形式，其不同版本被应用于加拿大、芬兰、德国、印度、挪威、波兰、西班牙、瑞典、英国和美国等。这些拍卖给各国政府创造了数千亿美元收入。更多细节可参考多位学者的研究（Bichler and Goeree，2017；Cramton，1997；Cramton，2006；Goetzendorff et al.，2018；Klemperer，2004；Milgrom，2004；等等）。

尽管同时多回合拍卖模式通常运行得不错，它也有某些众所周知的缺陷（详细介绍可参阅 Ausubel and Milgrom，2002a；Cramton，2013）。例如与份额拍卖的情形类似，较大的竞标人有压缩需求的激励。② 另一个是所谓“暴露问题”（exposure problem），源于这种拍卖模式不允许组合报价（尽管后来提出的拓展模式允许组合报价，例如 Ausubel and Milgrom，2002a）。因此，希望购

---

① Evan Kwerel 为米尔格罗姆（Milgrom，2004）著作所写的前言描述了联邦通信委员会的部分早期拍卖工作及后续进展。另外可参见 Cramton（1997）、McAfee and McMillan（1996）。

② 有学者考察了大型投标人压缩需求的激励（Kagel and Levin，2001），发现在封闭式统一价格拍卖中有显著证据，但在英国式拍卖中的需求压缩幅度更大。

买某些互补物品的竞标人面临无法赢下全部中意对象的风险，而只能购买其中一部分。

组合时钟拍卖。针对同时多回合拍卖的某些问题，尤其是如何适应组合报价，若干新的拍卖模式被发明出来。这方面的一个重要进步是组合时钟拍卖，由米尔格罗姆与劳伦斯·奥苏贝尔（Lawrence M. Ausubel）及彼得·克雷姆顿（Peter C. Cramton）率先提出（Ausubel and Milgrom，2002a，b；Ausubel et al.，2006）。①

组合时钟拍卖包含两个主要阶段：②

> （1）配置阶段（Allocation Stage），其中又包含时钟阶段（clock stage）和补充阶段（supplementary stage）两部分。时钟阶段包含多个回合，拍卖商在每个回合宣布所有单件物品的价格，竞标人则对一组物品提出单一报价。价格逐渐提高，直至对任何物品的需求过剩消失。补充阶段是一个密封报价拍卖过程，竞标人可以改进自己在时钟阶段的报价，并给其他物品组合提交更多的报价。在整个配置阶段，所有报价都是针对全部组合或零组合的报价。
>
> （2）指派阶段。来自时钟阶段与补充阶段的所有报价都提交后，将通过求解“赢家决定问题”来确定赢家和支付价格。在满足某些可行性限制条件下，通过此问题的解选择价值最大化的组合。然后，采用次高价格规则计算出每个获胜竞标人的支付价格。

组合时钟拍卖在两个主要方面与同时多回合拍卖有差异。前者是组合拍卖，允许竞标人打包报价。另外，并不在每个回合之后确认临时赢家。因此在每个回合之后，只会揭示出关于现有最高报价与过剩需求的信息。对于要形成

---

① 组合时钟拍卖的某些早期和附加介绍，可以参阅 Ausubel and Milgrom（2001）、Ausubel et al.（2002）、Milgrom（2004）以及 Porter et al.（2003）。对该拍卖的后期研究可参阅 Day and Raghavan（2007）、Day and Cramton（2012）、Day and Milgrom（2008）以及 Day and Milgrom（2013）等。

② 如果能把拍卖品视作良好的替代品，则在组合时钟拍卖中往往还有第三个竞价阶段。例如在频段拍卖中，竞标人可以只提出对“通用频段”的需求量（在给定地区所需的频率的总体数量）。然后在第三阶段决定从通用频段向具体频率的分配。因此，竞标人在竞价过程中只需要评估通用频段的价值，从而简化和节约了竞标人的估值工作。详细介绍可参考 Ausubel and Baranov（2014）、Cramton（2013）等。

价格预期和解决共同价值不确定性的竞标人来说，这些信息还非常有限。

克雷姆顿（2013）指出，组合时钟拍卖相比同时多回合拍卖具有优势。首先，暴露问题被消除了，尽管一个物品组合或许对某位竞标人是替代品，对另一位竞标人是互补品，但他们可以对物品组合报价。其次，组合时钟拍卖消除了需求压缩和大多数博弈行为的激励。这些来源于有效的定价规则（能产生核心回报的一种 VCG 拍卖版本）、设计精巧的行动规则，以及只把综合信息揭示给各个竞标人。

组合时钟拍卖虽然有解决问题的潜力，却也存在短板。小竞标人收获的剩余往往过少，或者被阻挡在拍卖之外。有些报价不太可能影响竞标人自身的结果，却总会干扰其他竞标人支付的价格。结果导致某些参与人或许不愿意提出主要让其他竞标人或卖家受益的报价，即报价丢失问题（missing-bid problem），或者会恶意报价，以迫使其他竞标人多付出成本（参见 Bichler et al.，2013；Levin and Skrzypacz，2016）。与作为启发的单物品次高价格拍卖不同，组合时钟拍卖不会使诚实报价成为弱占优策略，此外还往往存在多重均衡，其中某些缺乏效率。

在英国于 2008 年采用组合时钟拍卖模式出售无线电频段牌照后，许多国家纷纷仿效，包括奥地利、澳大利亚、加拿大、丹麦、爱尔兰、荷兰、罗马尼亚、斯洛伐克与瑞典等。更多细节可参阅比希勒和戈利（Bichler and Goeree，2017）、凯夫和尼古拉斯（Cave and Nichols，2017）、戈利和霍尔特（Goeree and Holt，2010）以及蒙雄和赛斯（Monchon and Saez，2017），等等。

激励性拍卖。米尔格罗姆领导一个经济学家团队向联邦通信委员会建议，把无线电频段的用途从广播电视播放转向无线宽带服务（Milgrom et al.，2012）。为此设计的新的激励性拍卖模式于 2017 年被联邦通信委员会采纳。该模式结合了两个独立但相互依赖的拍卖。第一个是逆向拍卖，以决定现存广播企业自愿放弃频段使用权的价格；第二个是对释放出来的频段的正向拍卖。2017 年的逆向拍卖取消了 14 个频道的播放权，为此付出的成本为 101 亿美元。正向拍卖则售出了 70 兆赫兹的无线互联网牌照，价值达 198 亿美元，另外增加了 14 兆赫兹的剩余频段。激励性拍卖的这两个阶段总体上给美国纳税人带来了近 100 亿美元收入，并释放出大量的频段，以备未来之用，应该显著提升了卖家和买家的预期剩余。

基本经济问题的复杂性是逆向拍卖设计中尤其棘手的方面。拍卖后仍有约

95%的电视台继续播出，需要将它们“重新组合”，组合方式要满足超过100万个约束条件，是极具计算难度的问题（Milgrom and Segal，2017）。项目的最终成功带来了希望，通过自愿的市场解决方案可以实现有效率的网络产能配置调整，而且可以应用于其他领域。

现实应用。针对不同背景和市场细节，不存在一概而论的拍卖设计。当然，同时多回合拍卖与组合时钟拍卖都仍在广泛应用中，如今已有数十个国家采用其不同版本来配置频段资源（Koutroumpis and Cave，2018）。

这些拍卖并非都达成了预期目标，有关讨论可参阅多位学者的研究（Bichler and Goeree，2017；Binmore and Klemperer，2002；Cramton and Schwartz，2000；Do-raszelski et al.，2019；Hazlett et al.，2012；Klemperer，2002；等等）。一个可能的原因是拍卖设计的细节存在缺陷，例如保留价格过高、报价信用机制设计不合理、组合不够灵活等。但即使拍卖的设计没有问题，由于规划欠佳、预测不准确和时机等因素的影响，频段拍卖依然可能发挥不出潜力。例如，决定举行拍卖与实际启动拍卖之间的时间窗口过长，可能给潜在参与者提供串谋机会并实施产业进入阻碍策略，以及造成市场结构变化等。

与拍卖有关的问题还可能反映了社会利益冲突和政治考虑。例如，私人企业或许会争取游说监管机构，为企业的利益而微调拍卖设计细节。或者在私人部门与追求私人利益的强势监管机构或政客之间，可能存在代理人问题。还有的情况是，学院派的拍卖设计者可能提出受自己私人利益扭曲的、不符合公共利益的建议。事实上，许多大型电信企业在1994年的联邦通信委员会拍卖中就参考了拍卖理论家的建议，麦克米兰（McMillan，1994）对此有详细描述。针对2017年的激励性拍卖，菲尔特利（Feltri，2020a，b）与韦尔（Weyl，2020）分别批评了学院派拍卖设计者扮演的角色，米尔格罗姆（2020）则对此给出了详细回应。

虽然这些方面的问题可能限制了复杂的新拍卖模式的社会收益，但在其他配置模式下，同样的问题可能会产生更加显著的影响。因此，相比传统的行政审批程序和抽签方式，精心设计与规划的拍卖依然能更高效地配置部分无线电频段和其他公共控制的资源。在最好的情况下，即使没有其他扭曲，原来的配置机制仍会把公共财富转移到私人手中，造成公共收入损失。在最糟的情况下，由于政治扭曲或二手市场缺乏效率，拍卖品无法交给能最高效利用它们的人。

3.4 其他主流拍卖模式

今年的获奖人为发明新的拍卖模式（第3.3小节已做了介绍）做出了重要贡献，而其他人也为（无线电频段之外的）多物品拍卖设计出了颇有影响的模式。本小节将简要介绍其中几种。

产品组合拍卖。产品组合拍卖（product-mix auction）是一种主要的新拍卖模式，采取单一阶段，允许组合报价，由保罗·克伦佩勒（2010）设计，以应对2007年的北岩银行（Northern Rock bank）挤兑事件。与同时多回合拍卖类似的是，这种拍卖按照竞标人报价揭示的偏好来确定均衡配置。它损失了多回合机制中的价格发现，却更不容易被串谋操纵，速度也比同时多回合拍卖快得多。

产品组合拍卖更加适用于金融市场，迅速的市场出清在这里是一个重要考虑。英格兰银行就成功地持续利用这一拍卖模式出售大量问题债务。

头寸拍卖。另一种新设计的关联物品拍卖模式是所谓的“头寸拍卖”（position auction）。此类拍卖包括埃德尔曼等人（Edelman et al.，2007）及范里安（Varian，2007）归纳的次高价格拍卖。在现实世界的重要应用方面，谷歌公司就依赖这种模式出售互联网搜索的关键词。

4. 对其他领域的影响

本节将把关注点从拍卖研究转向其他研究领域。首先将概括介绍拍卖理论的发现，尤其是米尔格罗姆与威尔逊的成果，如何促进了其他领域的研究。接下来简要提及两位获奖人在与拍卖相邻的领域做出的若干最重要贡献。

拍卖理论的外溢影响。除本文第2节和第3节介绍的直接发现外，拍卖理论对其他研究领域也产生了深刻的间接影响。下面将简单介绍若干外溢效应中的三个例子。

第一，对特定拍卖场景的报价行为分析拓展了对更普遍的交易机制的研究。拍卖理论得出的启示促进了对不同交易制度的统一研究。例如，单物品拍卖中的最优保留价格决定问题与单一买家场景下寻找最佳卖家交易机制是类似的。更不容易看到的一点是，拥有私人信息的参与方的双边谈判可能实现的最优结果与双向拍卖（double auctions，意指卖家和卖家都提交报价，下文有介绍）的均衡结果存在密切联系。

第二，米尔格罗姆及其合作者定义、提炼和普及的附属概念和关联概念，如单调似然率特征与超模博弈（supermodularity game），已成为寻找均衡与开展比较静态研究的一般工具。① 这些工具在信息经济学、组织经济学及其他领域的一般研究中变得极为重要，尤其是当不完全信息和互补性发挥重要作用的时候。

第三，拍卖理论模型表明，在参与人、策略和结果函数易于识别的有清晰定义的场景下，博弈论能得到实证检验。这增强了我们对利用博弈论理解其他社会现象的信心，只要能够明确人们面临的各种条件的本质特征，包括他们的偏好、信息、认识与可能的行动等。尽管对反事实情况做推测较为困难，但如果没有在拍卖领域的成功应用，博弈论对社会科学的深刻影响很可能会缓慢得多。

证券市场中的信息问题。经济学面临的一个长期问题是，对于分散在经济行为人中的不完全信息，市场价格在何种程度上发挥了综合作用。威尔逊分析了在何种条件下，随着竞标人的数量增加，密封报价拍卖的价格会接近共同价值（Wilson，1977）。这些研究成果又由米尔格罗姆做了拓展（Milgrom，1979）。

双向拍卖指存在双边市场，有处于对称状态的许多买家和许多卖家，例如股票市场的情形。查特吉与萨缪尔森（Chatterjee and Samuelson，1983）首先对此类拍卖做了研究，但限于单一买家和单一卖家的例子。威尔逊则在一项开创性成果中考察了有多个买家和多个卖家的情形，并指出在恰当的市场设计下，如何通过拥有不同信息的市场参与者的相互作用，来发现证券的真实价值（Wilson，1985）。

米尔格罗姆与斯托基（Milgrom and Stokey，1982）著名的无交易定理（no-trade theorem）认为，离开效率激励，就不会有基于非对称信息的投机交易。这一结论看似有些违背直觉。的确，对某些证券的价值掌握有利信息的人或许愿意从掌握更少信息的人手里将其买过来，然而这种直觉忽略了信息较少的交易人可以从对手的购买意愿中得出关于证券价值的贝叶斯推论。如果恰当考虑这种推论，信息较少的交易人的证券估值就会提高，直至消除交易可能带来的任何收益。

格罗斯滕与米尔格罗姆（Glosten and Milgrom，1985）率先发展出了逆向

① 对超模博弈的详细分析，可参见 Milgrom and Roberts（1990）。该研究参考的基础成果包括 Topkis（1978）、Bulow et al.（1985）以及 Fudenberg and Tirole（1984）等。

选择情形下的金融市场模型。具体而言，他们引入了一个序贯交易架构，以考察面对拥有不同信息的若干交易人时，做市商会如何动态设置证券价格。这种做市商以收支平衡为目标来最优化调整报价和询价。格罗斯滕与米尔格罗姆发现，希望规避交易人的逆向选择风险的做市商必须创造一个买卖价差，相当于对不知情交易人的买卖征税。这一研究解释了金融市场上的逆向选择如何削弱流动性。

匹配理论。拍卖利用的是价格机制，但人类社会有时会出于分配或道德的考虑而弃用此类机制。匹配理论的研究即是针对这一课题，2012 年的诺贝尔经济学奖授予阿尔文·罗斯与劳埃德·沙普利，也主要为了表彰该领域的贡献。米尔格罗姆是最早探讨拍卖理论、匹配理论与一般均衡理论之间联系的先行者之一。例如，基于他人之前做出的研究成果（Kelso and Crawford，1982），他与哈特菲尔德（Hatfield and Milgrom，2005）发展出了合同匹配的一般模型，可以包容若干已知的双边匹配模型和拍卖模型（另外可参阅 Andersson and Svensson，2014；Echenique，2012；Fleiner，2003）。这一成果激发了市场设计的新应用，包括对医生和医院的地方封顶匹配（Kamada and Kojima，2012），对军校学员的军种专业匹配等（Sönmez，2013；Sönmez and Switzer，2013）。

公用事业定价。威尔逊推导出了公用事业定价方面的一整套重要成果，对监管机构具有重要的现实意义。他的专著《非线性定价》（*Nonlinear Pricing*，1993）总结了其中的许多发现，综合分析了电力、电信和交通等产业的费率设计。如书名所示，一个共同主题是非线性定价的优势。这种定价意味着，电力或电话用户面临的费率并非与购买数量严格成比例，而是会接到一个数量菜单，对应两部分费率。这种费率有助于促进资源的高效利用，既考虑到受监管公用事业机构的成本回收和垄断权力，又兼顾对顾客忠诚度的奖励和其他社会目标，如对特定消费者群体收取更低价格等。

博弈理论。拍卖通常涉及不对称信息，许多拍卖采取序贯方式。为了用正式模型来描述此类情形，必须针对不完全信息的广泛博弈类型发展出一般的求解概念，而这些概念还可能应用于其他领域。

克雷普斯与威尔逊（Kreps and Wilson，1982b）提出了第一个成功的求解概念：序贯均衡（sequential equilibrium）。其思路是，要求每位参与人的行为具有序贯理性，即给定每位参与人的信念与其他参与人的策略，他在任何决策节点的行动都是最优的。序贯均衡概念的应用范围远远超出了拍卖领域，尤其是研究强硬或仁慈这样的声誉在掠夺性定价、价格战和其他市场战中的作用。

最知名的应用是连锁店博弈：一家在位垄断企业在若干城镇有多家分支，而潜在的地方竞争者可能序贯进入各个市场。当它们进入时，在位企业将决定是用低价格做出反击（给双方造成损失），还是加以容忍，采取高价格（给双方都带来正利润）。1994 年的诺贝尔经济学奖得主莱因哈德·泽尔腾（Reinhard Selten，1978）发现，完全信息条件下的博弈结果是每个市场都被进入。其逻辑较为简单：由于在位企业没有理由在最后一个市场开战，该市场就会出现新企业的进入。但早知如此，在位企业也没有理由在倒数第二个市场开战，以此类推。这被称作连锁店悖论。

克雷普斯和威尔逊（1982a）的研究显示，该悖论高度取决于完全信息假设。对于在位企业的开战意愿（强势）若有很轻微的不确定性，就足以阻碍产业进入。在序贯均衡中，早期市场的潜在进入者会拒绝进入，因为它们预期，即使较弱势的在位企业也会选择开战，而非妥协、暴露软弱。实际上，并不存在只有强势在位企业准备在早期开战的均衡：如果一个回合的价格战足以制止未来的所有进入，则弱势的在位企业在面临挑战时也肯定会开战。克雷普斯等人（1982）则借助非常接近的思路指出，很小的信息不对称如何能在有限重复的囚徒困境博弈中导致合作行为。

米尔格罗姆与威尔逊在其整个职业生涯中都持续开展博弈论的基础研究。他们对纳什均衡概念做出了合理的改进（近期的研究成果包括 Govindan and Wilson，2009；Milgrom and Mollner，2018；等等）。

5. 结论

50 多年来（而且仍在继续），今年的两位经济学奖获得者贡献了杰出成果，深化了我们对存在私人信息的拍卖市场运转的认识。他们的发现让训练有素的研究者设计出了新的拍卖模式，让实践者能在现有拍卖模式中做出更明智的选择。米尔格罗姆与威尔逊把理论与实践紧密结合，这在经济学家中间颇为罕见。总而言之，对于逐步用更为严谨科学的方法取代直觉式的试错过程，他们关于拍卖理论与拍卖设计的研究发挥了关键作用。

（余江　译）

参考文献

Andersson, T. and Svensson, L.-G. (2014). Non-manipulable House Allocation with Rent Control. *Econometrica*, 82: 507-539.

Athey, S. and Haile, P. A. (2006). Empirical Models of Auctions. In Blundell, R., Newey, W. K., and Persson, T., editors, Advances in *Economics and Econometrics: Theory and Applications*, Ninth World Congress, vol. 2, ed. Cambridge University Press.

Athey, S., Levin, J., and Seira, E. (2011). Comparing Open and Sealed Bid Auctions: Evidence from Timber Auctions. *The Quarterly Journal of Economics*, 126: 207-257.

Ausubel, L. M. (2004). An Efficient Ascending Bid Auction for Multiple Objects. *American Economic Review*, 94: 1452-1475.

Ausubel, L. M. and Baranov, O. V. (2014). Market Design and the Evolution of the Combinatorial Clock Auction. *American Economic Review*, 104: 446-451.

Ausubel, L. M., Cramton, P., and Jones, W. P. (2002). System and Method for an Auction of Multiple Types of Items. International Patent Application No. PCT/ US02/16937.

Ausubel, L. M., Cramton, P., McAfee, P., and McMillan, J. (1997). Synergies in Wireless Telephony: Evidence from the Broadband PCS Auction. *Journal of Economics and Management Strategy*, 6: 497-527.

Ausubel, L. M., Cramton, P., and Milgrom, P. (2006). The Clock-proxy Auction: A Practical Combinatorial Auction Design. In Cramton, P., Shoham, Y., and Steinberg, R., editors, *Combinatorial Auctions*. MIT Press.

Ausubel, L. M. and Milgrom, P. (2001). System and Method for a Dynamic Auction with Package Bidding. International Patent Application No. PCT/US01/43838.

Ausubel, L. M. and Milgrom, P. (2002a). Ascending Auctions with Package Bidding. *The B. E. Journal of Theoretical Economics*, 1: 1-44.

Ausubel, L. M. and Milgrom, P. (2002b). Package Bidding: Vickrey vs Ascending Auctions. *Revue Economique*, 3: 391-402.

Ballard, C. L., Shoven, J. B., and Whalley, J. (1985). General Equilibrium Computations of the Marginal Welfare Costs of Taxes in the United States. *American Economic Review*, 75: 128-138.

Bernheim, B. D. and Whinston, M. (1986). Menu Auctions, Resource Allocation and Economic Influence. *Quarterly Journal of Economics*, 101: 1-31.

Bichler, M. and Goeree, J. (2017). *Handbook of Spectrum Auction Design*, Cambridge University Press.

Bichler, M., Shabalin, P., and Wolf, J. (2013). Do Core-selecting Combinatorial Clock Auctions Always Lead to High Efficiency. *Experimental Economics*, 16: 511-545.

Binmore, K. and Klemperer, P. (2002). The Biggest Auction Ever: The Sale of the British 3G Telecom Licences. *Economic Journal*, 112: 74-96.

Bulow, J., Geanakoplos, J., and Klemperer, P. (1985). Multimarket Oligopoly: Strategic Substitutes and Complements. *Journal of Political Economy*, 93: 488-511.

Capen, E. C., Clapp, R. B., and Campbell, W. M. (1971). Competitive Bidding in High Risk Situations. *Journal of Petroleum Technology*, 23: 641-653.

Cave, M. and Nichols, R. (2017). The Use of Spectrum Auctions to Attain Multiple Objectives: Policy Implications. *Telecommunications Policy*, 41: 367 –378.

Chatterjee, K. and Samuelson, W. (1983). Bargaining under Incomplete Information. *Operations Research*, 31: 835 –851.

Che, Y. – K. and Gale, I. (1998). Standard Auctions with Financially Constrained Bidders. *The Review of Economic Studies*, 65: 1 –21.

Clarke, E. (1971). Multipart Pricing of Public Goods. *Public Choice*, 11: 17 –33.

Coase, R. (1959). The Federal Communications Commission. *Journal of Law & Economics*, 2: 1 –40.

Coppinger, V., Smith, V., and Titus, J. (1980). Incentives and Behavior in English, Dutch and Sealed-bid Auctions. *Economic Inquiry*, 43: 1 –22.

Cox, J., Robertson, B., and Smith, V. L. (1982). Theory and Behavior of Single Object Auctions. In Smith, V. L., editor, *Research in Experimental Economics*, Vol 2. JAI Press.

Cox, J., Smith, V. L., and Walker, J. M. (1988). Theory and Individual Behavior of First-price Auctions. *Journal of Risk and Uncertainty*, 1: 61 –99.

Cramton, P. (1997). The FCC Spectrum Auctions: An Early Assessment. *Journal of Economics & Management Strategy*, 6: 431 –495.

Cramton, P. (2006). Simultaneous Ascending Auctions. In Cramton, P., Shoham, Y., and Steinberg, R., editors, *Combinatorial Auctions*. MIT Press.

Cramton, P. (2013). Spectrum Auction Design. *Review of Industrial Organization*, 42: 161 –190.

Cramton, P., Gibbons, R., and Klemperer, P. D. (1987). Dissolving a Partnership Efficiently. *Econometrica*, 55: 615 –632.

Cramton, P. and Schwartz, J. A. (2000). Collusive Bidding: Lessons from the FCC Spectrum Auctions. *Journal of Regulatory Economics*, 17: 229 –252.

Cremer, J. and McLean, R. (1988). Full Extraction of the Surplus in Bayesian and Dominant Strategy Suctions. *Econometrica*, 56: 1247 –1257.

Day, R. W. and Cramton, P. (2012). Quadratic Core-selecting Payment Rules for Combinatorial Auctions. *Operations Research*, 60: 588 –603.

Day, R. W. and Milgrom, P. (2008). Core-selecting Auctions. *International Journal of Game Theory*, 36: 393 –407.

Day, R. W. and Milgrom, P. (2013). Optimal Incentives in Core-selecting Auctions. In Vulkan, N., Roth, A. E., and Neeman, Z., editors, *Handbook of Market Design*. Oxford University Press.

Day, R. W. and Raghavan, S. (2007). Fair Payments for Efficient Allocations in Public Sector Combinatorial Suctions. *Management Science*, 53: 1389 –1406.

de Castro, L. I. and Paarsch, H. (2010). Testing Affiliation in Private-values Models of First-price Auctions Using Grid Distributions. *The Annals of Applied Statistics*, 4: 2073 –2098.

Doraszelski, U., Seim, K., Sinkinson, M., and Wang, P. (2019). Ownership Concentration and Strategic Supply Reduction. NBER Working Paper No. 23034.

Echenique, F. (2012). Contracts versus Salaries in Matching. *American Economic Review*, 102: 549 –601.

Edelman, B., Ostrovsky, M., and Schwarz, M. (2007). Internet advertising and the generalized Second Price Auction: Selling Billions of Dollars Worth of Keywords. *American Economic Review*, 97: 242-259.

Engelbrecht-Wiggans, R., Milgrom, P., and Weber, R. J. (1983). Competitive Bidding and Proprietary Information. *Journal of Mathematical Economics*, 11: 161-169.

EU Directive (2002). Directive 2002/21/EC of the European Parliament and of the Council. *Official Journal of the European Communities*.

Feldstein, M. (1999). Tax Avoidance and the Deadweight Loss of the Income Tax. *The Review of Economics and Statistics*, 81: 674-680.

Feltri, S. (2020a). It is Such a Small World: The Market-design Academic Community Evolved in a Business Network. www. promarket. org, May 28, 2020.

Feltri, S. (2020b). When Scholarship Turns into Business: Stefano Feltri Responds to Paul Milgrom. www. promarket. org, June 22, 2020.

Fleiner, T. (2003). A Fixed-point Approach to Stable Matchings and Some Applications. *Mathematics of Operations Research*, 28: 103-126.

Fudenberg, D. and Tirole, J. (1984). The Fat-cat Effect, the Puppy-dog Ploy, and the Lean and Hungry Look. *American Economic Review* (Papers and Proceedings), 74: 361-366.

Glosten, L. and Milgrom, P. (1985). Bid, Ask, and Transaction Prices in a Specialist Market with Heterogeneously Informed Traders. *Journal of Financial Economics*, 14: 71-100.

Goeree, J. K. and Holt, C. A. (2010). Hierarchical Package Bidding: A Paper & Pencil Combinatorial Auction. *Games and Economics Behavior*, 70: 146-169.

Goetzendorff, A., Bichler, M., and Goeree, J. K. (2018). Synergistic Valuations and Efficiency in Spectrum Auctions. *Telecommunications Policy*, 42: 91-105.

Govindan, S. and Wilson, R. (2009). On Forward Induction. *Econometrica*, 2009: 1-28.

Groves, T. (1973). Incentives in Teams. *Econometrica*, 41: 617-631.

Hansen, R. G. (1986). Sealed-bid versus Open Auctions: The Evidence. *Economic Inquiry*, 24: 125-142.

Harris, M. and Raviv, A. (1981). Allocation Mechanisms and the Design of Auctions. *Econometrica*, 49: 1477-1499.

Harsanyi, J. C. (1967). Games with Incomplete Information Played by 'Bayesian' Players, I-III. Part I. *Management Science*, 14: 159-189.

Harsanyi, J. C. (1968a). Games with Incomplete Information Played by 'Bayesian' Players, I-III. Part II. *Management Science*, 14: 320-334.

Harsanyi, J. C. (1968b). Games with Incomplete Information Played by 'Bayesian' Players, I-III. Part III. *Management Science*, 14: 486-502.

Hatfield, J. and Milgrom, P. (2005). Matching with Contracts. *American Economic Review*, 95: 913-935.

Hazlett, T. W. and Muñoz, R. E. (2009). A Welfare Analysis of Spectrum Allocation Policies. *RAND Journal of Economics*, 40: 424-454.

Hazlett, T. W., Muñoz, R. E., and Avanzini, D. B. (2012). What Really Matters in Spectrum Allocation Design. *Northwestern Journal of Technology and Intellectual Property*, 10: Article 2.

Hendricks, K. and Paarsch, H. J. (1995). A Survey of Recent Empirical Work Concerning Auctions. *The Canadian Journal of Economics*, 28: 403 – 426.

Hendricks, K. and Porter, R. H. (1988). An Empirical Study of an Auction with Asymmetric Information. *American Economic Review*, 78: 865 – 883.

Hendricks, K., Porter, R. H., and Boudreau, B. (1987). Information, Returns and Bidding Behavior in OCS Auctions. *Journal of Industrial Economics*, 35: 517 – 542.

Holmberg, P. and Newbery, D. (2010). The Supply Function Equilibrium and Its Policy Implications for Wholesale Electricity Auctions. *Utilities Policy*, 18: 209 – 226.

Holt, C. (1980). Competitive Bidding for Contracts under Alternative Auction Procedures. *Journal of Political Economy*, 88: 433 – 445.

Hortaçsu, A., Kastl, A., and Zhang, A. (2018). Bid Shading and Bidder Surplus in the US Treasury Auction System. *American Economic Review*, 108: 147 – 169.

Hortaçsu, A. and McAdams, D. (2018). Empirical Work on Auctions of Multiple Objects. *Journal of Economic Literature*, 56: 157 – 184.

Jehiel, P. and Moldovanu, B. (1999). Multidimensional Mechanism Design for Auctions with Externalities. *Journal of Economic Theory*, 85: 258 – 293.

Jehiel, P. and Moldovanu, B. (2003). An Economic Perspective on Auctions. *Economic Policy*, 18: 269 – 308.

Johnson, R. N. (1979). Oral Auctions versus Sealed Bids: An Empirical Investigation. *Natural Resources Journal*, 19: 315 – 335.

Kagel, J. H. (1995). Auctions: A Survey of Experimental Research. In Kagel, J. H. and Roth, A. E., editors, *Handbook of Experimental Economics*, Vol 2. Cambridge University Press.

Kagel, J. H., Harstad, R. M., and Levin, D. (1987). Information Impact and Allocation Rules in Auctions with Affiliated Private Values: a Laboratory Study. *Econometrica*, 55: 1275 – 1304.

Kagel, J. H. and Levin, D. (1986). The Winner's Curse and Public Information in Common Value Auctions. *American Economic Review*, 76: 894 – 920.

Kagel, J. H. and Levin, D. (2001). Behavior in Multi-unit Demand Auctions: Experiments with Uniform Price and Dynamic Vickery Auctions. *Econometrica*, 69: 413 – 454.

Kagel, J. H. and Levin, D. (2014). Auctions: A Survey of Experimental Research. Working paper.

Kamada, Y. and Kojima, F. (2012). Stability and Strategy-proofness for Matching with Constraints: A Problem in the Japanese Medical Match and Its Solution. *American Economic Review*, 102: 366 – 370.

Kasberger, B. (2020). When Can Auctions Maximize Post-auction Welfare? SSRN working paper.

Kastl, J. (2011). Discrete Bids and Empirical Inference in Divisible Good Auctions. *Review of Economic Studies*, 78: 974 – 1014.

Kelso, A. S. and Crawford, V. P. (1982). Job Matching, Coalition Formation, and Gross Substitutes. *Econometrica*, 50: 1483 – 1503.

Klemperer, P. D. (2002). What Really Matters in Auction Design. *Journal of Economic Perspectives*, 16: 169 – 189.

Klemperer, P. D. (2003). Why Every Economist Should Learn Some Auction Theory. In Dewatripont, M., Hansen, L., and Turnovsky, S., editors, *Advances in Economics and Econometrics: Invited Lectures to 8th World Congress of the Econometric Society*. Cambridge University Press.

Klemperer, P. D. (2004). Auctions: Theory and Practice. In *The Toulouse Lectures in Economics*. Princeton University Press.

Klemperer, P. D. (2010). The Product-mix Auction: A New Auction Design for Differentiated Goods. *Journal of the European Economic Association*, 8: 526 – 536.

Klemperer, P. D. and Meyer, M. A. (1989). Supply Function Equilibria in Oligopoly under Uncertainty. *Econometrica*, 57: 1243 – 1277.

Koutroumpis, P. and Cave, M. (2018). Auction Design and Auction Outcomes. *Journal of Regulatory Economics*, 53: 275 – 297.

Kremer, I. and Nyborg, K. G. (2004). Divisible-good Auctions: The Role of Allocation Rules. *The RAND Journal of Economics*, 35: 147 – 159.

Kreps, D., Milgrom, P., Robert, J., and Wilson, R. (1982). Rational Cooperation in the Finitely Repeated Prisoners' Dilemma. *Journal of Econoimc Theory*, 27: 245 – 252.

Kreps, D. and Wilson, R. (1982a). Reputation and Imperfect Information. *Journal of Econoimc Theory*, 27: 253 – 279.

Kreps, D. and Wilson, R. (1982b). Sequential Equilibria. *Econometrica*, 50: 863 – 894.

Krishna, V. (2003). Asymmetric English Auctions. *Journal of Economic Theory*, 112: 261 – 288.

Laffont, J. -J., Ossard, H., and Vuong, Q. (1995). Econometrics of First-price Auctions. *Econometrica*, 63: 953 – 980.

Laffont, J. -J. and Vuong, Q. (1993). Structural Econometric Analysis of Descending Auctions. *European Economic Review*, 37: 329 – 341.

Levin, J. and Skrzypacz, A. (2016). Properties of the Combinatorial Clock Auction. *American Economic Review*, 106: 2528 – 2551.

Li, S. (2017). Obviously Strategy-proof Mechanisms. *American Economic Review*, 107: 3257 – 3287

Li, T. and Zhang, B. (2010). Testing for Affiliation in First-price Auctions Using Entry Behavior. *International Economic Review*, 51: 837 – 850.

Maskin, E. (1992). Auctions and Privatization. In *Privatization: Symposium in Honor of Herbert Giersch*, pages 115 – 136. Tübingen: Mohr (Siebek).

Maskin, E. and Riley, J. G. (1984). Optimal Auctions with Risk Averse Buyers. *Econometrica*, 52: 1473 – 1518.

Maskin, E. and Riley, J. G. (2000). Equilibrium in Sealed High Bid Auctions. *Review of Economic Studies*, 67: 439 – 452.

Matthews, S. A. (1987). Comparing Auctions for Risk-averse Buyers: A Buyer's Point of Biew. *Econometrica*, 55: 633 – 646.

McAfee, R. P. and McMillan, J. (1996). Analyzing the Airwaves Auction. *Journal of Economic Perspectives*, 10: 159 – 175.

McMillan, J. (1994). Selling Spectrum Rights. *Journal of Economic Perspectives*, 8: 145 – 162.

Milgrom, P. (1979). A Convergence Theorem for Competitive Bidding with Differential Information. *Econometrica*, 47: 670 – 688.

Milgrom, P. (1981a). Good News and Bad News: Representation Theorems and Applications. *Bell Journal of Economics*, 12: 380 – 391.

Milgrom, P. (1981b). Rational Expectations, Information Acquisition, and Competitive B. *Econometrica*, 49: 921 – 944.

Milgrom, P. (2004). *Putting Auction Theory to Work*. Cambridge: Cambridge University Press.

Milgrom, P. (2020). The Market Design Community and the Broadcast Incentive Auction: Factchecking Glen Weyl's and Stefano Feltri's False Claims. Auctionomics paper, June 3, 2020.

Milgrom, P., Ausubel, L., Levin, J., and Segal, I. (2012). Incentive Auction Rules Option and Discussion. Appendix C to the FCC's Notice of Proposed Rulemaking, GN Docket No 12 – 268.

Milgrom, P. and Mollner, J. (2018). Equilibrium Selection in Auctions and High stakes games. *Econometrica*, 86: 219 – 261.

Milgrom, P. and Roberts, D. J. (1990). Rationalizability, Learning and Equilibrium in Games with Strategic Complementarities. *Econometrica*, 58: 1255 – 1278.

Milgrom, P. and Segal, I. (2017). Designing the US Incentive Auction. In Bichler, M. and Goeree, J., editors, *Handbook of Spectrum Auction Design*. Cambridge University Press.

Milgrom, P. and Stokey, N. (1982). Information, Trade, and Common Knowledge. *Journal of Economic Theory*, 26: 17 – 27.

Milgrom, P. and Weber, R. J. (1982). A Theory of Auctions and Competitive Bidding. *Econometrica*, 50: 1089 – 1122.

Monchon, A. and Saez, Y. (2017). A Review of Radio Spectrum Combinatorial Auctions. *Telecommunications Policy*, 41: 303 – 324.

Myerson, R. B. (1981). Optimal Auction Design. *Mathematics of Operations Research*, 6: 58 – 73.

Myerson, R. B. and Satterthwaite, M. A. (1983). Efficient Mechanisms for Bilateral Trade. *Journal of Economic Theory*, 29: 265 – 281.

Nash, J. F. (1950). Non-cooperative Games. Ph. D. dissertation, Princeton University.

Ortega-Reichert, A. (1968). Models for Competitive Bidding under Uncertainty. Ph. D. Thesis, Department of Operations Research Technical Report No. 8, Stanford University.

Paarsch, H. J. (1992). Deciding between the Common and Private Value Paradigms in Empirical Models of Auctions. *Journal of Econometrics*, 51: 191 – 215.

Paarsch, H. J. (1997). Deriving an Estimate of the Optimal Reserve Price: An Application to British Columbian Timber Sales. *Journal of Econometrics*, 78: 333 – 357.

Porter, D., Rassenti, S., and Roopnarine, A. (2003). Combinatorial Auction Design. *Proceedings of the National Academy of Sciences*, 100: 11153 – 11157.

Porter, R. H. (1995). The Role of Information in U. S. Offshore Oil and Gas Lease Auctions. *Econometrica*, 63: 1 – 27.

Rassenti, S., Smith, V., and Bulfin, R. (1982). A Combinatorial Auction Mechanism for Airport Time Slot Allocation. *Bell Journal of Economics*, XIII: 402 – 417.

Riley, J. and Samuelson, W. (1981). Optimal Auctions. *American Economic Review*, 71: 381 -392.

Roosen, J. and Hennessy, D. A. (2004). Testing for the Monotone Likelihood Ratio Assumption. *Journal of Business & Economic Statistics*, 22: 358 -366.

Rothkopf, M. H. (1969). A Model of Rational Competitive Bidding. *Management Science*, 15: 362 -373.

Selten, R. (1978). The Chain Store Paradox. *Theory and Decision*, 9: 127 -159.

Sönmez, T. (2013). Bidding for Army Career Specialties: Improving the ROTC Branching Mechanism. *Journal of Political Economy*, 121: 186 -219.

Sönmez, T. and Switzer, T. B. (2013). Matching with (branch-of-choice) Contracts at the United States Military Academy. *Econometrica*, 81: 451 -488.

Thaler, R. H. (1988). Anomalies: The Winner's Curse. *Journal of Economic Perspectives*, 2: 191 -202.

Topkis, D. M. (1978). Minimizing a Submodular Function on a Lattice. *Operations Research*, 26: 305 -321.

U. S. Congress (1993). Communications Licensing and Spectrum Allocation Improvement. Conference Report [HR 2264], Report 103 -213.

Varian, H. (2007). Position Auctions. *International Journal of Industrial Organization*, 25: 1163 -1178.

Vickrey, W. (1961). Counter-speculation, Auctions, and Competitive Sealed-tenders. *Journal of Finance*, 16: 8 -37.

Vickrey, W. (1962). Auctions and Bidding Games. *Recent Advances in Game Theory*, Princeton University, pages 15 -27.

von der Fehr, N. and Harbord, D. (1993). Spot Market Competition in the UK Electricity Industry. *The Economic Journal*, 103: 531 -546.

Weibull, J. (1995). *Evolutionary Game Theory.* MIT Press.

Weyl, G. (2020). How Market Design Economists Helped Engineer a Mass Privatization of Public Resources. www. promarket. org, May 28, 2020.

Wilson, R. B. (1967). Competitive Bidding with Asymmetrical Information. *Management Science*, 13: 816 -820.

Wilson, R. B. (1969). Competitive Bidding with Disparate Information. *Management Science*, 15: 446 -448.

Wilson, R. B. (1977). A Bidding Model of Perfect Competition. *The Review of Economic Studies*, 44: 511 -518.

Wilson, R. B. (1979). Auctions of Shares. *Quarterly Journal of Economics*, 93: 675 -689.

Wilson, R. B. (1985). Incentive Efficiency of Double Auctions. *Econometrica*, 53: 1101 -1115.

Wilson, R. B. (1993). *Nonlinear Pricing.* Oxford University Press.

Wilson, R. B. (2002). Architecture of Power Markets. *Econometrica*, 70: 1299 -1340.

Wilson, R. B. (2008). Supply Function Equilibrium in a Constrained Transmission System. *Operations Research*, 56: 369 -382.

传统的经济学理论研究理想化的市场，例如亚当·斯密著名的“看不见的手”理论认为，价格本身可以引导资源的有效率配置，无须规制或干预。然而，本书认为，尽管价格能促使市场中的单个主体考虑其所用资源的机会成本，因而在引导资源配置上具有重要作用，但现实经济的复杂性使得仅靠价格无法实现有效率的资源配置。因此，需要有一个设计好的拍卖过程，也即所谓的市场设计，将价格整合进来，以便在满足复杂约束条件的情形下，实现资源的有效率配置。

在本书中，作者引入了一种被称为“背包问题”的研究方法，阐述了两种基本类型的拍卖——价格递增拍卖和价格递减拍卖，以及他为美国联邦通信委员会最新设计的“激励性拍卖”，并探讨了他在设计激励性拍卖设计中遇到的问题以及最新的理论思考。

本书将拍卖理论与实践相结合，为经济学家解决日益复杂的资源配置问题提供了重要新的新视角和新工具。

特稿

Feature

Comparative

终结贫困的思想渊源

马丁·拉瓦雷

古谚有云：历史会重演，历史学家都在彼此复述。

——马克·布劳格（Mark Blaug，1963，第 152 页）

1. 引言

本文介绍终结贫困的思想简史。尽管我们的讨论可以回溯到学科边界远比今天要模糊的时代，但我们的重点仍是经济思想及其对政策的影响。开篇引用的那句话（出自当时一位著名经济学家）颇显夸张，但也不乏真实，而且不仅仅适用于历史学家。关于贫困的思想史在历史学家和其他人之间曾经有着长期的共识，之后又在几乎相反的观点上达成了长期共识。

在很多地方很多时候，宣扬终结贫困的目标分明只是美好意愿的象征。它

---

* Martin Ravallion，乔治敦大学经济学教授，此前是世界银行研究部主任，主要研究领域为：发展经济学，贫困的度量、减贫政策及评估。他曾为多个国家政府和国际机构提供减贫政策建议，撰写过大量探讨相关问题的经济学作品，其中包括 4 本专著和在学术期刊发表的 200 多篇论文。拉瓦雷是经济不平等研究学会会长，获得过无数奖项和奖励。2012 年，他荣获了美国农业和应用经济学协会颁发的约翰·肯尼斯·加尔布雷思奖。本文原文“On the Origins of the Idea of Ending Poverty”为美国国民经济研究局（NBER）第 27808 号工作论文。——编者注

** 作者感谢 Tim Besley、Francisco Ferreira、Martin Gutmann、David Hulme、Michael Lokshin、Giovanni Vecchi、Dominique van de Walle 和 Nicolas van de Walle 给予的宝贵评论。本文仅表达作者的观点，并不必然反映美国国民经济研究局的见解。

告诉穷人和关心他们的人，政府（或国际机构）也心系他们，哪怕事实上没有采取任何措施缓解贫困。这可以被称为“象征性目标”。

偶尔也曾有过更实质性的目标。反贫困的倡导者从不同角度看待贫困：它是道德上最令人反感的不平等，主要源于经济和政治力量而不是穷人的糟糕选择；它是对人类自由和社会包容的关键物质限制；它是一种权利可被剥夺的风险，而无论当前贫穷与否；它是实现其他重要目标的障碍，包括经济效率、人类发展和环境可持续性。作为回应，可以采取的行动包括实施某些具体政策，以及努力把穷人组织起来共同处理他们关心的事务等。因此，目标设定被视为取得更好成果的激励机制，不妨称之为“激励型目标”（motivating goal）。

无论如何，首先大家必须共同认可减少贫困是一件好事。正如我们将要看到的，历史表明减少贫困是现代才有的思想，在前现代时期其重要性并非显而易见。可能有人认为，人们的潜在偏好随时间改变，从而会越来越关心贫困问题。这算是一种简单的解释，但无疑难以自圆其说。本文将侧重那些不假设偏好改变的解释。人们可能赞同减少贫困本身是可取的（出于各种原因，包括内在的原因和工具性的原因），但应该严肃认真地与其他重要目标进行权衡。于是焦点从偏好转移到约束条件，后者决定了这些权衡下的选择。纵使有很多人赞同减少贫困是可取的，并呼吁采取政策应对，但这仍然是不够的。他们还必须能够组织起来，形成有足够影响力的联盟，而这极具挑战性。

激励型目标的各影响因素之间存在平衡，但这种平衡可能随经济发展而变化，并因地而异。在政治上，感知利益（perceived benefits）取决于给予穷人的权重，而穷人的权重取决于他们的投票权和组织能力。通过再分配消除贫困的成本（一定程度上）取决于贫困的程度和与之相对的可用资源。当一个社会的全部资源使得消除贫困更加可行时，消除贫困的呼声不绝于耳就不足为奇了。在《消除贫困》（*The Abolition of Poverty*）一书中，经济学家雅各布·霍兰德（Jacob Hollander，1914，第 18 页）一针见血地指出：“正因为面包足够多，能够满足所有必须喂饱的人，个人的匮乏才变得不可容忍。”同理，当人们目睹贫困肆虐而面包太少时，经济增长就更可能被奉为摆脱贫困的正途。

消除贫困的倡导者对消除贫困的含义至少要有大致的认识。最常见的定义是，所有家庭的人均收入（或单个成年人的收入）不低于贫困线。这是本文使用的定义，但局限性也是存在的。人们一直用抽样调查数据衡量贫困，尽管这会导致有些贫困人群可能未被充分代表，譬如无家可归者。在其他方面，基于调查的衡量指标并不理想。外部冲击和测量误差意味着即使每个人的正常生活水平（合理时间内的平均消费）高于贫困线，也会暂时出现基于调查测算到的贫困（measured poverty）。从字面上看，测算到的贫困可能永远不会消失。

标准的家计调查还有另一个问题：被测算的消费和某些收入来源基本上只限于家庭层面。即使我们发现所有家庭的人均消费都超过贫困线，也并不表示“没有穷人”那种意义上的消除贫困。有证据表明，穷人常常出现在“非贫困”家庭。① 即便达到“消除贫困”的标准，贫困依旧可能存在。

有人也许会进一步反驳说，有些人选择了贫穷，而且无论做什么，他们都会做出这种选择。这当然是可能的，但似乎并不适用多数人。在贫困思想史上，人们经常在“值得救助的”和“不值得救助的”贫困之间寻找区别，后者被归咎于穷人的“不良行为”，比如工作不够努力。② 没有任何可信的证据表明，那些被认为不值得救助的穷人自愿选择了变穷（从穷人中观察到的行为往往被解读为导致他们贫穷的原因，而实际上那些行为很可能是贫穷的后果）。更可信的是，这曾经是（现在仍然是）一种方便的道德理由，用于在大量穷人之间按优先顺序分配有限的救济。此外，强调身体健全的穷人“不值得救助”的观点，反映了新兴资产阶级维持劳动力总供给从而保持低工资水平的欲望。有时这种区别还带有其他目的，包括掩盖建立在毫无根据的刻板印象上的种族或民族歧视。工作和一些激励措施当然可能和良好的政策制定有关，不过难以使那些阻碍对身体健全的穷人施以帮助的限制合理化。

消除贫困的预期成本还取决于期望的最低收入和实现“零贫困”的目标时间。这些当然不是外生参数，而是需要选择的参数。如果选择的日期过早，或设置的贫困线太高，以致消除贫困的预期成本非常庞大，就很难达成采取直接行动的政治共识，目标的激励作用将会减弱。如果贫困线设置得太低，或目标过于遥远，上述情况也会发生；这时目标可能会变得无关痛痒，因为眼下不需要付出任何额外的努力。一个超过（比如）20 年的目标日期，对政客、行政官员或民间社会团体的行动可能影响不大。为了在特定环境中成功实现激励型目标，在设定期望的最低收入和达成目标的日期时，务必认识到目标不能过

---

① 例如参见 Haddad and Kanbur（1990），Brown et al.（2019），以及 De Vreyer and Lambert（2020）。

② 虽然所贴标签不同，但这种区别十分常见。例如，Anderson（1978，第 69 页）使用“只缺乏生活必需品”一词形容（本质上）值得救助的穷人。

于困难或过于简单。①

本文首先简要回顾贫困在古代思想中的表现形式。第 3 节聚焦 18 世纪中叶到 19 世纪末的时期，包括 18 世纪末的 20 年，可以说这段时间孕育了消除贫困的思想，尽管在当时这不过是一个没有被广泛接受的思想。第 4 节重点论述 19 世纪末叶主流思想的变化，以及政策对贫困的关注随后是如何演变的。第 5 节着眼于 20 世纪 60 年代人们对消除贫困日益高涨的兴趣，第 6 节转向 20 世纪 90 年代发起的减贫目标，这些目标促成了联合国到 2030 年“消除贫困”的第一个可持续发展目标（SDG1）。第 7 节是总结。

2. 古代先贤

在前现代时期，贫困被认为是再平常不过的事情，但没有被忽视。避免大规模饥荒长期以来都是一个政治目标。重点通常是保护民众免受冲击；换句话说，大家关注的主要是暂时的贫困（相比之下，即使消费水平长期稳定，长期贫困也可能存在）。其很大一部分动机是为了维持社会秩序。毋庸置疑，防范共变风险（covariate risks）是首要任务，毕竟这类冲击可能引发大规模抗议，进而威胁社会秩序（Piven and Cloward，1979）。

这一思路跨越远古世纪的诸多政权。为说明这一点，我们不妨以当时的三位贤者为例。首先看看希腊哲学家亚里士多德，他著书立说于公元前 350 年左右。亚里士多德提出了“分配正义”理论，但是强调根据功绩分配奖励的精英制（meritocracy，又译优绩制或择优制，Fleischacker，2004）。只有技能最高超的申请人才能被选任为公职人员。亚里士多德的正义理念显然吸引了自由而有抱负的中产阶级，还给贫穷但自由的人们带来了希望。但这个思想对更根本的社会不平等几乎不构成挑战。亚里士多德知道“机会平等”和人人享有“自由”权利的思想，可它们仍然从属于“自然秩序”，而在自然秩序中，即使奴隶制形式的主从关系也为精英阶层所接受。亚里士多德的正义思想似乎与当时通行的实践很一致。雅典民主政府提供各种形式的救济，但其主要目的是维持公民秩序，而不是消除贫困或减少不平等（Taylor，2017，第 5 章）。穷人也许能获得国家的一些援助，但这并非因为他们贫穷。

① 正如 Genicot and Ray（2020）的讨论，这是内生“愿望”更一般属性的一个例证。当一个愿望（比如对子女的愿望）被认为可以实现，它就可能产生积极的激励效应；而如果这个愿望遥不可及，它可能毫无用处甚至是有害的。

在地球的另一端，大约公元前500年的中国，孔子将贫困列为一个好政府应该帮助人们避免的“六祸”之一。① 但是，与财富不平等相关的长期贫困不属于突出的政策问题。最令人担忧的乃是对和谐社会秩序的各种威胁。于孔子而言，只要维持了这一秩序，“贫困”就翻不起浪花：“不患寡而患不均，不患贫而患不安。盖均无贫，和无寡，安无倾”（孔子，转引自 Dawson，1915，第186页）。

第三个例子是考底利耶（Kautilya，也称为Chanakya），公元前300年左右的古印度学者。考底利耶很可能是第一位经济学家。其主要著作（时间不详）的标题可以翻译为“利论”或“政事论”。他的政策建议包括，通过政府资助的公共工程计划提供就业，从而解决外部冲击带来的社会成本，这可谓凯恩斯主义稳定政策的早期雏形，但他承认转移支付也是一种选择。同样，其动机是确保政权的稳定。

从这些先贤的时代到现代，政府在缓解贫困方面的显著作用基本上局限于应对导致政治不稳定的短期根源，比如饥荒。私人慈善团体和宗教机构在历史上反而更加重要，尤其是在为残疾人或体弱多病者提供帮助方面。许多神学家把慈善誉为个人美德，它建立在对不幸者陷入困境的同情心之上。长期以来，地方宗教组织一直扮演这一慈善角色。

在接下来的几千年里，政权的稳定仍然会影响政策制定。然而在18世纪末，出现了一系列指向国家作用的新诱因。

3. 第一次贫困启蒙运动及其后果

1800年前后，全世界涌现出大量贫困人口。布吉尼翁和莫里森（Bourguignon and Morrisson，2002）估计，根据世界银行较低的国际贫困线，1820年（其研究系列的最早年份）世界80%的人口生活在贫困之中。拉瓦雷（2016，第1章）将这80%的人口数据按世界地区进行了划分。② 这些数字显示，在1820年左右，大约一半的欧洲人口生活在我们今天认为的极端贫困中，即按照现代最贫穷国家的贫困线衡量的贫困；英国和美国的贫困率可能略低于西欧

① 其他五种灾难为：短寿、多病、忧思、貌丑和软弱。另外还有五福：富贵、长寿、康宁、好德和貌端。

② 当时的数据质量很差，顶多只能被视为大致的参考数据。

国家。① 这些人包括有工作的穷人以及工业化城市新贫民窟中随处可见的大量失业人员和乞丐（Engels，1845；Jütte，1994）。土地的变化，例如英国（国家强制）的圈地运动，将工人从农业中解放出来，尽管并非所有人都能迅速融入新的城市工业经济。

一段时间以来，主流思想一直认为长期贫困或多或少是封建主义向资本主义经济转型的必然产物，而资本主义（奴隶制一旦被取缔）需要低工资率。在1800年之前的大约300年里，占主导地位的经济思想流派（后来被称为“重商主义”）把低工资导致的贫困视为经济发展的必要前提。消除贫困会给国家财富和权力带来不可想象的损失。饥饿感会激励人们工作，而缺乏饥饿感则适得其反。在美国也发现了这种对贫困的容忍；“在国家发展的头两个世纪里，美国人想当然地认为大多数人会永远贫穷”（Bremner，1956，第3页）。

亚当·斯密的《国富论》驳斥了重商主义的观点，即国家的经济福利应该由贸易差额（出口额减进口额）来判断。他寻求一种基于人口对商品支配力的更广义的衡量标准。斯密开辟了一种新的思路，把反贫困进程视为发展的目标，而不是对发展的威胁，“如果一个社会中的大部分成员贫穷而又悲惨，这个社会就谈不上繁荣幸福”（Smith，1776，第1卷，第8章）。同样，他认为实际工资上涨是好事，这又与长期以来的重商主义观点形成鲜明对比。（斯密也不接受富人都应该富有的观点；他认为如果不平等源于垄断权力，就有可能违背国家利益。）几乎没有证据表明，斯密真的认为贫困可以消除，但他的确表示减少贫困是件好事。他似乎并不认为减贫和促进经济增长是此消彼长的关系。②

斯密举例说明，在18世纪的最后几十年，与终结贫困相关的精英思想发生了显著变化，可以称之为第一次贫困启蒙运动（Ravallion，2015）。（应当指出，这主要基于书面记录，而书面记录并不一定充分反映了穷人的想法。文盲在当时是普遍现象，特别是在穷人之中。③）18世纪中叶前后，文字中出现了对穷人更同情的态度，尤其是人们日益认识到，多数穷人根本没有做过任何引

---

① 参见Ravallion（2016，图1.1）。当时所说的“贫困”，可能采用了比这更宽松的标准。Jeremy Bentham（1843）在描写18世纪末的英国时，预估其95%的人口都是“穷人”。但他没有提供证据。Gazeley and Verdon（2014）估计，1800年左右英国农村的家庭贫困率为82%。

② 关于斯密在这个方面的想法，见Rothschild（1995）的进一步讨论。

③ 例如1800年左右，大约有一半的英国成年人口是文盲（Lloyd，2007）。（“识字”用能够写自己名字这一最低标准来定义。）查尔斯·狄更斯和伊丽莎白·盖斯凯尔等作家的社会小说为了解19世纪中叶穷人的想法提供了有用线索。

发自身贫困的事情（Coats，1992，第5章）。今天，很多人对区分“值得救助的”和“不值得救助的”穷人很反感；但18世纪末的人们逐渐意识到，至少有些穷人应该得到帮助，因为他们对自己的不幸是无辜的。

卢梭和孔多塞的观点为这种思想转变提供了智识起点，即贫穷很大程度上是人为的，并非事物的自然秩序。康德（1785）主张对穷人采取更加尊重的态度，暗示应由国家而不是私人慈善机构承担让人们摆脱贫困的责任（Fleischacker，2004）。这一时期，大卫·戴维斯（David Davies，1776）和弗雷德里克·伊登（Frederick Eden，1797）还首次尝试界定贫困线，他们描述了英国农村的生活水平。① 斯特德曼·琼斯（Stedman Jones，2005）认为，这是消除贫困思想出现的时间。

减少贫困的政策理念开始日益凸显。一个有趣的例子是托马斯·潘恩（Thomas Paine）主张征收土地税以支付统一红利（uniform dividend）。潘恩（1797）是否抱有消除贫困的愿景不得而知，他似乎更关心承认自然资源的社会权利。② 他提出的统一红利能否消除贫困依赖很多因素，包括土地所有权的分配，以及扣除土地税后可获得的收益（考虑对其他工资和价格的影响）能否让每个人都摆脱贫困。但潘恩的想法确实包含了消除贫困的可能性。这就是今天所谓的全民基本收入（UBI）概念的萌芽。

大致在同一时间，杰里米·边沁批驳了许多基于权利的政策理论，而将社会选择建立在其对个人效用的影响上。根据后人（包括他的学生约翰·斯图亚特·穆勒）的解释，边沁的“最大幸福原则”意味着，当一些人有所得而一些人有所失时，社会选择应该最大化他们的效用总和。基于直觉上有说服力的收入边际效用递减假设，边沁的功利主义逻辑上否定收入不平等（这一思想随着19世纪后期经济学的边际主义革命得到更严谨的发展）。但是它只为缩小相同人们之间的收入不平等提供了一个有条件的结果主义的理由；之所以说“有条件”，是因为当给定的收入为人们带来的边际效用不同时，以及（或者）当再分配导致平均收入受损时，这一理由就会被削弱。

---

① Davies（1776，第33页）没有使用“贫困线”一词（该词1900年左右首次出现在Charles Booth的研究中），而是为工人阶层家庭计算了一笔钱，以“使他们能够自给自足，生活舒适，不依赖教区的援助”。

② 潘恩（1791）的《人权论》还概述了如何改进财政政策以减少贫困，尽管没有提及以消除贫困作为目标。

边沁的功利主义没有为消除贫困提供理由。理论上，最富有者的获益可以大到足以证明最贫穷者受损是合理的。但是，边沁确实提倡有助于减贫的政策。一个例子是（见于边沁 1800 年左右的论著，穆勒对此有详细的阐述），对低于临界“生存”水平的所有收入免征所得税；在这一水平之上，税收可与收入成正比，但（鉴于免税）总体税率安排将是累进式的（收入较高时平均税率较高）。① 这正是累进税思想的源起，而大约 100 年后，累进所得税才在大多数国家开始实施。

大致在这一时期，欧洲和北美制定了反贫困政策，比如各种“济贫法”。大城市中贫民和乞丐的日常不便催生了“贫困救济”，只面向“值得救助的”穷人，旨在保护他们免受妨碍工作的暂时性困苦，或帮助他们应对（身体/精神上的）伤残。这些政策的目的并非消除长期贫困。事实上，经常区分“值得救助的”穷人和“不值得救助的”穷人清楚地表明，低工资工人的贫困问题不是决策者要操心的事情。然而，实践中并不总能清楚地区分“值得救助的”穷人和“不值得救助的”穷人。公共资助的济贫院是帮助区分两者的常见政策工具。该政策的理念是，福利领取者需要同意接受所有的实物救济，比如在济贫院食宿，而工作本身不是重点。② 其真正的目的是确保穷人为获得工资而工作，无论工资多低，都比进济贫院好。工作要求延续至今，一直是阻止所谓“不值得救助的”穷人和非贫困者寻求救济的手段。

有些国家对贫困救济的投入比其他国家多。英国的济贫法（Poor Laws）就是著名的例子，关于这方面的文献汗牛充栋。每个教区都有义务解决其贫困问题，利用状态依存型转移支付（state-contigent transfers）帮助那些被认为无法工作的人，比如老年寡妇或残疾人士，资金由地方财产税提供（当然，富裕的教区往往更加慷慨，进而导致了横向不平等）。索拉（Solar，1995）认为，英国的济贫法（追溯到 1600 年左右）对国家的长期社会稳定至关重要，包括 18 世纪后期，当时人们非常担忧法国大革命会跨过英吉利海峡蔓延到英国。在 18 世纪，贫困救济发挥了新的作用，包括解决农业部门的季节性失业

① 理由是（至少在一定程度上）穷人已经背负累退间接税的负担。参见 Scheve and Stasavage（2016，第 2 章）的讨论。

② 威廉·配第（1662）认为，与其让闲散的穷人无所事事，不如以完全浪费的方式雇用他们，因此他提出了将巨石阵的石头搬到塔山的计划。

问题（Boyer，1990）。

到了18世纪末，在英国的大部分地区，济贫法演进成为“斯宾汉姆兰体系”（Speenhamland System）。它有多种变体，但其主要想法是提供一份收入保障，使之与面包价格挂钩，并根据家庭规模进行调整。如果像潘恩的建议那样，由生活在这一收入水平之上的人提供资金，也许可以保证最低收入。然而与潘恩的建议相反，它提供的是定向工资补贴，以确保达到期望的面包购买力。如果你挣的钱少于这个数，你将获得所需的补贴；如果你挣得比这个多，那就什么也得不到。

全民基本收入和确保最低收入的定向转移支付之间的区别，是扶贫思想史上一个持久的混乱之源。在激励方面，这两者的差异是巨大的：假设此类计划由非贫困者支付，那么旨在达到最低收入的家计调查型转移支付（mean-tested transfers）会带来负面的工作激励，因为（至少在表面上）一个人的最终收入与他的工作量或努力程度无关。这就是当时最受尊敬的两位经济学家托马斯·马尔萨斯和大卫·李嘉图坚定地批判斯宾汉姆兰计划的主要原因，以致皇家委员会（Royal Commission）对该计划形成了极其负面的评价。有人认为，儿童福利会鼓励更高的生育率，从而导致受助家庭更加贫困。如果没有了工作的动力，农业产出将会下降，新兴资本主义工业的在职工人将越来越少（Polanyi，1957）。斯宾汉姆兰计划也被认为对工人产生了适得其反的效果。恩格斯（1845）等人声称，雇主只需削减工人的工资，让斯宾汉姆兰计划去补齐差异。

在随后的200年里，对斯宾汉姆兰计划的这些批判被反复提及。① 然而，仔细分析当时的可用证据也只能找到有限的支持。作用于劳动力供给侧的激励效应似乎没有批评者想象的大。根据皇家委员会掌握（但未使用）的数据，布劳格（1963）并未发现斯宾汉姆兰计划抑制了工资或降低了农业生产率。② 实际上，该计划好像提供了有限的失业保险，并避免了向有工作的健壮工人支付保险的情况（Boyer，1990；Block and Somers，2003）。有确凿证据表明，该计划鼓励了更高的生育率（Boyer，1990）。

紧随皇家委员会的报告之后，批评者获胜，斯宾汉姆兰计划在1834年的改革中被放弃。改革要求更多地启用济贫院，认为济贫院会令人极不舒服，只

---

① 例如参见Polanyi（1957，第7章）、Anderson（1978）和Himmelfarb（1984）。

② 另见Glaper（1970）、Block and Somers（2003）以及Clark and Page（2019）。

有真正需要帮助的人才肯接受救济，而当更好的机会出现时，他们将欣然离开。有学者（Polanyi，1957；Besley et al.，2004）指出，1834 年改革诞生于封建农业经济向城市工业资本主义经济的结构性转型时期。它对获取谁是穷人以及为什么贫穷的信息具有重要意义，并要求采取更强有力的激励措施，确保只有“值得救助的”穷人才能向济贫法寻求帮助。这个观点似是而非，尽管在 50 年前人们没有考虑此类改革时，该论调也并不罕见。讨论 1834 年改革还必须考虑当时的政治经济背景。人们对法国大革命将跨越英吉利海峡的恐惧已经消退，拿破仑也战败了，尽管这让许多失业的退役士兵求助于济贫法。农村土地所有者不断施加削减开支的政治压力，毕竟是他们缴纳税款资助了济贫法。启用济贫院的这一改革实现了大幅削减开支的目标，几乎必然地剥夺了许多贫困家庭的福利（Lindert，2004）。美国也实施了类似的改革，而且大致产生了类似的效果（Katz，1996）。

这一时期，经济学逐渐成为受人重视的研究领域，但它没有提供任何理据让人们设想贫困可以被消除。一个反复出现的论点是限制国家干预。经济发展也不被视为摆脱贫困的途径。在废除了奴隶制的地方，“穷人”本质上是指贫民和工人阶级，非熟练劳动力的实际工资率是决定穷人福利最重要的经济变量（正如恩格斯 1845 年描述的，工人之间仍然存在工资不平等）。诚然，穷人可以从更高的工资中获益，但这被认为是不可持续的。李嘉图关于收益递减的观点认为，在技术给定的情况下，产出增长有严格的极限。最重要的是，工资率上升（从而降低贫困率）会使劳动力供给迅速增加，进而使工资率回落。马尔萨斯凭借这个后来被称为马尔萨斯陷阱的观点闻名遐迩，并且在 19 世纪此观点就已被广泛接受（Sandmo，2015）。这与孔多塞、斯密等人先前的见解形成了鲜明对比，后者认为减贫将导致生育率降低。

新马克思主义经济学派同样没有给消除资本主义的贫困带来任何希望。与 18 世纪的启蒙思想家相呼应，马克思拒绝任何关于贫困是某种自然状态的说法。他反驳了古典经济学家关于人口增长如何使工资率保持在固定“生存”水平的观点；① 也不认为工资率会自动下降从而出清市场；即使工资在“生存”水平上也无法实现充分就业，尽管大家从来都不太清楚这意味着什么。②

① 参见 Baumol（1983）对马克思工资决定理论的探讨。

② 这种说法在关于英国工业革命的著作中十分常见。不过那里的工资似乎一直很高（相对于西欧），这可能是工业革命兴起于英国的原因之一。

在马克思看来，正是剩余劳动力的存在（Marx，1867，第25章的“失业后备军”）压低了工资，使得至少在没有强大工会的情况下，贫困持续存在。

19世纪确实推出了更多促进减贫的政策，包括大众公共教育的兴起（尽管缓慢且备受争议），和孔多塞在1790年左右的倡导如出一辙，但在当时几乎没有实际影响。无论如何，在19世纪的大部分时间里，普遍的长期贫困似乎始终被认为难以避免。这与一个事实吻合，即在那段时期的数字化文献中，我们找不到“终结贫困”、“消除贫困”或“杜绝贫困”这样的表述。①

尽管第一次贫困启蒙运动萌生了“减少贫困是好事”的思想，但在19世纪的大部分时间里，这一思想没有获得深入发展，甚至没有受到鼓励。消除贫困的思想之苗需要百年或更长时间才能结出果实。

4. “我们的经济组织中的一个严重缺陷”

19世纪，消除全球贫困取得进展，整个世纪的贫困率下降了约15%（Bourguignon and Morrison，2002）。西欧和北美的努力更见起色，贫困率从1820年的50%~60%下降到19世纪末的20%左右（Ravallion，2016，图1.1）。一个可能的解释是新兴工业化国家的实际工资有所上升。英国的工业革命最初只带来了实际工资的温和增长，但这种情况在19世纪开始改变，到1900年，实际工资率是1800年的4倍（Crafts and Mills，1998）。然而，在19世纪的大部分时间里，工业化国家的总体收入不平等趋于加剧（Milanovic，2016）。

到了19世纪末，人们发现主流社会渐渐形成一种观点，即应该而且可以消除贫困。阿尔弗雷德·马歇尔在其著名教科书《经济学原理》中探讨了贫困之“恶”，并表达了“贫穷和愚昧能够逐渐被消灭的希望”（Marshall，1890，第3页）。这既是从道德上反对贫困，也是一个有益的经济学理由。在马歇尔（1890，第594页）看来，“财富不平等……是我们的经济组织中的一个严重缺陷。”同主流思想大相径庭的是，马歇尔（1890，第191页）认为，贫困是儿童的“人力才能”（human faculties）投资不足的根源之一。贫困限制了这种重要资本的生产，进而可能阻碍经济增长。马歇尔没有过多谈论具体的反贫困

---

① 通过在Google Ngram Viewer上输入这些术语可以验证这一点。

或再分配政策，但他的担忧显而易见。

历史学家韦伯（Webb，1974，第384页）指出，在英国，正是从19世纪后期开始，人们普遍认识到贫困“可以而且必须消除”。欧洲和北美其他地区的民众也慢慢觉醒，在世纪之交和新世纪的前15年，大家对人类进步的前景，特别是对减贫的看法逐渐抱持新的乐观态度。① 消除贫困的新认知标志着（新兴）“富裕世界”的许多国家开始投入进步主义改革（progressive reforms），包括早期形态的社会保险、最低工资和累进所得税。这一现象始于西欧，继而扩散到北美和日本。毫无疑问，这些政策促使20世纪头几十年富裕国家的收入不平等有所下降，尽管其他因素也在起作用，例如第一次世界大战对资本资产造成的破坏（Piketty and Saez，2014）。

从19世纪末开始，人们对贫困的思考发生了变化，我们可以寻找其中的可能原因。贫困的减少意味着直接干预贫困在政治上更为可行，这很大程度上是因为和普遍贫困相比，此时需要的再分配更少。另外，普选权尚未实现（虽然一些国家已经实现男性普选）。不过在19世纪，识字率大幅提升，这有助于传播知识，促进集体行动，实现减贫（和普选）等目标。

19世纪不平等的加剧，以及在软化资本主义的社会影响方面缺乏明显进展，间接助推了欧洲和北美社会主义组织和工人运动的形成。工会也不断向相对不熟练的工人（最初仅限于熟练工人）渗透。所有这些刺激了有利于穷人的政策改革，但也伴随着很多争论和长期的滞后效应。

19世纪80年代，德国总理俾斯麦推出了著名的综合社会保险，试图“把工人从社会主义者身边吸引过来”（Landauer，1959，第276页）。到一战爆发前夕，社会主义运动汲取了强大的国际力量，随着时间的推移，还与许多劳工运动结合在一起。

新知识也在量化贫困程度和了解贫困成因方面发挥了作用。虽然摆脱贫困的公民不时从报纸和艺术作品中了解到不幸者的生活状况，但相关科学仍然薄弱或者缺失。随着查尔斯·布斯（Charles Booth）和西伯姆·朗特里（Seebohm Rowntree）对19世纪末英国穷人（分别是在伦敦和约克）的生活状况进行开创性的实证研究，这种情况渐渐转变。他们的观察性研究（observational study）

---

① 例如参见Vecchi（2017，第9章）对意大利的讨论和Bremner（1956，第8章）对美国的讨论。

非常细致，虽然肯定不是严格的抽样调查（相应的工具尚未开发）。布斯和朗特里都在努力以科学的方式回应左翼社会评论家关于贫困程度的随意言论。布斯这位政治上保守的船主，（以怀疑的态度）对一个马克思主义团体关于四分之一的伦敦人是穷人的说法做出了回应。经过 17 年的考察，雇用了数百名员工，他得出的结论是该数字为 30%，他还向伦敦人普及了很多有关城市贫困的知识。

在这个过程中，布斯发起现代社会调查运动（Bateman，2001）。受到美国经济学家理查德·伊利（Richard T. Ely）等人的鼓励，这场运动于 19 世纪末迅速发展壮大。理查德·伊利研究贫困问题，并创建了美国经济学会（凯瑟琳·科曼是共同创始人之一，她对贫困问题同样感兴趣）。布斯的努力促使杜波依斯（W. E. B. DuBois）和罗伯特·亨特（Robert Hunter）对美国乃至其他国家（包括印度）的贫困问题进行了类似研究（Thorner，1967）。陈旧的“救济资格”贫穷观强调慈善和依赖性，而借鉴新数据导出的新观点则强调导致长期和暂时贫困的多种经济和社会因素（Bremner，1956，第 8 章）。

到了 20 世纪初，人们开始接受这样一种观念：通过追踪有多少人生活在收入分配的某个点以下，至少可以在某种程度上评估社会进步。这个被选择的点可以称为“贫困线”，但对许多经济学家和统计学家来说，这不是关键所在。正如亚瑟·鲍利（Arthur Bowley，1915，第 213 页）所言：“衡量一个国家的进步，最好的方法或许就是衡量贫困人口的比例；对观察这一进步来说，如果精确地选定的关键标准总是严格保持不变，那么这个标准定在哪个点上就不重要。”在美国，阿林·扬（Allyn Young，1917）也主张，把衡量的重点集中在收入或财富水平的分配上，而不是新构建的不平等衡量指标，包括基尼系数。

消除贫困的思想在 20 世纪的发展并不平坦。在美国的某些时期，例如 20 世纪 20 年代和二战刚刚结束的那段时间，人们似乎普遍误以为贫困事实上已经终结，反映了“对……普世繁华的普遍信念”（Trattner，1999，第 308 页）。大萧条之后，对贫困的关注获得了政治动力。美国总统富兰克林·罗斯福（1937）在第二次就职演说中说过一句名言：“检验我们进步的标准，不在于我们为那些家境富裕的人增添了多少财富，而要看我们是否为那些贫寒困苦的人提供了充足的生活保障。”罗斯福在“新政”的大旗下捆绑推出的新社会计划包括《社会保障法》，该法律引入了面向老年人的联邦养老金、针对需抚养子女家庭的转移支付，以及失业救济金。另外，先前（塔夫脱总统执政期间）实行的联邦累进所得税为社会保障提供了财政支持。

大萧条说明了一个巨大的协变冲击（covariate shock）如何培育长期的社会进步，虽然还必须具备其他因素，包括政策构想。社会政策的政治约束仍然巨大；例如，出于对南方民主党人的尊重，“新政”基本避开了美国长期存在的种族不平等问题，因为南方民主党人在当时的国会中拥有举足轻重的权力。

大萧条也挑战了不平等有利于增长的观点。大规模失业导致的贫困（显然不是工人的不良行为造成的）是经济学中发生凯恩斯革命的推动力。凯恩斯（1936）认为，有效总需求（即消费而非储蓄）是实现充分就业的关键制约因素，这个论点指明了政府在宏观经济稳定中的作用。它还提出一种新的不平等观。较贫穷的人对新增收入往往有较高的边际消费倾向，这一事实意味着在实现充分就业之前，较低的不平等将促进增长（Keynes，1935，第 24 章）。① 凯恩斯没有明确论及贫困问题。不过，他在 1930 年发表的一篇文章中乐观地表示，“经济问题”（他称之为“生存斗争”）将在 100 年内（即到 2030 年）得到解决（Keynes，1930，第 4 页）。此外，凯恩斯就反贫困政策提出了忠告。

20 世纪中叶，人们对消除贫困的思想展开了严肃的讨论。② 对二战造成的社会经济代价的不平等承担，使人们对进步主义政策（progressive policies），包括更具包容性的社会保护计划产生了浓厚的兴趣。③ 经济学家兼政治家威廉·贝弗里奇（William Beveridge，1942）用一份里程碑式的报告概述了英国针对社会保险、家庭津贴和收入补助制定的激进新政策（凯恩斯支持贝弗里奇的方案，但又担心资金筹措问题，包括家庭津贴）。其目的是消除贫困，但贝弗里奇反对家计调查，认为“普惠”措施更有助于增强社会凝聚力。假以时日，声名狼藉的英国济贫院也将终结。

二战后不久，联合国的报告和决议都提到了消除贫困的必要性。④ 1948 年

---

① 凯恩斯著作中关于贫困和反贫困政策的其他讨论，见 Pressman（1991）。

② Beaudoin（2007，第 100 页）将消除贫困的理念追溯到二战后。而正如我们所见，这个理念有更深刻的思想根源，可以追溯到 18 世纪和 19 世纪。

③ Scheve and Stasavage（2016）认为，战争产生了提高最高边际税率的愿望，以补偿人们不平等地承担的战争代价。当然，这将取决于如何使用额外收入。

④ 我找到的最早例子是 1947 年的一份联合国正式文件。

的联合国《世界人权宣言》第25条第一款规定："人人有权享受为维持他本人和家属的健康和福利所需的生活水准，包括食物、衣着、住房、医疗和必要的社会服务；在遭到失业、疾病、残废、守寡、衰老或在其他不能控制的情况下丧失谋生能力时，有权享受保障。"毫无疑问，这是一个崇高的愿望，然而（和许多其他基于权利的法令一样）内容空泛，几乎没有阐述其含义或实现的方式。

二战之后，许多"发展中国家"摆脱了殖民统治者的控制，而殖民统治者（除其他关切外）从未认真付出努力消除贫困。新独立国家的第一批政府大多拥护这一目标，尽管需要很长时间才有望实现。印度独立前夕，总理贾瓦哈拉尔·尼赫鲁（1947年）在第一届议会上发表《命运之约》的演讲，将"印度的事业"定义为"终结贫穷、愚昧、疾病以及机会不平等"。接下来的几十年，印度在众多方面突飞猛进，包括对贫困的衡量，这尤其要归功于1950年开始实行全球著名统计学家马哈拉诺比斯（P. C. Mahalanobis）创立的国家抽样调查，以及多位学者（Dandekar and Rath，1971；Bardhan and Srinivasan，1974；Sen，1976等）的开拓性研究。民主有助于推动反贫困政策的实施，即便这些政策并非总能很好地匹配政府的执行能力，特别是在较贫穷的国家。① 长期以来，印度一直在设定象征性目标。只可惜，持续降低贫困发生率并不在印度独立后40年取得的诸多成就之列；直到20世纪80年代中期，这一进程始终缓慢（Datt et al.，2020）。独立后的几十年，印度在消除贫困方面停滞不前，主要不是因为不平等加剧，而是与经济增长疲弱有关。

二战后，发展也成为主流议题之一。新的研究领域出现了，新的政策议题、新的政府部门以及新的国际组织（包括世界银行）也应运而生。最初的时候，扶贫事业并没有占据重要位置。但这终将改变。

5. 第二次贫困启蒙运动

20世纪60年代和70年代，人们开始极度关注消除贫困的理念。② 这就是第二次贫困启蒙运动（Ravallion，2015）。世界迎来了一场思维变革。联合国宣布20世纪60年代为第一个"发展十年"，表达了后殖民时代摆脱贫困的雄

① 例如Dutta et al.（2014）讨论了印度《国家农村就业保障计划》在最贫穷邦之一比哈尔邦的表现。

② 同样参见Google Ngram Viewer。请注意，从20世纪80年代初开始，用词上"消除贫困"转向了不太温和的术语"根除贫困"和"终结贫困"。

心壮志。正如联合国儿童基金会（1961）所说：“摆脱了殖民地地位的‘第三世界’国家，现在还需要摆脱贫困。”这标志着人们逐渐将重点从仅仅考虑经济增长的“发展”，拓展到拥抱减贫和人类发展。国际劳工组织开始强调，实现“基本需要”（例如充足的食物、卫生保健、安全饮用水）是发展的优先事项（ILO，1976）。较高收入只在满足这些基本需要之后才变得重要。世界银行以“贫困与人类发展”作为其1980年《世界发展报告》的主题（和标题）。在这一时期，发展经济学也崛起成为一个领域，发展研究方兴未艾。学术期刊《世界发展》和《发展经济学杂志》分别于1973年和1974年创刊。

所有这些，象征着发展思维已然发生重大变化，也产生了持久的影响（第6节将继续讨论）。然而回首过往，美国从20世纪60年代初开始发生的一切在历史上备受瞩目，因为它将消除贫困的思想与为此做出的共同努力结合了起来。从某种程度上说，美国在反贫困政策方面渐渐赶超英国和大部分西欧国家。不管怎样，美国的故事尽管具有一些特殊性，但反映了这段时期更广泛的全球主题。

二战后，美国的平均生活水平持续提高。这种提高伴随着总体贫困率的下降，也带来了经济的结构性转变，特别是农业机械化和大量南方工人迁往北方城市。平均生活水平提高的大环境也意味着贫困被视为国家的耻辱，需要在政治上予以回应。

普遍富裕程度的日益提高也不足以纠正美国历史上的种族不平等现象，这种不平等与贫困有关，但在根深蒂固的种族主义背景下有其自身的独特历史和原因。在国家的历史上，这一美国特色往往导致建立有效的反贫困联盟变得更加困难。20世纪60年代，当民权运动转向消除贫困的挑战时，两者的共同基础才变得显而易见：既认识到公民权利的缺失是美国贫困的原因之一，也承认不同种族和民族群体有共同的阶层利益。与历史上的其他时期一样，对整体富裕的认知促使人们更加强烈地呼吁采取行动消除贫困。马丁·路德·金在1964年诺贝尔和平奖的获奖感言中说：“贫困不是什么新鲜事，新鲜的只是我们有足够的资源摆脱贫困。”

社会评论适时推波助澜。迈克尔·哈灵顿（Harrington，1962）借《另一个美国》生动描写了美国穷人的生活，出乎意料登上了畅销书榜。① 经济学家

① 大约在这个时期也出现了其他描述贫困的力作；譬如在英国，Brain Abel-Smith and Peter Townsend（1966）的《穷人和最穷的人》（*The Poor and the Poorest*）就颇具影响力。

也整装上阵。约翰·肯尼斯·加尔布雷思（Galbraith，1958）（和哈灵顿）描述了美国新出现的“少数族裔贫困”。随着经济的增长，“旧穷人”加入不断壮大的中产阶层，其他人却被甩在后面或陷入无法挣脱的贫困。1964 年，瑞典著名经济学家冈纳·缪尔达尔（Gunnar Myrdal）在乔治敦大学发表演讲，呼吁制订“消除贫困的马歇尔计划”（Hunter，1964）。缪尔达尔还建议不要明确给予美国黑人特殊待遇，以免引起一些美国白人的强烈反对。缪尔达尔显然是想影响约翰逊总统的“向贫困宣战”计划（建立在肯尼迪总统先前的倡议基础上），该计划于缪尔达尔讲话后不久向国会宣布。

“向贫困宣战”的目标是明确地终结贫困，但没有给出正式的实现日期。政策目标的构想是，经济增长将成为减贫的主要驱动力，而主要的政策挑战是如何确保美国的穷人有能力参与增长，并为之做出贡献。这项新的政策倡议在富裕程度不断提高、贫困程度不断下降的背景下提出，而且呼吁增强力度，“加倍集中力量消除贫困”（Johnson，1964，第 55 页）。这种表述问题的姿态极具政治吸引力。就像爱丽丝·奥康纳（O'Connor，2001，第 6 章）指出的，虽然强调机会不平等，但是避免了诸如“不平等”“再分配”之类的措辞。从某种程度上讲，这一表述更侧重于包装而非实质。“向贫困宣战”计划的政策工具主要是再分配性质的。

作为这一努力的一部分，一系列新的联邦计划陆续出台。让穷人找到工作显然很重要，但是“向贫困宣战”计划的重点更多放在劳动力市场的供给侧。（在“向贫困宣战”的同时，政府还采取了综合财政措施以确保充分就业。）反贫困计划涵盖营养（食物券）、卫生（医疗保险 Medicare 和医疗补助 Medicaid）、教育（含幼儿教育）、住房、培训和各种社区倡议，或多或少有明确的授权目标。一些计划一直延续至今。先前面对贫困家庭的转移支付仍在继续，其中最大的一项是针对需抚养子女家庭的资助计划（Aids to Families with dependent Children，AFDC）。

新的知识有助于人们加强对贫困以及如何应对贫困的理解，这些知识还将影响政策应对。第一次贫困启蒙运动缺乏我们今天试图理解贫困并为公共行动提供信息时引以为据的理论和数据。到了 20 世纪 50 年代末，情况发生了变化。研究人员和政策制定者可以根据一系列理论和数据提出论点。这里所说的数据也包括定性研究，比如哈灵顿的研究，但多数定性研究主要使用大样本调查和分析来衡量生活水平并设定贫困线。20 世纪 60 年代初，许多人惊讶地得知，官方统计显示，近20%的美国人和50%的美国黑人生活在贫困之中。

无论以什么标准检验，美国在贫困问题上展现出来的专业性都令人钦佩。50年后，美国一群研究贫困问题的杰出经济学家回顾了“向贫困宣战”计划，将约翰逊委托发起这一行动的1964年《总统经济报告》（Johnson，1964）描述为“迄今为止贫困分析的里程碑”（Haveman et al.，2015，第594页）。一个由130名成员组成的特别工作组随后成立，6周内制定了关键法律。另外，威斯康星大学麦迪逊分校创建了贫困研究所。

一些评论人士对这种新的“贫困知识”持怀疑态度，认为它刻意聚焦个人行为，转移了人们对更深层次的“结构性”不平等的关注。关于美国贫困的女性化问题，奥康纳（2001，第254页）对比了两种方法：“使问题个人化和去背景化”的“主流贫困研究”，以及指向“福利制度、家庭和劳动力中长期存在的性别不平等现象”的方法。虽然这些批评突显了人们的真正关切，但用于贫困研究的新兴科学工具也有助于更好地理解对行为的更深层约束，这与多维度的社会经济不平等有关。以家庭作为主要观察单位研究贫困，并不意味着我们认为贫困完全是个人的错误选择造成的。利用这些和其他新分析工具（包括各种建模工具），一个新颖的贫困知识库日渐成形，其中包括研究劳动力和信贷市场的运作，某些贫困的某个具体方面的起源，例如与种族和性别歧视有关的问题。

“向贫困宣战”的备选方案中一直有保证最低收入的想法。米尔顿·弗里德曼（1962）提出了该想法的一个变体，即负所得税。这其实延伸了边沁关于对低于某个临界水平的所有收入（边沁的“维持生计收入”）免税的思想，不同的是，在弗里德曼的建议中，税收收入和/或其他福利支出的节余将被用于使每个人都能达到最低生活水平。这相当于一种由累进所得税资助的全民基本收入（诸如潘恩提议的）。不过请注意，弗里德曼的建议旨在取代现有的福利计划，因此（在这些福利惠及穷人的范围内）贫困家庭能获得多少收益并不确定，有些家庭最终甚至可能变得更糟。可见，全盘考虑如何为全民基本收入筹集资金，对于评估这一想法的有效性至关重要（Atkinson，1995）。

20世纪60年代末，美国接近实现了某种形式的收入保障，它（令人意外地）由尼克松总统于1969年提出（Steensland，2008）。尼克松的“家庭援助计划”不是全民基本收入，也不是基于家计调查的最低收入计划，但边际税率很高。该计划提供低于一定收入的统一支付，然后随着收入的增加以50%

的边际税率逐渐递减。① （计划的部分资金来源于取消需抚养子女家庭的资助。）最初，“值得救助的”穷人和“不值得救助的”穷人之间，或“失业的”穷人和“有工作的”穷人之间并无区别；凡是穷人都有资格获得救助。这是美国和其他地方反贫困政策思考的一个重要突破，那些政策将“不值得救助的”穷人视为因工作不努力而被判定为穷人的人。②

尼克松的计划遭到顾问马丁·安德森（Martin Anderson）的反对，后者引述了波拉尼（Polanyi，1957）对 1834 年皇家委员会关于斯宾汉姆兰计划有负激励效应的报告（第 3 节）所做的解读。③ 但是，即便人们接受斯宾汉姆兰计划的相关历史记录，这两个计划也会产生截然不同的激励效应，因为斯宾汉姆兰计划（至少在纸面上）意味着对穷人征收 100% 的边际税率，而尼克松计划的边际税率为 0 或 50% 。也没有任何证据表明尼克松的顾问们读过布劳格（1963）的论文。④ 假如读过，他们可能会停下来，质疑斯宾汉姆兰计划的既存历史记录是否准确，哪怕这些记录明显是为福利改革反对者的政治目的而设的。(10 年后的 1978 年，安德森在著作中重复了他对尼克松计划和斯宾汉姆兰计划的类比。)

1972 年，尼克松提出一个修改版计划，其中包含了工作要求，即身体健全的受益人必须在劳工部登记以便寻找工作。于是，“不值得救助的”穷人的想法悄然卷土重来。尽管这一立法很受媒体和公众欢迎（Steensland，2008，第 123 页），但它没有获得参议院的通过。反对之声四起。一些人不支持该政策隐含的性别和种族平等。一些人认为工作要求带有种族主义色彩。还有些人觉得福利水平太低。后来也出现了类似的计划（1975 年福特总统执政期间），即“劳动收入所得税抵免”，通过联邦所得税制度为低工资工人提供收入补贴（与家庭规模挂钩，并随之调整）；在（两党）的广泛支持下，这一计划延续至今。

在思考如何最好地与贫困做斗争时，经济增长与收入再分配孰轻孰重仍然是引发争议的问题。在一份提交给美国国会的报告中，作为约翰逊政府“向

---

① 参见 Lampman（1971，第 162 页）的描述。

② 参见 Katz（1987，1996）和 Gans（1995）的讨论。

③ Anderson（1978，第 5 章）似乎陈述了他 10 年前向尼克松建议的内容。更多讨论见 Steensland（2008，第 3 章）和 Bregman（2017，第 4 章）。

④ 在当时的辩论中，Anderson（1978）的陈述没有提到布劳格的作品。

贫困宣战”的设计师之一，经济学家罗伯特·兰普曼（Lampman，1959）根据 1947 年和 1957 年两个日期的调查数据进行了计算，结果显示美国的贫困率已从 26% 降至 19%。他大胆地预测，贫困将在 30 年内“基本消除”。兰普曼视经济增长为减贫进程的主要动力，但也意识到推行社会再分配政策的必要性。二战后的经济增长伴随着不平等程度的下降，兰普曼似乎认为这种情况不可能有任何改变。

相比之下，加尔布雷思（1958）并不指望美国的经济增长会对贫困产生很大影响，因为贫困已经逐渐集中到那些（他认为）从平均生产率提升中获益甚微的群体。加尔布雷思强调，必须实行定向再分配；兰普曼则认为，一般增长与社会政策相结合，有望持续减少贫困。兰普曼和加尔布雷思之间的这场辩论将在全世界引起反响。

相对贫困的概念也在这一时期出现。美国经济学家维克托·福克斯（Victor Fuchs，1967）提出，贫困线应设定在当前收入中位数的 50%。这自然使减少不平等变得更加重要；实际上，如果将贫困线设为当前收入中位数或平均值的固定比例，其直接影响是，当所有收入水平以相同比例增加时，即便穷人绝对获益，贫困的衡量标准也不会改变。① 不改变相对不平等的任何经济增长过程都将得到贫困衡量标准保持不变的结果。后来，安东尼·阿特金森（Atkinson，1998）在描述欧洲的贫困问题时采纳了福克斯的建议，并被欧盟统计局和经合组织使用。

美国的“向贫困宣战”以绝对贫困为目标，以一段时间内固定的实际贫困线（即按不变价格测算的贫困线）来测量。兰普曼（1971，第 53 页）承认“收入贫困是一个相对问题”，但仍然使用绝对贫困线（按固定的实际值），这与鲍利（1915）的观点相呼应。兰普曼察觉到这种矛盾，但他认为，一旦消除了绝对贫困，下一代仍旧可以选择更高的实际贫困线，然后以新的贫困线继续消除贫困。[兰普曼没有提及罗尔斯（Rawls，1971）的见解，但他的推理是对“最大最小准则”的实际操作，即最大限度地提高弱势群体的福利。] 可是，如果说（实质如此）“没错，贫困是相对的”，但“现在我们可以忽略它，把烦恼留给下一代”，这肯定是个有问题的回答。下一代既看不到贫困的终

① 自从这个想法首次出现以来，就有人声称绝无可能消除相对贫困，它会永远伴随着人类。然而，没有任何理论解释为什么收入分配不能达到（比如）使所有人生活在平均收入 50% 以上的水平。与绝对贫困一样，这在政治上是否可行另当别论。

结，也看不到新的官方贫困线。① 兰普曼其实含蓄地承认，修订贫困线存在强大的政治阻力。②

如果人们既关心自己的绝对生活水平，又关心自己相对于居住国的其他人的收入，那么以平均值或中位数的固定比例设置绝对或相对贫困线都站不住脚（Ravallion，2020c）。更好的选择是接受贫困线应该随着平均收入的持续增长而上升，而不是直接按比例计算，即贫困线是“弱相对性的”，有一个严格的正下限。

美国的官方贫困线一直是绝对线，只是依据用于衡量通胀的（城市）消费者价格指数对莫利·欧桑斯基（Orshansky，1965）制定的初始贫困线不断更新。今天，美国人的主观贫困线（实际收入水平低于此标准、美国人视自己为穷人，反之则反是）已超出了当前的官方贫困线。亨特（Hunter，1904）使用的美国绝对贫困线只比目前官方贫困线低 10%（Ravallion，2016a，第 1 章）。尽管平均生活水平有所提高，但官方贫困线一直没有上升，其原因更多与政治有关（Blank，2008）。

大约在这一时期出现了衡量贫困的第二个新方向，即尽量纳入关于贫困线以下分配情况的信息，从而提出各种“高阶”衡量指标。哈罗德·沃茨（Watts，1968）迈出了第一步，他曾致力于美国政府的“向贫困宣战”工作（也是威斯康星大学贫困研究所的首任所长）。沃茨建议，与其使用低于贫困线的比例来衡量贫困，不如衡量贫困缺口的平均值（mean proportionate poverty gap），从而（间接）强调了穷人之间的收入不平等。在 20 世纪 70 年代和 80 年代，一系列论文为衡量贫困和构建新指标奠定了更坚实的理论基础。③

美国没有在 1990 年终结贫困。有人指责反贫困计划，20 世纪 80 年代更兴起了对这类计划的强烈反对。里根总统（1988 年在国会的讲话中）语出惊人：“联邦政府向贫困宣战，贫困赢了。”消除贫困进展放缓的直接原因并非经济增长乏力（尽管 20 世纪 70 年代末和 80 年代初发生了低增长和高通胀）。反贫

① 虽然有人提出了建议；参见 Watts（1986）、Citro and Michael（1995）以及 Blank（2008）的评论。

② Blank（2008）以美国为背景对此做了更全面的解读。

③ 论文来自 Sen（1976），Foster、Greer and Thorbecke（1984）以及 Atkinson（1987）。Foster 等人提出的“贫困缺口的平方”（squared poverty gap）是使用最广泛的分配敏感指数（distribution-sensitive index）。事实证明，原先的沃兹贫困指数符合人们对一个好的指标提出的基本原理（Zheng，1993），但没有得到广泛应用。

困计划也不算失败；在开启“向贫困宣战”之后直到20世纪70年代末，贫困率始终趋于下降，而如果没有这些计划，贫困率几乎肯定会更高（Haveman et al.，2015）。① 证据表明，一些主要计划，如食品券等，已经帮助减少了贫困（Jolliffe et al.，2019）。

确切地说，自20世纪80年代以来，美国消除贫困进程停滞不前的直接原因在于，随着市场收入不平等加剧，没有充分强化再分配努力。② 这是一场政治变革。我们再也听不到20世纪60年代末一位共和党总统诉诸福利国家制度消除贫困的事迹；相反，大家只会见证90年代中期由民主党总统支持的改革被批评者视为福利国家的威胁。③ 增长会继续，但会绕过大批贫困人口。在美国，第二次贫困启蒙运动的结局令人失望，和第一次一样。回顾过去，加尔布雷思比兰普曼更接近事实。

在美国发生这些变化的时候，发展中国家对贫困的思考也出现了剧烈的变化。它们同样演绎出一部历史。

6. 消除贫困成为20世纪末的发展目标

20世纪六七十年代的第二次贫困启蒙运动使人们更加关注全球贫困问题，20世纪80年代的债务危机则令许多政府和国际金融机构将近期优先事项转向宏观经济稳定和恢复经济增长。这些对于穷人也很重要，但为什么重要以及对宏观经济调整方案的设计（公共开支削减与税收改革的组合）有什么启示，起初显然没有引起足够的重视。尽管80年代一开始就出版了关于贫困和人类发展的《世界发展报告》（World Bank，1980），但世界银行基本忽略了这一点。④ 很快，“人性化的调整”（*Adjustment with a Human Face*）提上了日程，恰如科尔尼亚等人（Cornia et al.，1987）的同名力作所示。

20世纪80年代后期，全球贫困问题再次引起关注。1987年10月17日，超

---

① 可以使用美国普查局新的《补充扶贫措施》（Supplemental Poverty Measures）评估这一点，这些措施更全面地考虑了实物计划和税收制度带来的福利。官方的贫困线（基于税前现金收入）并未显示这一下降。参见 Haveman et al.（2015，图1）。

② 随着时间的推移，减贫努力从现金转变成实物转移支付以及与税收挂钩的补助（Haveman et al.，2015），也转向那些被视为“值得救助的”穷人，尤其是老年人和残疾人（Moffitt，2015）。

③ 20世纪90年代中期，克林顿总统领导下的改革对包括需抚养子女家庭的资助在内的许多福利受益者提出了工作要求，随后对需抚养子女家庭的资助大幅收缩（Haveman et al.，2015）。

④ 世界银行（1986）是个例外，尽管重点主要放在粮食安全上，并且强调成本效益。

过10万人聚集在巴黎的特罗卡德罗广场，那里是大约40年前《世界人权宣言》的签署地。大家汇聚一堂是为了支持全球范围内遭受贫困的人们。此后，10月17日成为国际消除贫困日。很快，世界银行（1990）发布了新的《世界发展报告》，标题只有两个字：贫困。这在发展政策领域，尤其是不限于世行内部，颇具影响力。不多久，“一个没有贫困的世界”成为世界银行的首要目标。减贫开始被视为整个经济改革计划的核心要素，而不是事后添加进去的安定剂。

20世纪90年代，促进贫困国家的经济增长仍然是重点，但出现了两个主要不同。首先，增长不再是目标，而是把合理的增长作为减少贫困的一种手段。有利于穷人的技术进步受到新的关注，最典型的例子之一是南亚农业的“绿色革命”，它确保提高了农业部门的生产率，这个部门往往集中了小农或工人等穷人。① 其次，有人提出，有利于穷人的增长与促进人类发展和社会保护的社会政策之间有重要的互补性，两者都在世界银行的贷款项目和政策参与（policy engagements）中得到了扩展。

响应约翰逊政府的“向贫困宣战”，1990年《世界发展报告》强调经济增长是发展中国家减贫的途径，夯实了世界银行广泛的影响力基础。在20世纪90年代，世界银行更高调的出版物中虽然没有太多论述“不平等”或“再分配”，但研究未曾中断，例如弗朗西斯科·费雷拉（Francisco Ferreira）和布兰科·米兰诺维奇（Branko Milanovic）的工作。之后，世界银行对这些问题进行了更加突出的讨论，尤其是2006年的世界发展报告《公平与发展》（World Bank，2006），尽管强调的是机会不平等，而不是结果不平等；这两种不平等不容易区分，但这种强调无疑有助于更广泛地赢得各政治派别的接受。

正如世界银行第一任首席经济学家霍利斯·钱纳里（Chenery，1977，第v页）所说，第二次贫困启蒙运动达成了一个共识，即“增长对减少贫困是必要而非充分条件”。严格来说，这种说法并不正确，因为收入可以在没有增长的情况下重新分配从而减少贫困。这个共识的真正含义是，如果能确保穷人参与增长的过程并促进增长，那么增长就为减贫创造了可能。② 这一观点引起了广泛的关注。但是，甚至在世界银行研究部门内部，强调的重点依然存在分歧，并反映在其员工于21世纪初发表的两篇论文的标题中，一篇为《经济增

① 虽然有证据支持绿色革命正在减少贫困，但这在当时也是有争议的；进一步的讨论和证据，请参见 Lipton and Longhurst（1989）以及 Datt and Ravallion（1998）。

② 例如参见 Chenery et al.（1974）。

长对穷人有利》(Dollar and Kraay, 2002),另一篇为《不平等对穷人不利》(Ravallion, 2005)。

新千年里,人们的权衡视角也在转换。新的研究对“降低不平等与提高经济增长之间存在必要取舍”的观点提出质疑。发展中国家经济增长过程的一个典型事实是,增长率和不平等的变化之间存在弱相关性。① 在经济增长时期,不平等加剧和减少的频率几乎相同。这暗含了另一个典型事实:贫困率往往随经济增长而下降。但是人们也了解到,在增长过程中,不平等是上升还是下降对减贫的步伐至关重要(Ravallion, 2001)。哪怕不平等没有加剧,初始不平等的差异也关系到增长能减少多少贫困以及实际增长的程度。较高的初始不平等不仅会阻碍增长,还会使增长的确不那么有利于穷人。②

这场辩论经常忽略的一点是,两大政策路径的相对重要性可能取决于经济发展的阶段。富裕国家似乎确实拥有更大的再分配空间。而在贫穷国家,消除贫困可能需要对非贫困人口征收非常高的税率。这一税率可以通过实施边沁-弗里德曼版的所得税概念来测算,也就是说,针对按富裕国家贫困线确定的非贫困人口计算出一个边际税率,以填补根据发展中国家贫困线确定的贫困缺口或提供贫困线水平的基本收入(Ravallion, 2010)。有人发现,对于大多数(不是全部)人均年消费低于 2000 美元(按 2005 年购买力平价计算)的国家,所需的税收负担极可能令人望而却步,通常要求 100% 或更高的边际税率。相比之下,所有人均消费超过 4000 美元的国家以及一些较贫穷国家需要的税率非常低(平均 1%)。大多数国家可分为两类:一类是几乎无望通过再分配解决贫困问题的国家;另一类是似乎有充分空间解决该问题的国家。经济增长往往会将一个国家从第一类推向第二类。不难看出,增长和再分配策略之间的适当权衡取决于经济发展水平,并随时间变化。

20 世纪 80 年代(正处于宏观经济调整的热潮中),对人类发展的忽视遭到抵制,人们日益认识到,控制商品绝不是人类福祉的全部。阿玛蒂亚·森(Sen, 1985)为思考“福祉”提供了一个更广阔的框架,包括实际收入以及与人的能力有关的其他因素,这些因素被定义为生活中可实现的一系列功能,最终决定着人的自由(Sen, 1999)。从理念上看,这个理论框架极富吸引力。

---

① 这一点得到 Ravallion(2001)的证实,并在 Ferreira and Ravallion(2013)中再次得到确认。
② 支持这些主张的证据参见 Ravallion(1997, 2005, 2012)。

当然，从实际收入的角度衡量贫困并不意味着实际收入是福祉的全部；它也涉及如何设定贫困线的问题，而贫困线可以折射福祉的其他方面。不过，衡量贫困的实践经常忽视了福祉的一些关键方面，包括获取非市场商品、家庭内部的不平等和相对匮乏。

针对贫困的这些“非收入”维度，出现了两种解决方法。第一种方法确定了一个指标仪表盘（dashboard）分别显示各维指标，第二种方法则需要构建一个由多项指标组成的综合指数。① 两者都认识到忽视“非收入”维度的风险，但还存在指标列表太长的缺陷。这呼应了哈罗德·沃茨（1968）在约翰逊政府“向贫困宣战”背景下提出的一个问题：如果每个计划都必须解决某个长列表的各个维度，那么即使整个方案取得了成功，各个计划仍有可能是失败的。构建一个单一综合指数似乎能解决维度过多的问题，但通常会采取随意的方式（ad hoc），也即在没有明显依据可以用于确定相对权重的情况下，构建一个“混搭指数”（mashup index）；事实上，有些时候相对权重并没有被计算出来，而且可能会显示出某些反常属性（Ravallion，2016a，第5章）。对一个在某一维度上表现不佳的政府来说，综合指数或许有令人担忧的吸引力：通过将落后的维度打包到其他维度中，可以更好地掩盖糟糕的表现。显然，指标仪表盘对指导政策更有帮助。

最初的“每天1美元”贫困衡量标准是根据22个发展中国家的数据制定的（Ravallion et al.，1991）。自那以后的30年里，原始数据收集取得了巨大进展；在这方面，国家统计机构的工作至关重要，常常得到了国际机构的支持（例如世界银行的“生活水平衡量研究”）。最新的全球贫困衡量指标借鉴了150多个国家的1500多项调查。类似的努力也应用于监测福祉的非收入层面（如美国国际开发署的“人口与健康调查”）。此外，人们还积极改善数据获取方面的服务，包括原始调查数据的获取（虽然一些国家提供的数据公开获取服务相对滞后）以及运用数据工具获取数据，比如世界银行的全球贫困监测互动平台 PovcalNet。

第一个千年发展目标。联合国的千年发展目标（MDGs）于2000年正式启动。多目标仪表盘在反复讨论中诞生。每个国际机构都参加了这场行动，渴望

① 世界银行的年度发展指标是仪表盘方法的例证；综合指数方法的例子包括联合国开发计划署的人类发展指数和阿尔凯尔-福斯特指数（Alkire and Foster，2011）。

将自己的议程推广为千年发展目标之一。第一个千年发展目标（MDG1）是到2015 年时，“极端贫困率”下降到 1990 年的一半。

一些评论家热情洋溢地欢迎千年发展目标（如 Sachs，2005）；一些评论家则嘲笑它们是“乌托邦式”的干扰（如 Easterly，2006）；还有人认为，虽然目标的出发点是好的，但这些目标太想当然了（如 Saith，2006）。正如休姆（Hulme，2009，第 4 页）所说，它们旨在“进一步激发雄心壮志，动员政治承诺和公众支持”。随后，支持如潮而至。例如，英国成立了一个“让贫困成为历史”的新联盟。（他们著名的“点击广告”指出，世界上每三秒钟就有一个孩子死于可预防的原因。①）另一个例子是“全球号召反贫困行动”（Global Call For Action Against Poverty）；在 2009 年的国际消除贫困日，全球有 1.73 亿人参加了各种形式的“抗击贫困”（Stand Up Against Poverty）活动。

在所有一切都在推进的同时，发展中国家在消除贫困方面也悄然取得进展。图 1 使用 1.90 美元贫困线绘制了 1981—2015 年全球贫困率的曲线图。长期降幅几乎正好是每年 1%，尽管随着时间的推移，变化并不均匀。20 世纪 80 年代末，进程放缓，但 2000 年后又见加速（这一点可以从对比 2000 年前后的轨迹看出）。中国在消除贫困方面的成就是原因之一，不过 2000 年后所有

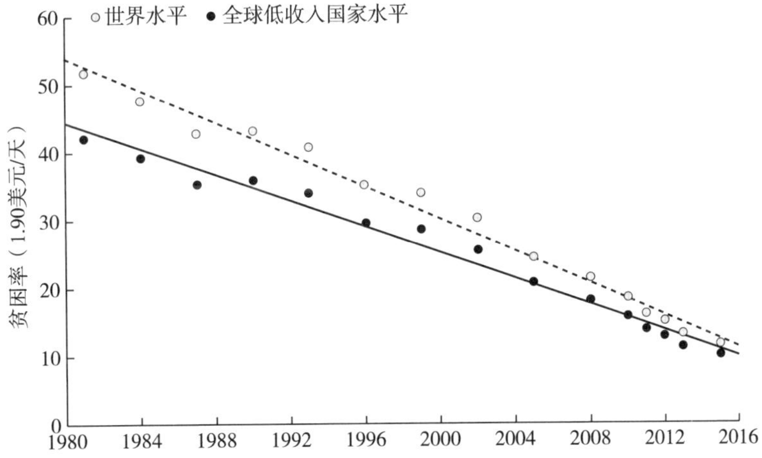

图 1　1981—2015 年全球绝对贫困率

资料来源：PovcalNet。

① 在这段历史中，出现了一个怪异的情况，2005 年，英国政府的通讯办公室禁止了这些广告，因为它们“完全或主要是政治性质的”（Guardian，2005）。

地区的贫困率都出现了下降。以 2005 年购买力平价的 1.25 美元贫困线计算，2010 年提前五年实现了第一个千年发展目标（Chen and Ravallion，2012）。

理论上，贫困率可以减半，而穷人中最贫穷的一半人却毫无所获。最贫穷的人之所以最贫穷，原因可能与帮助他们需要更高的成本有关，包括促成他们参与增长过程。最贫穷的人通常政治影响力最小，而利他动机在面对那些与自己生活水平相差不远的人（也许具有某种共同身份）时可能更强烈。因此，当人们发现最贫穷的人往往被甩在后面时，大概也不会感到惊讶。

这些因素使人们对第一个千年发展目标框架产生了严重的担忧。事后看来，现在我们可以找到支持这种担忧的证据。图 2 给出了发展中国家的家庭实际收入总平均值和最低收入，也即最低平均消费水平预期值的估计水平。① 图 1 中的贫困率明显下降，但最贫穷的人几乎没有进步。

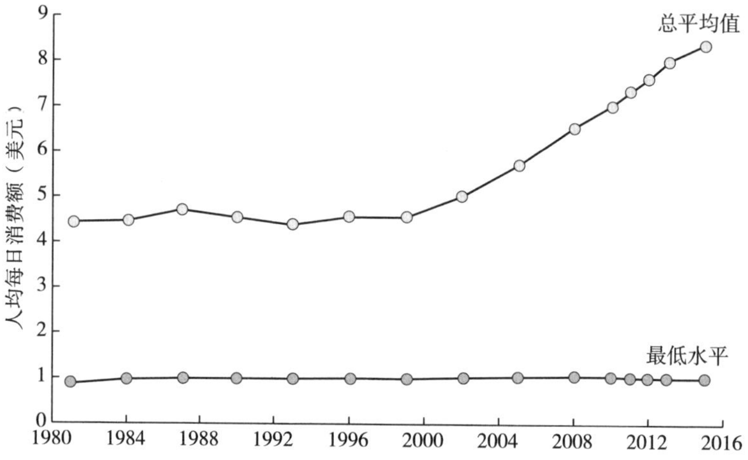

图 2　1981—2015 年最低消费水平和总平均水平

资料来源：作者使用 PovcalNet 数据进行的估算。

在发展政策的讨论中，加尔布雷思-兰普曼的争论反复出现。虽然兰普曼没有预见美国不平等加剧，但他在辩论中的立场更契合我们在发展中国家看到的情况。图 3 绘制了 1990—2015 年的千年发展目标期间，“每天 1.90 美元”

① 图 2 使用了 Ravallion（2016b）提出的最低估计值，我还讨论了替代测量假设的稳健性；Ravallion（2020d）给出的这些结果只使用了消费调查。

的减贫率与GDP增长率的关系。在86个经济正增长的国家中（12个国家出现负增长），77个国家的贫困率下降，只有9个国家在增长的同时贫困率上升。回归线的斜率为-1.66（标准误差0.20；n=98），可理解为减贫对经济增长的平均弹性。① 对增长经济体减贫前景（频繁出现）的悲观看法与图3不符。当然，在给定的增长率下，减贫率仍然存在差异。这包括了测量误差，但也反映出各国在增长类型（例如部门和地理格局）和初始条件（包括不平等）方面的差别。

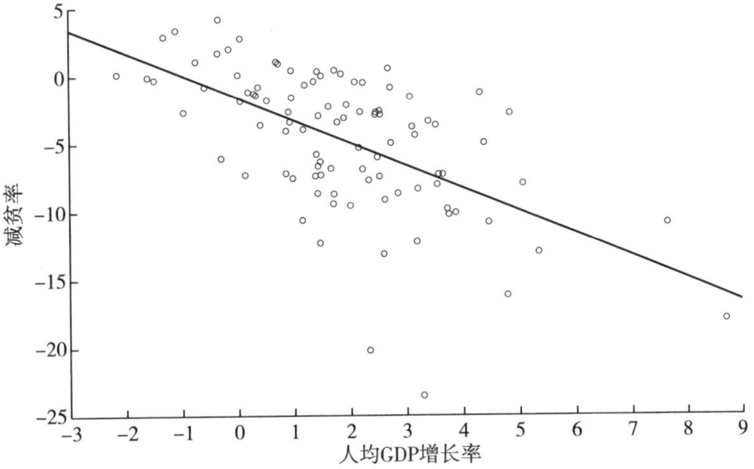

图3　1990—2015年各国的增长与减贫

注：在1990年贫困率为2%或更高的所有时期的年化对数差异乘以100。

资料来源：作者使用PovcalNet和世界发展指标的数据计算而来。

一些观察家过度解读了图3中的相关性。图3并没有告诉我们，促进增长的任何政策都会减少贫困；这一定程度上取决于政策对不平等的影响。（如前所述，增长率与不平等的变化只有弱相关，但后者却与贫困率的变化强相关。）此外，因果关系的方向也可能是相反的，即减贫的成功有助于促进增长（正如我在2012年收集的证据所示，信贷市场失灵和贫困家庭儿童发育不全都是这一现象的解释因素）。同样，如果只关注较短的时期，图3中的相关性就

① 国民经济核算数据与调查周期不完全匹配，由此产生的测量误差很可能削弱回归系数。如果使用调查得出的平均消费或收入（与贫困衡量标准完全匹配），则回归系数为-1.84（标准误为0.20；n=103）。使用这项调查意味着，在调查平均值呈正增长的84个国家中，82个国家的贫困率下降了。

会变弱，并且将出现更多的无减贫增长（Ravallion，2001）。另外不应忘记，2000 年后的较高增长率在提升最低收入方面并没有取得多大进展（图 2）。

第一个千年发展目标的设定为自身的成功实现做出了多少贡献？杰弗里·萨克斯（Sachs，2005，第 xxix 页）声称，第一个千年发展目标是“加速进步和增强行动的巨大推动力”。可持续发展目标网将“自 1990 年以来已有十多亿人摆脱极端贫困”列为“千年发展目标的一项重要成就”（1990—2015 年，生活在 1.90 美元以下的人口减少了 12 亿）。发展中国家的增长率在 2000 年后确见回升（图 2），全球减贫速度有所加快（如图 1 所示）。在许多国家，流入的援助增加了，国内政策也得到了改善。

显然，我们很难相信 1990—2015 年全球贫困的整体减少是由于外部援助支持了千年发展目标。其他方面同样发生了变化，包括流向发展中国家的私人资金增加和大宗商品价格上涨。外部援助的影响也好坏参半。萨克斯（2005）对援助的乐观态度与安格斯·迪顿（Deaton，2013，第 7 章）有保留的评估形成鲜明对比。虽然可以肯定，援助有时被浪费在腐败的发展项目和非法资金流动上，但现有的最佳证据确实表明，援助发挥了作用，即便成功在很大程度上取决于受援国的制度和政策。①

质疑 2000 年后反贫困取得进展归功于千年发展目标的另一理由是，在 1990—2015 年全球减少的贫困人口中，中国约占了三分之二。② 难以想象千年发展目标在中国产生过很大的影响。③ 何况 1990—2015 年，中国减少的贫困人口有三分之一是在千年发展目标之前完成的。尽管如此，目标设定始终是中国通行的激励手段。自 20 世纪 80 年代中期以来（早于千年发展目标），消除贫困就是一个备受瞩目的目标。《国家八七扶贫攻坚计划》旨在到 2000 年，使剩余的 8000 万农村贫困人口（按官方贫困线衡量）脱贫。该目标没有实现，但它激发了关注贫困地区农村发展的行动。在中国城市，“低保项目”的目标（至少在纸面上）与斯宾汉姆兰计划的意图一致：增加所有人的收入，以达到规定的（地方）低保标准。[与斯宾汉姆兰计划类似，低保项目在实践中并不是这样运作的，而是地方官员根据收入变化对转移支付进行平滑处理；

① 相关论点和证据的概述以及更多的参考资料，参见 Ravallion（2016a，第 9 章）。

② 使用 PovcalNet 可以很容易地验证这一点。

③ 作为个人逸事，自 20 世纪 90 年代中期到 2010 年前后我在中国从事扶贫工作并四处走访期间，从未听过中国同行提及千年发展目标。

参见 Ravallion and Chen（2015）。］千年发展目标对中国可能帮助不大，但目标设定或许起了作用。

第一个可持续发展目标（SDG1）。第一个千年发展目标的成功鼓舞了为终结极端贫困做最后一搏的构想。第一个可持续发展目标包括到 2030 年终结以每天 1.90 美元贫困线（或按 2005 年价格计算的 1.25 美元）为标准的贫困。这个项目蜕变于世界银行自己的既定目标，即到 2030 年将贫困率降至 3%（Ravallion，2013）。谁也不清楚世行的“3%”目标如何变成了“0%”，但是可以根据“不让任何人掉队”的愿望（贯穿可持续发展目标的相关文件）进行合理推测。它旨在激励消除贫困进程，而不是像第一个千年发展目标那样将贫困人口减半，或者达到世界银行的 3% 目标。我们很快会发现，这使得第一个可持续发展目标比世界银行设定的 3% 这一目标更具挑战性。

希望经济增长至少能像图 2 所示的那样有利于穷人，既是世界银行的目标，也是联合国第一个可持续发展目标的基调。拉瓦雷（2013）指出，如果能够保持发展中国家较高的经济增长率而不加剧全球不平等，3% 的目标就有可能实现。这也和基于图 1 的简单线性外推法一致（对最佳拟合线的外延推算），该方法表明第一个可持续发展目标有望实现。

然而，这一令人鼓舞的愿景从一开始就伴随着警告。大家担心新千年能否继续保持较高的增长率。初级商品价格下跌是非洲大部分地区的一个风险因素。2020 年的新冠疫情揭示了世界的脆弱。根据世界银行对发展中国家 2020 年中期的增长预测，拉克纳等人（Lakner et al.，2020）估计，受疫情影响，2020 年生活在世界银行设定的 1.9 美元贫困线以下的人口将增加 6000 万人。①

很早的时候，人们就对不平等加剧感到焦虑。甚至在疫情之前，一些观察家已经担心发展中国家的未来道路将越发不利于穷人，可能更像在美国看到的情景。人们认为，许多（当然并非全部）发展中国家的不平等加剧像幽灵般威胁了进步。“6000 万人”的计算假设“新冠导致的经济缩水”（COVID -

---

① 这是根据世界银行针对具体国家增长预测得出的结果，保持相对分配不变。此处更新给出了一个更高的数字：7000 万到 1 亿人。Sumner et al.（2020）使用了假定的收缩率，并假设分配曲线不变。他们的“低收入情形”（收入缩水 5%）显示，由于疫情，每天生活在 1.90 美元以下的人口增加了 8000 万人。自然，收缩幅度越大，“新贫困人口”就越多；收缩 20%，就会增加 4.2 亿贫困人口。这里存在一个令人担忧的不确定性：这种方法可以导出人们想要的任何影响评估。

contraction）会是分配中性的（即同等地影响各个收入阶层），这似乎不太可能。鉴于较贫困家庭在疫情期间难以维持收入和消费，许多国家的不平等现象很可能加剧。拉克纳等人（2020）指出，哪怕国家内部的不平等程度轻微上升，也可能使新冠疫情对贫困人口的影响推至高达9000万人或更多。

第一个可持续发展目标的批评者还质疑世界银行选择的1.90美元标准，认为该标准过低，配不上消除贫困的远大目标，以致“助长自满情绪”（Alston，2020，第3页）。① 可以肯定地说，这是一条偏低的线，明确根据最贫穷国家的贫困线来设定。② 而大家通常使用更高的标准，包括世界银行。批评者常常误以为更高的贫困线代表更多的贫困，因此意味着战胜贫困的成功率更低。然而一个不争的事实是，不管选择哪一条贫困线，自20世纪80年代初以来，全世界观察到的贫困衡量指标，即贫困率和“高阶”衡量标准一直在下降（Chen and Ravallion，2010；Ravallion，2020c）。

目标日期不能太远。将目标日期设定在远在（比如）20年之后，它对政客、政府官员和民间社会团体努力的激励作用就会弱化。太过遥远的目标实际上会导致短视。目标收入水平也不能过高。使用（比如）美国官方贫困线（每人每天约15美元），不太可能在任何合理的时间内持续地动员人们采取消除贫困的行动，因为世界上超过90%的人口都达不到这个标准。同样，中等收入国家更常见的贫困线是每天5.50美元，世界上45%的人口无法达到这一水平，因此设定这样的贫困线显然也激发不了更大的动力。设置一条较低的贫困线，但设定较近的目标日期，就有希望激励有效行动，使每个人都能抵达这条贫困线。然后大家继续前进，达到更高的最低贫困线（一如拉普曼1971年就美国“向贫困宣战”提出的建议）。

通过比较图1和图2，可以从另一个角度思考在第一个可持续发展目标中使用更高标准的激励论据的有效性。任何关心贫困的人肯定都想知道最贫困阶

① 这涉及关于世界银行贫困衡量指标的更大范围的辩论；参见Anand et al.（2010）选编的文集。一个基本的问题是，世行的主要国际标准是根据贫困国家的贫困线计算的，这些国家对非食品商品的营养需求或津贴各不相同。Allen（2017）提供了这样的全球性指标。使用与低收入国家类似的典型营养需求，Allen的方法得出了与世界银行相似的结果，而且随着时间的推移，趋势似乎也是相似的（Ravallion，2020c）。另见Atkinson（2019）的讨论。

② Ferreira et al.（2016）建议采用1.90美元贫困线，作为按2011年价格对Ravallion et al.（2009）按2005年价格设定的1.25美元贫困线的更新，后一个贫困线用于设定第一个千年发展目标。

层的状况。图 2 表明，最贫穷的人的确被甩在了后面。如前所述，这指向了第一个千年发展目标的一个可争议的特点；也引起了人们对更雄心勃勃的贫困线的关注。高于 1.9 美元的贫困线意味着更高的贫困率，通过让接近贫困线的人摆脱贫困可以降低贫困率，但抛下了更贫穷的阶层。如果我们把（比如）每天 5.50 美元设为目标，撒哈拉以南非洲生活在每天 1.90 美元以下的 40% 的人口肯定会被长时间忽略。有人甚至会说第一个可持续发展目标本应该使用低于 1.90 美元的贫困线。然而，更重要的是观察收入分配的演变趋势，包括最贫穷的人的收入分配，从道德的立场看，他们必须享有最高优先权。

我们也不应忘记，在最近几十年里，许多人每天的收入超过 1.90 美元，但是按照他们所居住国家的典型标准，他们仍然很贫穷（Ravallion and Chen，2019）。一个严肃的问题是，任何具有恒定购买力的国际贫困线都只是表面的国际主义诉求，尽管有人可能认为，这应该是全球共同的福利水平，但也要取决于（尤其是）相对收入。图 2 使用的绝对贫困衡量标准保持了贫困线的实际值不变。在实践中，国家贫困线的实际值往往随平均值的上升而向上浮动；拉瓦雷和陈少华（Ravallion and Chen，2019）估计，长期看，发展中国家的平均弹性约为 0.5。这将使得减贫对增长的弹性减半，如图 3 所示。

在承认这些观点的同时，所有人肯定都会向往最终生活在这样一个世界里：没有人穷得像 40 年前生活在每天 1.90 美元以下的 40% 的世界人口，或者今天生活在 1.90 美元以下的 40% 的撒哈拉以南非洲人口。这将是无可争辩的进步，即使没有完成其他目标。

最后的 3%。请记住，世界银行的目标是到 2030 年贫困率为 3%，而第一个可持续发展目标是到 2030 年“终结贫困”。这 3% 的差别绝非小事。一个可能的担忧是，测量误差和无法承保的临时冲击会使根据调查得出的贫困率不可能低于某个临界水平。但是，既然许多国家能够在一段时间内将贫困率控制在 3% 以下，就有理由假设相关的临界水平低于 3%。

更深层的问题是，就算拥有良好的资源和政策，也很难消除最后 3% 的贫困率。虽然图 3 令人信服地表明，从长期看，经济增长与贫困率降低齐头并进，但我们也看到，本质上相同的数据显示，最贫穷的人从经济增长中获益无多（图 2）。那么，即使疫情过后完全恢复过去的增长，我们也可能需要长得多的时间方可将最贫困人口的收入提高到 1.90 美元并终结贫困，尽管承认衡量问题仍然会使前景蒙上阴影。

在这方面，更细致地研究那些在消除贫困方面相对成功的国家是有启发意义的。马来西亚可能是反贫困最成功的国家，它花了 30 年时间将贫困率从 3% 降至几近为零（Ravallion，2020b）。甚至在疫情暴发之前，整个东亚地区最贫困人口的增长速度也明显放缓。拉瓦雷（2020a）研究了全球 18 个贫困率低于 3% 的国家，自 20 世纪 80 年代初以来，这些国家的贫困率曾一度超过 10%。对这些国家而言，一旦贫困率达到最后的 3%，扶贫方面的进度平均而言几乎就趋于停滞（在统计上和零没有显著差别）。

理论和证据都指出了最贫穷者被甩在后面的一系列原因（Ravallion，2020a)；这与加尔布雷思（1958）区分“广义贫困”（对应于由平均生产率提高带来的经济增长）和其他脱离增长过程的贫困相呼应。相对成功的发展中国家的总体经验也表明，这是当今一个令人关注的严峻问题。

消除贫困的成本。兰普曼（1965）提出了一个后来变得流行的早期计算示例：总贫困缺口。这一计算方法设想了一套基于家计调查的转移支付方案，可以完全填补贫困者的收入与贫困线的缺口，从而使每个人都达到期望的最低收入。随后，这被确定为使用转移支付消除贫困的成本。萨克斯（2005，第 290 页）使用总贫困缺口研究了终结贫困所需的外国援助。钱迪等人（Chandy et al.，2016）计算出全球贫困缺口约为 800 亿美元（使用 1.90 美元贫困线)，并呼吁全球亿万富翁投身于缩小贫困缺口，终结贫困。劳里（Lowrie，2017）借鉴了钱迪等人的计算，认为“今年我们拥有消除极端贫困的资源”；他接着指出：“全球贫困缺口大致相当于美国人每年花在彩票上的钱，约是全世界对外援助支出的一半。”贫困缺口的计算还表明，消除贫困的成本一直在下降。世界人均贫困缺口从 1999 年的 0.18 美元下降到 2015 年的 0.06 美元（两者都按 2011 年购买力平价美元/天计算）。随着更多的资源用于消除贫困，相应的“代价”已经下降到极低，至少看起来如此。

这些计算具有欺骗性。和斯宾汉姆兰计划一样，激励效应也是值得关注的问题。当援助的（实际或潜在）接受者意识到他们的最终收入与从事的工作无关时，消除贫困的成本或许会更高。① 人们还担心这类政策的污名效应（Walker，2014）以及它们的政治经济特性，即精准的定向扶贫可能会削弱其

① 按字面意义，完美的定向扶贫意味着对穷人征收 100% 的边际税率；考虑到可能的激励效应，使贫困最小化的税率可能接近 50%（Kanbur et al.，1994）。

自身的政治支持（Korpi and Palme，1998；Gelbach and Pritchett，2000）。但最大的问题也许是一个常见的问题：政府没有足够的信息出色地进行精准定向扶贫。①

相反，让我们考虑一下足以缩小最低生活水平和贫困线之间缺口的全民基本收入。这是一种更现实的政策，可以用来估算使用转移支付消除贫困的成本。它对信息的要求最低，不太可能给工作激励造成太大的影响，并且会得到广泛的政治支持。根据图 2 中的最低消费水平估算，到 2015 年，从全球看，用全民基本收入消除 1.90 美元贫困线的成本是人均每天 0.91 美元，相当于全球 GDP 的 2.2%。与贫困缺口不同，这一成本没有减少；在 1999 年的时候，它也是每天 0.91 美元。

读者可以判断这是“高”还是“低”。当然，还必须考虑全民基本收入的筹资方式。拉瓦雷（2010）表明，如果资金来自国内，那么在许多发展中国家，需要对非贫困人口征收的边际所得税率可能会高得不可承受。这笔资金可以通过削减其他公共开支来筹集，但需要考虑削减开支的范围和影响。

7. 总结

设定目标通常是为了激励人们努力实现目标。为此，所选择的目标既不能太容易，也不能太艰巨。在消除贫困方面，必须认识到这是可以实现的目标，无非需要加倍努力。所选择的目标将取决于诸多因素，包括当权者中通行的再分配偏好、可获得的资源、贫困的广度和深度，以及穷人是否有政治发言权。

历史印证了一个直觉认知：当普遍的长期贫困被视为常态而贫困公民几乎没有政治影响力时，“消除贫困”作为近期目标将会缺乏政治动力。当这些条件不再成立，“消除贫困”的政治目标就可以激励公众采取行动。然而，尽管政治约束很重要，但它们并不是决定性的。社会和经济思想以及数据往往发挥了作用。只有当人们一致承认减少贫困是好事时，才能严肃地探讨消除贫困的问题；在这点上，亚当·斯密颠覆了先前视贫困为创造财富之必要条件的重商主义思想，影响深远。关于穷人生活的（定性和定量）描述也激起千层巨浪，

---

① 常用的“代理家计调查”（proxy-means tests）会产生大量的排除错误（exclusion errors），使大量穷人得不到帮助；参见 Brown et al.（2018）使用非洲数据进行的分析。

常常令非贫困群体无地自容，进而投身于帮助穷人的行动。

设定贫困线总是争议不断，尤其是在制定减贫目标时。贫困线太高可能导致动员行动陷入僵局，贫困线太低又可能起不到任何作用。第一个千年发展目标和第一个可持续发展目标设定了一条偏低的全球贫困线，意在保持跨越国界和时间的恒定购买力。时间周期也是相似的，大约是15年后，这对当前的激励型努力（motivating effort）来说合情合理。最大的不同在于，第一个千年发展目标只力争将贫困率减半，即使把最贫困的一半人丢下不管也可达成目标。有观察家表示，第一个千年发展目标的实现意味着它有巨大的推动力，尽管一些关于第一个千年发展目标影响力的说法明显言过其实。还有人可能认为第一个千年发展目标不够雄心壮志，你看它居然提前实现了。而更令人担忧的是，虽然按1990年贫困线测定的贫困人口减半的目标已然实现，但最贫困人口只获得了微薄的收益。

第一个可持续发展目标显然更加宏伟，更具指导性。它瞄准全球最贫穷的10%人口，当然也强调区域优先事项，毕竟撒哈拉以南非洲仍有40%的人口生活在贫困线以下。重要的是，倘若最贫穷的人落在后面，将无法实现第一个可持续发展目标，就像我们在第一个千年发展目标时期看到的情形。实现第一个可持续发展目标显然不会是“贫困的终结”（正如联合国振奋人心的目标宣示的）。按照全球1.90美元的贫困线标准，很多人已经不算贫穷，但是如果换成其居住国的（合乎情理的）贫困线标准，他们依旧是穷人。尽管如此，让每个人都能超过目前10%的人没有达到、40年前40%的人没有达到的全球贫困线，将是一大成就。

实现第一个可持续发展目标的道路需要与经济增长相结合，特别是要依靠有利于穷人的技术进步和有利于穷人的再分配来推动。政治环境显然影响增长与再分配的相对重要性，但经济发展水平也是关键。当贫困现象大量存在，以致再分配在政治和经济上都面临挑战（如果不是不可能）时，经济增长或许就是我们所能期待的政治上可行的对策。虽然随经济增长贫困加剧的情况的确存在，但从长远看，这种情况并不多见。然而令人左右为难的是，贫困通常会使经济增长变得更加困难。

减贫的动态有时可以与政治经济协同作用，从而加快进度；提升收入的重任可通过经济增长来完成，但随后要让再分配发挥作用。在发展的历程中，这种良性循环有时效果显著，但有时也可能失灵，尤其是当最贫困人口难以触及时；人们可以提出种种论点和证据解释其中的原因。无可否认，好消息是生活在最低生活水平附近的人越来越少，但我们也需要清醒地看到，这个最低标准没有再提升。

新冠疫情之后，如果不能回归"常态"，第一个可持续发展目标将无法实现。几乎可以肯定的是，恢复贫穷国家的经济增长是必需的。我们仍有空间制定更有成效的再分配政策，甚至是提高效率的再分配政策，哪怕确保这些政策惠及最贫困人口仍然是一个挑战。人们也更普遍地认识到，经济增长对降低总贫困指标（aggregate poverty measures）大有帮助，但同时也带来了环境成本，包括全球变暖。如何在社会和环境的可持续发展目标之间谋求平衡，是摆在我们面前的巨大挑战。

（颜超凡　译）

参考文献

Abel-Smith, Brian, and Peter Townsend, 1966. *The Poor and the Poorest: A New Analysis of the Ministry of Labour's Family Expenditure Surveys of 1953–54 and 1960*. London: Bell.

Alkire, Sabina, and James Foster, 2011. "Counting and Multidimensional Poverty Measurement," *Journal of Public Economics* 95 (7–8): 476–487.

Allen Robert, 2009. *The British Industrial Revolution in Global Perspective*. Cambridge: Cambridge University Press.

Allen Robert, 2017. "Absolute Poverty: When Necessity Displaces Desire," *American Economic Review* 107 (12): 3690–3721.

Alston, Philip, 2020. "The Parlous State of Poverty Eradication." Report of the Special Rapporteur on extreme poverty and human rights, United Nations Human Rights Council, New York.

Anand, Sudhir, Paul Segal, and Joseph Stiglitz (eds), 2010. *Debates on the Measurement of Poverty*. Oxford: Oxford University Press.

Anderson, Martin, 1978. *Welfare. The Political Economy of Welfare Reform in the United States*. Palo Alto: Hoover Institution, Stanford University.

Atkinson, Anthony, 1987. "On the Measurement of Poverty," *Econometrica* 55: 749–764.

Atkinson, Anthony, 1995, *Public Economics in Action: The Basic Income/Flat Tax Proposal*. Oxford: Oxford University Press.

Atkinson, Anthony, 1998, *Poverty in Europe*. Oxford: Blackwell Press.

Atkinson, Anthony, 2019. *Measuring Poverty around the World*. Princeton: Princeton University Press.

Bardhan, Pranab, and T N Srinivasan (eds), 1974. *Poverty and Income Distribution in India.* New Delhi: Statistical Publishing House.

Bateman, Bradley, 2001. "Make a Righteous Number: Social Surveys, the Men and Religion Forward Movement, and Quantification in American Economics," *History of Political Economy* 33: 57 - 85.

Baumol, William, 1983. "Marx and the Iron Law of Wages," *American Economic Review, Papers and Proceedings*, 73 (2): 303 - 308.

Beaudoin, Steven, 2006. *Poverty in World History.* New York: Routledge.

Bentham, Jeremy, 1843. "Tracts on Poor Laws and Pauper Management," in *The Works of Jeremy Bentham*, Volume 8. Edinburgh: William Tait.

Besley, Timothy, Stephen Coate and Timothy Guinnane, 2004. "Incentives, Information and Welfare: England's New Poor Law and the Workhouse Test," in T. W. Guinnane, W. A.

Sundstrom and W. Whatley (eds) *History Matters. Essays on Economic Growth, Technology and Demographic Change.* Stanford: Stanford University Press.

Beveridge, William, 1942. *Social Insurance and Allied Services.* London: His Majesty's Stationary Office.

Blank, Rebecca M., 2008. "How to Improve Poverty Measurement in the United States," *Journal of Policy Analysis and Management* 27 (2): 233 - 254.

Blaug, Mark, 1963. "The Myth of the Old Poor Law and the Making of the New," *Journal of Economic History* 23 (2): 151 - 184.

Block, Fred, and Margaret Somers, 2003. "In the Shadow of Speenhamland: Social Policy and the Old Poor Law," *Politics & Society* 31: 283 - 323

Bourguignon, Francois, and Christian Morrisson, 2002. "Inequality among World Citizens: 1820 - 1992," *American Economic Review* 92 (4): 727 - 744.

Bowley, Arthur L., 1915, *The Nature and Purpose of the Measurement of Social Phenomena.* London: P. S. King and Sons.

Boyer, George, 1990. *An Economic History of the English Poor Law 1750–1850.* Cambridge: Cambridge University Press.

Bregman, Rutger, 2017. *Utopia for Realists. How We can Build an Ideal World.* New York: Little Brown and Co.

Bremner, Robert, 1956. *From the Depths: The Discovery of Poverty in the United States.* New Haven: Yale University Press.

Brown, Caitlin, Martin Ravallion and Dominique van de Walle, 2018, "A Poor Means Test? Econometric Targeting in Africa," *Journal of Development Economics* 134: 109 - 124.

Brown, Caitlin, Martin Ravallion and Dominique van de Walle, 2019. "Most of Africa's Nutritionally-Deprived Women and Children are Not Found in Poor Households," *Review of Economics and Statistics* 101 (4): 631 - 644.

Chandy, Lawrence, Lorenz Noe, and Christine Zhang, 2016. "The Global Poverty Gap is Falling. Billionaires could Help Close it." Brookings Institution, Washington DC.

Chen, Shaohua, and Martin Ravallion, 2010. "The Developing World is Poorer than We Thought, but No Less Successful in the Fight Against Poverty," *Quarterly Journal of Economics* 125 (4): 1577 - 1625.

Chen Shaohua and Martin Ravallion, 2012. "More Relatively-Poor People in a Less Absolutely-Poor World," Policy Research Working Paper 6114, World Bank.

Chenery, Hollis, 1977. Forward to David Morawetz, *Twenty-Five Years of Economic Development.* Washington DC: World Bank.

Chenery, Hollis, Montek S. Ahluwalia, Clive Bell, John Duloy and Richard Jolly, 1974. *Redistribution with Growth.* Oxford: Oxford University Press.

Citro, Constance, and Robert Michael, 1995. (eds.) *Measuring Poverty: A New Approach.* Washington, DC: National Academy Press.

Clark, Gregory, and Marianne Page, 2019. "Welfare Reform, 1834: Did the New Poor Law in England Produce Significant Economic Gains?" *Cliometrica*13: 221 - 244.

Coats, A. W. 1992. *On the History of Economic Thought.* London: Routledge.

Cornia, Giovanni, Richard Jolly and Francis Stewart (eds.), 1987. *Adjustment with a Human Face: Protecting the Vulnerable and Promoting Growth.* Oxford: Oxford University Press.

Crafts, N. F. R. and Terence Mills, 1994. "Trends in Real Wages in Britain, 1750 - 1913," *Explorations in Economic History* 31 (2): 176 - 194.

Dandekar, V. M., and N. Rath, 1971. *Poverty in India.* Pune: Indian School of Political Economy.

Datt, Gaurav, and Martin Ravallion, 1998. "Farm Productivity and Rural Poverty in India," *Journal of Development Studies* 34 (4): 62 - 85.

Datt, Gaurav, Martin Ravallion and Rinku Murgai, 2020. "Poverty and Growth in India over Six Decades", *American Journal of Agricultural Economics*, forthcoming.

Davies, David. 1776. *The Case of the Labourers in Husbandry Stated and Considered, in Three Parts.* Dublin: P. Byrne.

Dawson, Miles Menander, 1915. *The Ethics of Confucius*, at sacred-texts. com.

Deaton, Angus, 2013. *The Great Escape: Health, Wealth, and the Origins of Inequality.* Princeton NJ: Princeton University Press.

De Vreyer, Philippe, and Sylvie Lambert, 2020, "Inequality, Poverty and the Intra-household Allocation of Consumption in Senegal," *World Bank Economic Review*, in press.

Dollar, David, and Aart Kraay, 2002. "Growth is Good for the Poor," *Journal of Economic Growth*, 7 (3): 195 - 225.

Drèze, Jean, and Amartya Sen, 1989. *Hunger and Public Action.* Oxford: Oxford University Press.

Dutta, Puja, Rinku Murgai, Martin Ravallion and Dominique van de Walle, 2014, *Right-to-Work? Assessing India's Employment Guarantee Scheme in Bihar.* World Bank.

Easterly, William, 2006. *The White Man's Burden: Why the West's Efforts to Aid the Rest Have Done So Much Ill and So Little Good.* Oxford: Oxford University Press.

Eden, Frederick Morton, 1797. *The State of the Poor.* London: J. Davis.

Engels, Friedrich, 1845. *The Condition of the Working Class in England.* Oxford: Oxford University Press, 1993 edition.

Ferreira Francisco, Shaohua Chen, A. Dabalen, Y. Dikhanov, N. Hamadeh, D. Joliffe, A. Narayan, E. Prydz, A. Revenga, P. Sangraula, U. Serajuddin, N. Yoshida, 2016. "A Global Count of the Extreme Poor in 2012: Data Issues, Methodology and Initial Results," *Journal of*

Economic Inequality 14: 141 - 172.

Ferreira, Francisco, and Martin Ravallion, 2009, "Poverty and Inequality: The Global Context," in *The Oxford Handbook of Economic Inequality*, edited by Wiemer Salverda, Brian Nolan and Tim Smeeding, Oxford: Oxford University Press.

Fleischacker, Samuel, 2004. *A Short History of Distributive Justice.* Cambridge MA: Harvard University Press.

Foster, James, Joel Greer, and Erik Thorbecke, 1984. "A Class of Decomposable Poverty Measures," *Econometrica* 52: 761 - 765.

Friedman, Milton, 1962. *Capital and Freedom.* Chicago, University of Chicago Press.

Fuchs, Victor, 1967. "Redefining Poverty and Redistributing Income," *The Public Interest* 8: 88 - 95.

Galbraith, John Kenneth, 1958. *The Affluent Society.* Boston: Mariner Books.

Gans, Herbert, 1995. *The War Against the Poor*, New York: Basic Books.

Gazeley, Ian and Nicola Verdon, 2014. "The First Poverty Line? Davies and Eden's Investigation of Rural Poverty in Late 18th-century England." *Explorations in Economic History* 51: 94 - 108.

Gelbach, Jonah, and Lant Pritchett, 2000. "Indicator Targeting in a Political Economy: Leakier Can Be Better." *Journal of Policy Reform* 4: 113 - 145.

Genicot, Garance, and Debraj Ray, 2020. "Aspirations and Economic Behavior," *Annual Review of Economics* 12: 715 - 746.

Glaper, Jeffry, 1970. "The Speenhamland Scales: Political Social, or Economic Disaster?" *Social Service Review* 44 (1): 54 - 62.

Guardian, 2005. "Poverty Campaign Banned from TV, Radio Ads," *The Guardian*, September 12.

Haddad, Lawrence, and Ravi Kanbur, 1990. "How Serious is the Neglect of Intra-Household Inequality?," *Economic Journal* 100: 866 - 881.

Harrington, Michael, 1962. *The Other America: Poverty in the United States.* New York: Macmillan.

Haveman, Robert, Rebecca Blank, Robert Moffitt, Timothy Smeeding, and Geoffrey Wallace, 2015. "The War on Poverty: Measurement, Trends, and Policy," *Journal of Policy Analysis and Management*, 34 (3): 593 - 638.

Himmelfarb, Gertrude, 1984. *The Idea of Poverty: England in the Early Industrial Age.* London: Faber and Faber.

Hollander, Jacob, 1914. *The Abolition of Poverty.* Boston: Houghton Mifflin.

Hulme, David, 2009. "The Millennium Development Goals (MDGs): A Short History of the World's Biggest Promise," BWPI Working Paper 100, Brooks Institute, University of Manchester.

Hunter, Marjorie, 1964. "Myrdal Says Special Treatment for Negros would Stir Hatred," *New York Times*, January 24.

Hunter, Robert, 1904. *Poverty*, London: MacMillan Company.

International Labour Organization (ILO), 1976. *Employment, Growth and Basic Needs: A One-World Problem.* Geneva: International Labour Organization.

Johnson, Lyndon B., 1964. *Economic Report of the President.* United States Government Printing Office.

Jolliffe, Dean, Juan Margitic and Martin Ravallion, 2019. "Food Stamps and America's Poorest," NBER Working Paper 26025.

Jütte, Robert, 1994. *Poverty and Deviance in Early Modern Europe.* Cambridge: Cambridge University Press.

Kanbur, Ravi, Michael Keen and Matti Tuomala, 1994. "Labor Supply and Targeting in Poverty Alleviation Programs," *World Bank Economic Review* 8 (2): 191 –211.

Kant, Immanuel, 1785. *Fundamental Principles of the Metaphysic of Morals* (Thomas Kingsmill Abbott. ed. 10 edition). Project Gutenberg.

Katz, Michael, 1987. *The Undeserving Poor: From the War on Poverty to the War on Welfare.* New York: Pantheon Books.

Katz, Michael, 1996. *In the Shadow of the Poorhouse. A Social History of Welfare in America.* New York: Basic Books.

Kautilya, undated. *Arthashastra*, R. Shamasastry's translation. Bangalore: Government Press.

Keynes, John Maynard, 1930. "Economic Possibilities for Our Grandchildren." In John Maynard Keynes, *Essays in Persuasion*, New York: W. W. Norton& Co..

Keynes, John Maynard, 1936. *The General Theory of Employment, Interest and Money.* London: Macmillan Press.

Korpi, Walter and Joakim Palme, 1998. "The Paradox of Redistribution and Strategies of Equality: Welfare State Institutions, Inequality, and Poverty in the Western Countries," *American Sociological Review* 63 (5): 661 –687.

Lakner, Christoph, Daniel Gerszon Mahler, Mario Negre, Espen Beer Prydz, 2020, "How Much Does Reducing Inequality Matter for Global Poverty?" Global Poverty Technical Note 13, World Bank.

Lampman, Robert, 1959. "The Low Income Population and Economic Growth in the United-States," Joint Economic Committee of Congress, Washington DC.

Lampman, Robert, 1965. "Approaches to the Reduction of Poverty," *American Economic Review* 55 (1/2): 521 –529.

Lampman, Robert, 1971. *Ends and Means of Reducing Income Poverty.* Chicago: Markham Publishing.

Landauer, Carl, 1959. *European Socialism: A History of Ideas and Movements from the Industrial Revolution to Hitler's Seizure of Power.* Berkeley: University of California Press.

Lindert, Peter H., 2004. *Growing Public: Volume 1, The Story: Social Spending and Economic Growth since the Eighteenth Century.* Cambridge: Cambridge University Press.

Lipton, Michael, and Richard Longhurst, 1989. *New Seeds and Poor People.* Baltimore: Johns Hopkins University Press.

Lloyd, Amy, 2007. "Education, Literacy and the Reading Public." British Library Newspapers. Detroit: Gale.

Lowrie, Annie, 2017. "The Future of Not Working," *New York Times*, February 23.

Marshall, Alfred, 1890. *Principles of Economics* (8th edition, 1920), London: Macmillan.

Marx, Karl, 1867. *Capital Volume 1.* Moscow: Progress Publishers, 1966.

Milanovic, Branko, 2016. *Global Inequality. A New Approach for the Age of Globalization.* Cambridge, Mass.: Belknap Press.

Moffitt, Robert, 2015. "The Deserving Poor, the Family, and the U. S. Welfare System," *Demography* 52: 729 – 749.

Nehru, Jawaharlal, 1947. "Tryst with Destiny," Speech to the Indian Constituent Assembly.

O'Connor, Alice, 2001. *Poverty Knowledge. Social Science, Social Policy, and the Poor in Twentieth-Century U. S. History*, Princeton: Princeton University Press.

Orshansky, Mollie, 1965. "Counting the Poor: Another Look at the Poverty Profile," *Social Security Bulletin* 28: 3 – 29.

Paine, Thomas, 1791. *The Rights of Man: Being a Response to Mr. Burke's Attack on the French Revolution*, London: J. S. Jordan.

Paine, Thomas, 1797. *Agrarian Justice*, 2004 edition published with *Common Sense* by Penguin.

Petty, Sir William, 1662. *A Treatise of Taxes and Contributions.* Reprinted in *The Economic Writings of Sir William Petty*, Vol. I, edited by C. H. Hull. Cambridge: University Press, 1899.

Piketty, Thomas and Emmanuel Saez, 2014. "Inequality in the Long Run," *Science* 344: 838 – 843.

Piven, Frances Fox, and Richard Cloward, 1979. *Poor People's Movements. Why they Succeed and How They Fail.* New York: Vintage Books.

Polanyi, Karl, 1957. *The Great Transformation: The Political and Economic Origins of Our Time.* Boston: Beacon Press.

Pressman, Steven, 1991. "Keynes and Antipoverty Policy," *Review of Social Economy* 49 (3): 365 – 382.

Ravallion, Martin, 1997. "Can High Inequality Developing Countries Escape Absolute Poverty?" *Economics Letters*, 56, 51 – 57.

Ravallion, Martin, 2001. "Growth, Inequality and Poverty: Looking Beyond Averages." *World Development* 29 (11): 1803 – 1815.

Ravallion, Martin, 2005, "Inequality is Bad for the Poor," Policy Research Working Paper WPS3677, World Bank (Also published in J. Micklewright and S. Jenkins (eds.), *Inequality and Poverty Re-Examined.* Oxford: Oxford University Press.

Ravallion, Martin, 2010. "Do Poorer Countries Have Less Capacity for Redistribution?" *Journal of Globalization and Development* 1 (2): 1 – 29.

Ravallion, Martin, 2012. "Why Don't we See Poverty Convergence?" *American Economic Review*, 102 (1): 504 – 523.

Ravallion, Martin, 2013. "How Long Will It Take to Lift One Billion People Out of Poverty?" *World Bank Research Observer* 28 (2): 139 – 158.

Ravallion, Martin, 2015. "The Idea of Antipoverty Policy," in A. B. Atkinson and F. Bourguignon (eds) *Handbook of Income Distribution Volume* 2, Amsterdam: North Holland.

Ravallion, Martin, 2016a. *Economics of Poverty: History, Measurement and Policy.* New York: Oxford University Press.

Ravallion, Martin, 2016b. "Are the World's Poorest Being Left Behind?" *Journal of Economic Growth* 21 (2): 139 – 164.

Ravallion, Martin, 2020a. "SDG1: The Last Three Percent" Working Paper, Center for Global Development, Washington DC.

Ravallion, Martin, 2020b. "Ethnic Inequality and Poverty in Malaysia since May 1969. Part

2: Poverty," *World Development*, forthcoming.

Ravallion, Martin, 2020c. "Measuring Global Poverty," *Annual Review of Economics* Vol. 20.

Ravallion, Martin, 2020d. "What Might Explain Today's Conflicting Narratives on Global Inequality?" in *Inequality in the Developing World*, edited by C. Gradin, M. Leibbrandt, and F. Tarp. Oxford: Oxford University Press.

Ravallion, Martin, and Shaohua Chen, 2015. "Benefit Incidence with Incentive Effects, Measurement Errors and Latent Heterogeneity: A Case Study for China," *Journal of Public Economics* 128: 124 - 132.

Ravallion, Martin, and Shaohua Chen, 2019. "Global Poverty Measurement when Relative Income Matters," *Journal of Public Economics* 177: 1 - 13.

Ravallion Martin, Shaohua Chen, and Prem Sangraula, 2009. "Dollar a Day Revisited," *World Bank Economic Review* 23 (2): 163 - 184.

Ravallion, Martin, Gaurav Datt, and Dominique van de Walle, 1991. "Quantifying Absolute Poverty in the Developing World," *Review of Income and Wealth* 37: 345 - 361.

Rawls, John, 1971. *A Theory of Justice*, Cambridge MA: Harvard University Press.

Ricardo, David, 1817, *Principles of Political Economy and Taxation.* London: Everyman Edition, 1911.

Roosevelt, Franklin D., 1937. "Second Inaugural Address."

Rothschild, Emma, 1995. "Social Security and Laissez Faire in Eighteenth-Century Political Economy" *Population and Development Review* 21 (4): 711 - 744,

Sachs, Jeffrey, 2005. *The End of Poverty: Economic Possibilities for Our Time.* New York: Penguin Books.

Saith, Ashwani, 2006. "From Universal Values to Millennium Development Goals: Lost in Translation," *Development and Change* 37 (6): 1167 - 1199.

Sandmo, Agnar, 2015. "The Principal Problem in Political Economy: Income Distribution in the History of Economic Thought," in *Handbook of Income Distribution*, Volume 2, edited by Anthony B. Atkinson and Francois Bourguignon, Amsterdam: Elsevier Science.

Scheve, Kenneth, and David Stasavage, 2016. *Taxing the Rich: A History of Fiscal Fairness in the United States and Europe.* Princeton University Press.

Sen, Amartya, 1976. "Poverty: An Ordinal Approach to Measurement," *Econometrica* 46: 437 - 446.

Sen, Amartya, 1985. *Commodities and Capabilities.* Amsterdam: North-Holland.

Sen, Amartya, 1999. *Development as Freedom.* New York: Alfred Knopf.

Smith, Adam, 1776. *An Inquiry into the Nature and Causes of the Wealth of Nations.* Electronic Classic Edition, Pennsylvania State University.

Solar, Peter M., 1995. "Poor Relief and English Economic Development before the Industrial Revolution," *Economic History Review* 48: 1 - 22.

Stedman Jones, Gareth, 2005. *An End to Poverty?: A Historical Debate.* New York: Columbia University Press.

Steensland, Brian, 2008. *The Failed Welfare Revolution: America's Struggle over Guaranteed Income Policy.* Princeton: Princeton University Press.

Sumner, Andy, Chris Hoy and Eduardo Ortiz-Juarez, 2020. "Estimates of the Impact of

COVID-19 on Global Poverty," WIDER Working Paper 2020/43, UNU-WIDER.

Taylor, Claire. 2017. *Poverty, Wealth and Well-Being. Experiencing Penia in Democratic Athens.* Oxford: Oxford University Press.

Thorner, Daniel, 1967. "Social and Economic Studies of Dr Mann," *Economic and Political Weekly* 2 (13): 612 – 645.

Trattner, Walter I., 1999. *From Poor Law to Welfare State.* New York: The Free Press.

UNICEF, 1961. "The 1960: Decade of Development," UNICEF.

Vecchi, Giovanni, 2017. *Measuring Wellbeing. A History of Italian Living Standards.* Oxford: Oxford University Press.

Walker, Robert, 2014. *The Shame of Poverty.* Oxford: Oxford University Press.

Watts, Harold, 1968. "An Economic Definition of Poverty," in Daniel P. Moynihan (ed.), *On Understanding Poverty*, New York, Basic Books.

Watts, Harold, 1986. "Have Our Measures of Poverty Become Poorer?" *Focus* 9 (2): 18 – 23.

Webb, Robert K., 1974. *Modern England from the 18th Century to the Present.* New York: Dodd, Mead and Company.

World Bank, 1980. *World Development Report: Poverty and Human Development*, New York: Oxford University Press.

World Bank, 1986. *Poverty and Hunger. Issues and Options for Food Security in Developing Countries.* World Bank.

World Bank, 1990. *World Development Report: Poverty.* New York: Oxford University Press.

World Bank, 2006. *World Development Report: Equity and Development.* New York: Oxford University Press.

World Bank, 2015. *A Measured Approach to Ending Poverty and Boosting Shared Prosperity.* Washington DC: World Bank.

Young, Allyn, 1917, "Do the Statistics of the Concentration of Wealth in the United States Mean What They are Commonly Assumed to Mean?" *American Statistical Association New Series* 117: 471 – 84.

Zheng, Buhong, 1993. "Axiomatic Characterization of the Watts Index," *Economics Letters* 42: 81 – 86.

比较制度分析

Comparative
Institutional Analysis

Comparative

文化、政治与经济发展

保罗·科利尔

1. 引言

世界部分国家取得了前所未有的经济繁荣，其他国家仍深陷普遍贫困。对于这一差异的解释已成为社会科学研究的核心任务之一。起初有两条殊为不同的研究思路。经济学研究把贫困理解为缺乏初始资本的结果，社会政治学研究则用文化因素予以解释：接受宿命、让人们失去理想（Polanyi，1944），拒绝民主制度（Lipset，1959），以及把人际交流当作零和博弈（Foster，1965），等等。

上述解释不能令人信服。随着资本走向全球流动，禀赋成为内生因素，资本却依然从贫困地区流出而非流入。到20世纪80年代，经济学家大多已把发展差距归因于政策选择。与之类似，随着儒家文化占据主导的地区出现爆发式的经济起飞，以苏联崩溃为代表的对民主制度的普遍热情兴起（Fukuyama，1992），

---

* Paul Collier，牛津大学布拉瓦尼克政治学院（Blavatnik School of Government）经济学和公共政策教授，非洲经济问题的世界顶级专家之一，著有《最底层的10亿人》《战争、枪炮与选票》《被掠夺的星球：如何调和繁荣与自然》《出走：移民如何改变世界》《资本主义的未来》等。原文“Culture，Politics and Economic Development”发表于 *Annual Review of Political Science*，2017，N0. 20，第111—125页。——编者注

** 作者感谢 Margaret Levi 在帮助本文选题到最后成稿过程中的有益建议。感谢 George Akerlof 及“身份、叙事和规范的经济学研究”（Economic Research on Identities，Narratives and Norms）网络小组其他成员的推动。

以及理性预期学派对人们总会延续先前错误的理论所做的批判，文化因素的解释也被纷纷放弃。

20世纪90年代，经济学与政治学开展合作，发展出一种强有力的新解释。贝茨率先指出，经济学家视为发展差异原因的政策选择差异，可以被理解为政治权力结构的反映（Bates，1981）。对国家有害的政策并非错误，而是为精英集团利益服务的理性策略。经济学与政治学这一成果丰硕的联姻，其典型例子包括贝斯利和佩尔松（Besley and Persson，2011），以及阿西莫格鲁和罗宾逊（Acemoglu and Robinson，2012）。他们关注的政策用经济学术语来讲属于再分配性质，用政治学术语来讲则具有掠夺性质。

苏联解体后，贫困国家权力结构遭受的冲击有一个明确的预期结果：政策会变得更具包容性，使这些国家向富裕国家靠拢。有学者对肯尼亚做了严格检验，表明转向多党民主制导致公共支出的空间分配更加均等（Burgess et al.，2015）。然而，此类成就相对有限，这可以部分归因于强势群体对民主进程的扭曲误导。投票造假、胁迫和贿赂成为选举策略，破坏了对包容性政策的激励，因为只有在干净的选举中，糟糕的经济发展业绩才会受到惩罚（Collier and Hoeffler，2015）。

不过，即便是诚实的选举也不能确保社会和平或者良好的经济管理。例如在中东地区，伊拉克的马利基总统与埃及的穆尔西总统是通过民主选举产生的，却带来了社会秩序崩溃。非洲通过选举实现权力交接最成功的两个国家是加纳和赞比亚，它们都发生了经济危机。民主制度下的政策制定不但可能被特殊利益集团绑架，而且可能被真诚信仰者的错误叙事误导。此外，许多政策的结果取决于公共组织机构的有效落实。而在许多贫困社会，包括法院、警察、学校和医院在内的关键公共服务因为职员的腐败而遭到破坏。阿克洛夫与克兰顿的研究把组织业绩作为内化的心理建构（mental constructs）的函数，给组织功能失调提供了有力的心理学分析架构（Akerlof and Kranton，2011）。公共机构的文化氛围可以作为这方面因素的简称。

基于利益和权力滥用的政治经济学研究固然极为重要，文化因素也正在被小心翼翼地重新接纳为合理的解释。近期有关文化因素的经济学研究成果包括圭索等人的研究（Guiso et al.，2006；Bisin and Verdier，2011；Alesina and Guiliano，2015；Gorodnichenko and Roland，2011）。麦克洛斯基对“资产阶级时代”（Bourgeois Era）欧洲经济起飞有十分重要的重新评价，是一个里程碑

(McCloskey，2006，2010，2016)。她的看法明显不同于把制度作为首要因素的传统观点，而强调新兴的中产阶级价值观，将之视为经济转型的关键基础。

然而，尽管文化作为经济成就的可行解释已不再遭到排斥，鉴于过去对中国发展停滞等现象的尴尬分析结果，文化解释显然难以单独成立，而必须纳入理性选择的研究架构中。经济学与社会心理学在近期的联合拓展了可以被接受为理性行为的范围，不过这些进展仍缺乏一个整体理论架构。行为经济学虽然有丰富成果，但仍主要关注可能源自进化过程的通行决策偏向，如快思考(Kahneman，2011)；或价值观偏向，如群体偏好(Greene，2013)。由于这些偏向是普遍存在的，它们对分析各国的经济发展差异作用不大。阿克洛夫与克兰顿关于“身份经济学”(identity economics)的研究则聚焦于和文化因素有潜在联系的决策过程，给行为经济学的下一阶段研究奠定了基础(Akerlof and Kranton，2011)。以此为依据，本文第2节将探讨文化的构成要件及其传播和演化的过程，并介绍近期的某些正式模型，在这些模型中，价值观对制度和政策的决定起着关键作用。本文第3节将转向政治后果的讨论：就制度对确立政府正当性的重要意义，引入身份概念如何能对此提出质疑；涉他激励(other-regarding motivations)如何可以给政府能力提供新的研究思路；文化因素如何协调在可行均衡与失调均衡中的预期行为；有误导的叙事如何阻碍社会学习。

2. 文化基因

2.1 作为社会交流的文化

研究表明，社会网络会强有力地传播行为方式(Christakis and Fowler，2009)。社会交流对组织的兴起同样必不可少，因为交流使合作成为可能，从而获得互惠收益(Padgett and Powell，2012)。两个关键的影响和协调机制是激励的变化和知识的变化。人们所受的激励不仅来自对现实福利的个人主义，也来自涉他价值观的社会化影响。人们对世界的认识，既通过个人的直接观察，也要参考其他人的叙事。修订后的理性选择分析框架兼顾了行为的这两个方面。

涉他价值观包括尊重、公平与仇恨等情感。伙伴的尊重来自行为表现得到其他人的充分认可，因为这些表现符合他们的规范。自我尊重则来自行动符合已经内化的规范，也就是说，已成为道德要求的组成部分而非私人欲望。这一内化过程本质上是社会性的。其他人的价值观是正在内化的外部观念。与之类似，试图描述世界运转的叙事也依赖于交流过程。儿童从父母那里学习，每个人都从伙伴那里学习，不同的人学到不同的东西，其中某些是错误的。

人们依然可以理性行事，在感知到的约束下追求效用最大化。然而，涉他价值观是其最大化的效用的组成部分，而感知到的具体约束可能受到错误叙事的影响。文化凸显了由特定价值观和叙事导致的行为，这些行为可能是失调的。文化还可能传递给新成员，从而具有极强的持久性。在第 2.2 小节中，我将介绍一些正式模型来展示文化如何影响行为结果，与精英集团利益模型大不相同。

2.2 包含文化因素的正式模型

早期较有影响的展示文化价值观重要性的正式模型来自格雷夫的研究，他对比了 11 世纪的两个地中海商人群体的差异（Greif，1994）。其中的热那亚商人群体秉持个人主义价值观，格雷夫将其追溯至关于个人与上帝直接联系的基督教理念；而马格里布犹太人商人群体抱有集体主义价值观，格雷夫将其归结为伊斯兰教的影响。利用翔实的历史证据，他表明马格里布商人群体有显著优势，不容易出现遥远贸易区域的代理人违约。通过正式模型，格雷夫从价值观差异中推导出了这一结果。他还指出，该文化优势会变成一种困境，这是对政治学有重要启示的拓展。马格里布商人群体对远距离贸易难题的基于信用的集体主义解决方案，使其业务限定于单一家庭、单一世代的组织形式。相反，热那亚商人群体面临的更大困难使他们有激励建设多家庭、多世代的组织，依靠政府负责合同执行。最终，后一种更大规模的经济形式超越了马格里布商人群体。这也反映了库克等人提出的观点（Cook et al.，2005）：规范的制度或许是对信用的更好替代，但如果非正规社会网络削弱了对制度的需要，正规制度可能就发展不起来。

在格雷夫的模型中，价值观是外生因素。下面我将介绍将价值观作为内生因素的两个模型，它们既反映了涉他价值观对政治结果的重要性，又考虑到这些价值观如何通过明确的文化传播过程而内生形成。

贝斯利与佩尔松（2016）借鉴了李普塞特（Lipset，1959）的一个观点：只有在已经接受民主价值观的文化中，民主制度才可以持续。这一观点显然让人联想起民主制度在 1991 年和“阿拉伯之春”时的跃迁现象。贝斯利与佩尔松对传统的激励描述做了最小幅度的修订：社会中有某些人看重民主权利。这种倾向并非来自现实的自利，而是源于涉他价值观：他们珍视作为民主制度之本质的人权。由此给行为带来了影响：如果政府侵犯民主权利，秉持此类价值观的人就会参加公共抗议。人们参加抗议不是由于抗议示威让人愉悦，而是因为不参加抗议会损害自尊。该模型的这一特点，类似于阿克洛夫引入愤怒情绪，作为对违背规范进行惩罚的动机（Akerlof，2016）。

贝斯利与佩尔松假设，秉持民主价值观的人群在不同社会有着外生的不同初始比例。因此，如果政府侵犯民主权利，在不同社会爆发的抗议有规模差异。由于抗议活动取得成功的概率与其规模有关（Kuran，1989），在民主价值观人群的初始比例较高的社会，抗议更容易获得胜利。这会给抗议者的效用带来政治效果的反馈。对珍视民主价值观的抗议者而言，如果其主张得到支持而非遭到破坏，他们会感觉更加幸福。

贝斯利与佩尔松模型最具创新性的方面是，以文化传播过程推动社会演化。这一过程借鉴了基因传播模型（Boyd and Richerson，1985），认为儿童的价值观来自父母。社会中的成年人包含接受民主价值观与不接受民主价值观两类。当父母有相同价值观时，假设子女也会接受此类价值观。但并非所有配对都是价值观相称的，某些父母的价值观彼此不同。此时，假设子女的价值观取决于父母中哪位更感觉幸福。在公共抗议行动足以维持民主价值观的社会，秉持民主价值观的父母会获得幸福加成；而在抗议活动不成事的社会，则较为不幸福。因此，只有在抗议行动足以取得成功的社会，出生于混合价值观家庭的子女长大后才会接受民主价值观。

如果说“幸福”的概念在心理学上较为粗糙，那么利用更精细的分析方法也能得出相当的结果。有实验表明，人们愿意认同成功，而让自己远离失败。如一个足球队赢球时，支持者会说“我们赢了”，而输球时，则会说“他们输了”。是否采用身份认同取决于是否和成功挂钩。① 因此在秉持民主价值观的成年人数量不多的社会，混合价值观家庭的子女面临选择，即是否认同失败的价值观。贝斯利与佩尔松（2016）在研究中假设，当抗议活动失败时，

① 事实上，有人正在利用非洲的足球比赛数据精确考察身份认同过程的后果，发现在国家足球队取胜后，族群身份与社会暴力的特征都有所降低（E. Depetris-Chauvin and R. Durante，未出版手稿）。

子女们会说“老爸的球队输了”，而非“我的球队输了”。

这一动态过程将逐渐改变社会的成员构成，使其靠近或远离对民主权利的内在价值评价。从略微不同的文化起始点出发，不同社会可能演化出殊为不同但都极为稳定的关于民主与专制的文化。李普塞特的观点由此获得了更严格的微观理论基础（Lipset，1959）。①

贝斯利的后续研究采用了相同的文化传播机制但不同的激励机制，推导出另一个重大的政治分歧（Besley，2016）。假设各个社会的初始文化差异是有志向的人群的比例不同。关于技能的研究发现，关键技能是非认知类型的，因此，人生抱负和志向之类的态度非常重要（Cunha and Heckman，2009）。在贫困国家开展的田野调查证明，志向对发展非常重要，并且具有社会传播性。有研究报告了在埃塞俄比亚农村地区开展实验的结果（Tanguy et al.，2014）：给儿童随机播放 20 分钟的视频，一个视频讲述某个孩子如何努力接受教育，得到好工作的故事，另一个与行为影响无关。6 个月后，观看了励志视频的儿童的相对成绩得到了显著改进。与之类似，还有一项研究利用贝宁的自然实验来分析人生有志向的价值观如何产生。在殖民时代初期，传教士进入内陆地区，在随机地点上兴建学校。结果显示，学校的第一代毕业生成为第二代家庭的学习模范，志向在经济上是重要的，在社会上是可以传播的（Wantchekon et al.，2015）。

这些发现成为贝斯利模型的主要假设，志向远大的人可定义为，他们高度重视成功。贝斯利推论说，有志向的人选择努力工作。这与政治的联系是，努力工作的人投票支持对努力的回报征收低税收。与之相反，缺乏志向的人工作不努力，支持对努力的回报征收高税收。于是，在一个税率反映主流偏好的民主社会中，存在一个有志向人群的关键比例，高于该比例的社会选择低税收，低于该比例的社会选择高税收，例如美国与欧洲或许就分属这两种情形。

此时，混合价值观家庭也会推动文化变迁。当有志向人群的初始比例较低时，这些人更不幸福，因为如果努力工作，将遭受高税收打击。模型设计本可以有更多可能性，但贝斯利对参数的设定使得在此情形下，有志向人群会选择不努力工作。由于无法实现自己的志向，他们依然感觉不幸福。而当有志向人

① 这方面思路的早期正式理论是关于信任的认识论（Hardin，1993），表明不同种族对政府态度的差异如何演变。

群的初始比例较高时，税率较低，这些人将努力工作，实现志向并感到幸福。所以在前一种情形下，混合价值观家庭的子女长大后不会接受有志向的价值观（老爸的人生很受挫），而在后一种情形下，他们会选择有志向的价值观。逐渐地，每个社会将达到政治均衡。根据参数的设置，低有志向均衡即使对缺乏有志向的人来说也可能更糟糕，因为无人努力工作，使税收收入太少，他们得到的公共品也更少。而在略微不同的参数设置下，高有志向社会可能出现失调。

这些模型表明，一旦把文化因素内生化，社会行为将有一个重要的普遍特征：没有类似于“看不见的手”的机制。虽然经济学家承认“看不见的手”有局限性，却得出了一个正确的推定：如果现实的自利是唯一激励，市场通常能把社会带到政治利益格局允许的高效率附近。即便精英群体是为自身利益制定政策，他们选择的也是符合自身需要的对社会破坏最小的政策。①而当文化因素影响结果时，就不再有类似于市场过程的机制，能使文化配置格局得出对社会有利的结果。文化传播可能把一个组织乃至整个社会锁定在失调的局部稳定均衡中。文化因素在发挥作用，它们通过符合科学规律的过程演化，但过程未必是有利的。

2.3　社会网络与身份认同

在上述例子中，价值观通过家庭传播。这种经济设定有利于严格分析。如果把该设定拓宽，论证的逻辑会更加弱化。显然，家庭只是价值观传递的若干渠道之一，更普遍的传递方式是通过社会网络。社会网络中的常规行为决定了其规范，而服从这些规范会带来伙伴尊敬。如果社会网络中的参与者把规范内生化，就会形成价值观，而服从价值观将带来自我尊重。许多社会网络还会传递一些叙事，旨在从某些方面描述世界如何运行。此类叙事的可信度不只取决于内容，也与其来源有关。

规范、价值观和叙事可以通过不同动机出发得出的相同选择来验证，从而相互强化（Collier，2016）。同样的行为可以带来自我尊重与伙伴尊重，而且看起来也符合当事人的实际利益。由于秉持不相容的心理建构会导致认知失

① 因此从理性选择角度对捐赠政策条件的批评意见是，当精英群体偏好的政策为次优时，他们完全可以利用社会成本更高的其他政策得到相同的分配结果。

调，所以人们的叙事、规范与价值观通常会彼此协调。有研究指出，人们会选择性地看重实际证据，使之符合自己的价值观（Haidt，2012）。价值观也可以为自身利益做相应调整。① 而一旦这种调整到达使三种心理建构相容的某种模式，人们的行为就会在局部稳定下来，即便面临不利的结果也是如此。因此，可以将社会网络理解为一种文化量子状态，由相容的规范、价值观和叙事形成的离散组合。

如邓巴常数（Dunbar constant）所示，人们只能参与有限数量的社会网络。人们生于一个社会网络，加入其他网络的机遇存在路径依赖。所以，不同的人暴露在不同的文化量子状态下，意味着面对相同的客观激励和约束，他们有不同的理性行为选择。这些差异会累加起来，达到政体的高度，让各个社会拥有不同的社会网络禀赋。

社会网络把规范、价值观与叙事结合起来，身份认同也一样。阿克洛夫与克兰顿（2011）认为，价值观经常以身份认同的方式被内生化。愿意接受优秀工人身份的水暖工，通常干活不错，因为这符合其身份认同。通过接受这个角色，他能获得自我尊重。优秀的组织善于利用选拔和培训策略加强此过程。有学者指出，人们会对身份做投资，然后对其做理性的维护，防止被潜在的破坏性信息冲击（Benabou and Tirole，2011），借此可以解释某些看似不合理的禁忌。设置禁忌类似于其他研究探讨过的对信息的偏向性态度（Haidt，2012），学者们注意到了价值观与叙事的相互依赖：挑战错误的叙事可能威胁到价值观，而价值观又与身份认同绑定。除个人层面之外，对于潜在破坏性信息的这一相同过滤或反击过程也会在社会网络层面发生，有处于特定位置的关键行为人参与。

3. 文化因素的某些后果

价值观（而非制度）可能是民主制度或税率高低的首要决定因素，由身份认同和社会网络构建的规范、价值观与叙事组合对政治结果也可能至关重要。本节将考察它们对政权正当性、政府组织的有效运转、预期协调及社会学习的影响。

---

① 例如，可以就此为自然资源所有权的地方或国家所有权找到根据。对此类立场的政治支持似乎符合自身利益，但也会充满正义激情，如苏格兰民族党围绕“苏格兰的石油”发起的长期运动（Collier，2017）。

3.1 身份认同与政权正当性

在政权被视为正当的地方，公民服从政府的成本就会降低。而在缺乏政权正当性的地方，可能出现三种结果：在镇压状态，政府要承担强制公民执行政府决策的高成本；在冲突状态，政府试图推行这一进程，但力量不足以压制激烈的反对行动；在表演状态（in theater），政府放弃强制实施其意愿，只是模仿一个正常运转的政府的举动。

政权正当性直接源自民主问责制，这一假说是近年来对冲突爆发后的国家推行的那些国际政策的基石。而另一种假说是，政权正当性取决于身份认同结构与权力结构的适配程度。例如当身份认同在空间上分裂而权力走向集中时，为解决两者间的不匹配，或者根据身份认同的状况下放权力，或者根据权力集中的要求凝聚身份认同。

前者有许多成功的案例，如比利时、加拿大和瑞士。后者也存在可能。米盖尔（Miguel，2004）借用自然实验考察了公共政策能否凝聚身份认同，背景是在肯尼亚和坦桑尼亚。由于边界划分形成的两个区域内存在相同的部族构成人口，但他们受到不同国家的政府政策影响。坦桑尼亚前总统尼雷尔重视建立国家认同，推行通用语言和通用教育体系，并将公共部门官员的职位安排在各自的出生地之外。相反，肯尼亚前总统肯雅塔更青睐自己的部族，继任者也遵循了其政策，使该国的政治格局形成了部族分界线。40 年后，米盖尔考察了那里的农村对公共品（如水井）的维护状况。在肯尼亚，部族同质性较高的村庄对水井的维护状况更好。而在坦桑尼亚，无论部族构成如何，水井的维护状况都不错。由此可见，尼雷尔取得了成功。

肯尼亚的部族身份认同显然阻碍了人们的合作。不过，涉他价值观的影响范围不止于信任导致的行为差异。约尔特（Hjort，2014）的一项研究凸显了对他人持敌视态度的负面影响，其背景不是村庄，而是部族熔炉：一家鲜花包装工厂，来自各个部族的工人共同生活在现代化的封闭社区里。该研究用严格的分析揭示，涉他价值观非常强大，工人们会利用相互依赖的协作关系打击来自竞争部族的工人的收入，即便令自身收入受损也在所不惜。在 2008 年的政治暴力冲突以后，此类破坏活动加剧并持续，鲜明地证实了库尼亚与赫克曼所说的反社会资本（Cunha and Heckman，2009）。

上述两项研究意味着，部族认同与规范、价值观和叙事是结合在一起的。

村庄里必然有过某些群体规范，例如“别相信其他部族”，或许还有某些冤屈事件的叙述作为支持证据。显然，在鲜花包装厂中，这些规范已被充分内化为价值观，使个体工人选择牺牲自身的物质利益，以获得对抗异己带来的愉悦。

身份认同定义了同质性的边界。尼雷尔在起初高度分裂的社会中成功建立起了共同身份，宗教差异与移民则可能减弱同质性，并带来政治后果。帕特南与坎贝尔通过研究美国的宗教状况发现，宗教是自我描述的身份认同中最稳定的部分，面对大衰退这类严重冲击也几乎不受影响（Putnam and Cambell，2012）。他们分析了美国如何通过高频率的社会融合，避免了宗教身份造成对立的可能性。伊拉克与叙利亚的伊斯兰国组织（ISIS）则展示了另一种极端，宗教信仰差异导致了极其对立的身份认同（McCants，2015）。移民问题呈现同样广泛的政治影响。保持社会交往与通婚的美国式传统，加上对政府给予社会扶持的期望较低，降低了人们对移民的担忧。相反，在欧洲国家，移民导致了新型民族主义政党群体的兴起（Pardos-Prado，2015），部分原因或许是欧洲社会福利计划的规模比美国大得多。另有研究（Rueda，2017）表明，在欧洲各国，移民的人口占比越高，高于中位数收入的选民支持向低于中位数收入人群做财政转移支付的意愿越低。这意味着低于中位数收入的选民有合理的缘由反对移民，而与民族主义或对就业威胁的误解无关。还有学者借助实验室试验给上述观察提供了心理学基础：当试验对象预先了解到移民概念后，他们更不愿意为公共品纳税（Munoz and Pardos-Prado，2017）。

在政权正当性议题上，是采用制度理论还是身份认同理论予以解释，对社会选择理论能否适用于欧盟非常关键。斯科菲尔德（Schofield，2006）首先提出，暴力失序等政治混乱爆发的可能性随着党派倾向以及政治身份认同的分裂而提高。可以预期，有多个国家身份认同的欧盟存在陷入混乱的风险。不过，这种风险被一些正式和非正式的机制抵消。非正式机制包括知识界内部的社会网络，那里通常会形成某些共识。有研究描述了几个这样的专家网络，此类治理模式在神圣罗马帝国时代有过先例，可以被视为欧盟的鼻祖（Sabel and Zeitlin，2010）。威尔逊（Wilson，2016）认为，神圣罗马帝国同建立在中央与外围的正式权力关系之上的传统失败帝国相去甚远，它是基于基督教徒与罗马人这一共同身份认同的虚构概念，并且通过面对面的非正式社会网络来组织。这些网络的目的是形成日常共识，尤其是通过认可地方团体（如城市和行会）的特权。随着正规化的书面权力关系的兴起，该帝国逐渐走向没落。斯科菲尔德（2006）关注正式的权力关系：有关改变权力的投票规则可能制约选择的范围，而欧盟利用许多决策上的否决权制度采用了极其保守主义的投票规则。这相当于用极端风险规避来防止出现混乱局面。

到2016年时，极端风险规避显然不再符合欧盟的特征。为打造共同身份认同的标志，欧盟采用了单一货币与开放内部边界。这两个措施不只是标志，也是有现实后果的政策工具，而欧盟对此并未做好准备。随着南欧的青年人失业与难民涌入加剧，默克尔总理短暂地掌握了事实上的“专制”权力，用斯科菲尔德的话讲，成为“承担风险的专制者”。在直接同希腊政府协商处理宏观经济危机，以及同埃尔多安总统协商难民危机时，都是由默克尔单方面做出决定，随后在欧盟实施。斯科菲尔德研究的一个关键案例是，欧盟要求每个国家都接纳一定数量的难民，并前所未有地停止了各国的否决权。在这一时刻，欧盟委员会的权威化解成了表演状态，其命令被各国视而不见。

3.2 激励与政府能力

从利益主导的视角分析政府让人们忽略了对政府能力差异的关注。政府效力取决于关键组织机构的运转，从历史上看，包括军队、法院和税务部门等。此类组织的运行状况与各自的文化氛围有关。即使在私人部门，组织文化方面也存在重大差异（Gibbons and Henderson，2012）。而在缺乏竞争的公共部门，这种差异可能更显著。在腐败风气盛行的地方，公共服务会遭到严重损害。教师可以找到不上课的理由，护士可以盗窃药品，而法官可能徇私枉法。即使军队和税务等核心类型的政府服务也可能难以运转。政府陷入紊乱状态，并非因为精英群体的利益需要，而是由于规范、价值观和叙事等文化因素的影响，这些因素都在与公共组织有关的社会网络中传播。这方面得到充分研究的一个案例是医疗领域，有学者指出，在乌干达，教会医院的效率远远超出政府医院，尽管其员工的报酬更低（Reinikka and Svensson，2010）。

本文关注一个核心政府职能。从蒂利（Tilly，1990）对欧洲国家政府起源的考察开始，现代的研究文献非常强调税收能力的核心作用。未能建立高效税收体制是许多弱势政府的特征，由此成为政治学研究的一个中心课题。目前对这一失败的解释是以利益为基础的，认为当领导人缺乏远见，或担心权力会转移给其他群体时，他们会主动选择投资于政府能力建设（Besley and Persson，2011）。对失败的组织文化的分析则可以提供另一种解释：在某些社会，建立有效的税收体制或许根本就不可行。这方面的证据是国际货币基金组织曾试图让非洲各国的政府推行增值税，由于大多数非洲国家同意实施，如果依然不能增加税收，那与政府的直接选择无关。而在增值税实施后，几个国家出现了税收的净损失。因为税收稽查员把增值税作为新的贪污良机，出售税收发票，让企业作为抵扣。为理解政府能力的局限性，我们必须了解税收稽查员的心理。①

税收稽查员可以选择强制执行增值税法规，从而为政府创造税收，也可以选择出售假发票。对于为什么增值税通常可以正常运转的传统解释是，税收稽查员会受到有效的监督和奖惩。然而对经合组织国家而言，更可信的解释是税收稽查员已经把正直的规范内化为对自身的要求。

我们可以设想，有位非洲税收稽查员，他身处职场和家庭两个社会网络。假设典型的非洲家庭社会网络产生的规范是“帮助家人”。于是，家庭中间流行的叙事便是：如果你帮助家人，他们也会帮助你。最后，在岗位稀缺的环境中得到税收稽查员的工作，他能够获得一种有条件的广受尊敬的身份，即养家之人。该条件则是，他需要给家里带回面包。

这里涉及三个具体的心理建构：（1）帮助家人；（2）如果帮助家人，会得到家人的回报；（3）养家之人。如果税收稽查员能满足这些期望，则三者会彼此强化。通过接受作为养家之人的身份，税收稽查员会得到自我尊重。通过服从家人倡导的规范，他会得到伙伴尊重。叙事则让回报与自身利益统一起来，成为养家之人后，其他人对税收稽查员形成了一种亏欠，以后或许会对他有好处。

下面再看看社会网络的运转。沿用阿克洛夫与克兰顿（2011）的思路，假设为了实现自我尊重，税收稽查员必须接受“优秀税收稽查员”的角色。类似的是，如果行为符合伙伴们认可的“优秀税收稽查员”的标准，他会得到伙伴尊重。叙事则可能从主管和同事两方面产生。主管的叙事或许符合经合组织国家的传统：“通过征缴税收，你让政府有钱提供有价值的公共服务”。税收稽查员可以相信并传播这种叙事，即阿克洛夫与克兰顿所说的内部人身份；但也可以选择另一种叙事，即“我们征缴的税款会被主管贪污”（外部人身份）。这两种叙事在认知上互不相容，存在竞争关系。税收稽查员可能因为

① 该案例基于 Collier（2016）。

自己的随机观察（Bayesian account）或自利考虑（Haidt，2012）而选择后一种叙事。此时，他们会认为主管传播的叙事是为自身服务，而非出于公心，因此不太相信。关键的一步是这对职场规范的影响：什么样的表现才算是优秀税收稽查员？在经合组织的税收部门，优秀税收稽查员是严格执行法律的人。而适合腐败环境的另一种规范的定义是，优秀税收稽查员是为个人私利而充分利用机会的人。与两种叙事一样，这两种规范互不相容，将它们集于一身会导致认知错乱。当然，与叙事不同，客观证据难以调和彼此冲突的规范式主张。

于是，我们将得到两种对立的叙事和两种对立的规范。每种叙事只同一种规范相协调，每种相容的叙事与规范组合都完全符合优秀税收稽查员的身份认定。只要大多数税收稽查员采纳同样的规范与身份，每种组合都能带来伙伴尊重。如果把两种文化结合起来，我们将得到一套围绕家庭社会网络的相容的心理建构，以及两套围绕职场社会网络的相容的心理建构。显然在经合组织国家，这两种文化通常不会产生尖锐矛盾。税收稽查员有足够好的待遇，以满足对他们作为养家之人的任何期望，支持家庭的期望可能也不会太强，因为还有其他许多收入来源。可是在经济环境拮据的非洲，如果职场文化形成了经合组织习以为常的心理建构，职场文化同家庭文化之间就会有矛盾关系。无论税收稽查员做何选择，他都会丧失自我尊重与伙伴尊重。而如果职场文化较为腐败，则没有不相容性，税收稽查员可以兼顾两种身份，在两个社会网络中都获得自我尊重与伙伴尊重。

显然，在上述设定下，如果大多数税收稽查员接受支持腐败行为的叙事与规范组合，结果就会形成一种失调但稳定的均衡。在认识到这一点后，政治领导人可能决定不建设税收体制，而是依赖增加财政收入的其他办法，例如出售特权等。

3.3 合作：对他人行为的预期

由于人们参与策略性互动，他们对特定行为后果的期望不仅取决于自己对现实世界的认识，还关系到对他人行为的了解。与所有知识一样，这些认识既可来自直接观察，也能由叙事产生。不过，由于最令人印象深刻的叙事是关于人们的行为，关于其他人如何行动的知识，叙事或许是一种尤其重要的工具。甘贝塔（Gambetta，1993）通过一篇代表性的概述介绍了西西里岛上从父亲到儿子的文化传递。父亲把小男孩放到一堵高墙上，叫他跳下来，并举起自己的双臂准备接住儿子。孩子往下跳时，父亲却闪到一旁，放任孩子受伤。等孩子起身后，父亲再把这个事件要讲述的规范告诉他：“永远不要相信任何人”。

信任、欺骗、遵守执行不力的法律或者诉诸暴力，都是策略性互动的案例。这种博弈可能有多重均衡，取决于行为人能否解决其协作问题。在囚徒困境中，默认的互害行为与互助行为都属于局部均衡，但假设互助行为的结果并不稳定。由此我们可以预想到，文化之间存在巨大差异，均衡状态之间也会出现并不频繁但影响深远的跃迁。信任的差异就可以凸显共存的局部稳定均衡的差异。

查仑等人（Charron et al.，2013）针对信任的一项研究利用大样本调查信息，估算了欧洲的200个子区域。在这些原本以为有相同欧洲价值观的地区，他们发现存在巨大差异。特别是，哥本哈根的人相信自己邻居的概率约为斯洛伐克人的10倍。另有研究表明，意大利北部和南部存在显著区别，并且可以追溯到遥远的古代（Putnam et al.，1993）。信任预期的这种差距要么毫无根据，要么反映了发生欺骗的概率。在某些行业，对信任的预期非常重要，因此能够看到对可观察信息的高效利用。有学者做了有意思的研究，关于不同社会的出租车司机如何通过难以假冒的信号（如面部表情）来判断对方的情况，而且这些证据很符合理性（Gambetta and Hamill，2005）。这意味着，信任度的巨大差异很可能反映了发生欺诈的概率差异。可以理解，对欺诈的直接测算比对信任的测算更为少见。不过，盖希特与舒尔茨（Gächter and Schulz，2016）最近利用实验室对欺诈开展了一项精巧研究，针对不同国家的学生做标准化实验，结果发现，欺诈倾向存在巨大差异，德国人最少见，摩洛哥人最普遍。与这一研究类似，菲斯曼与米格尔（Fisman and Miguel，2007）利用自然实验研究非强制法律的遵守情况：纽约的外交官是否缴纳违章停车罚款。他们发现，不同国家外交官之间的巨大差异同母国的法治遵守评级有系统性关联。还有证据表明，持续参与驻纽约外交官的社会网络活动，会导致其行为特征趋同。显然，人们在坚持自己原有文化和遵从新群体规范之间徘徊。

另一项正在开展的研究关注了不同场景，发现一夫多妻家庭里的女性行为集中在两种均衡状态附近（A. Barr et al.，未出版）。在一种均衡下，两位妻子保持互惠合作；在另一种均衡下，呈彼此自利状态。与信任研究一样，两种均衡都涉及互惠，但只有一种是可行的。

虽然普遍的个人行为都应该对形成预期有影响，查仑等人（2013）却认为，法官等关键职业的作用尤其突出。如果职业行为不值得信任，这会给普通人树立范例。在信任方面，少数职业在社会网络中扮演着关键角色。

在文化演变方面，麦克洛斯基（2006，2010，2016）赞扬过欧洲文化演变的一个关键部分，即暴力的减少，平克（Pinker，2011）从心理学角度对此做了深入考察。这种转变之一是从荣誉准则（例如决斗行为）转向法律准则。在这一规范的演化中，为损害而复仇的义务从受害者家庭（可能因此导致家族世仇）转移到了政府。在某些社会，这种转移尚未发生。欧洲文化演变的第二方面是取缔公开绞刑，这发生在民众识字率提升后不久，平克认为存在因果关系。识字率提高催生了新的民众小说市场，让普通人面临新的心理体验。19 世纪的小说经常构建在这样的叙事基础上：一位英雄人物，经历奋斗过程，并欢迎读者自我认同。神经科学家扎克（Zak，2014）认为，对人类大脑来说，这种叙事模式的印象特别深刻。平克指出，阅读小说是对共情能力的不经意训练，共情则是指从其他人的视角看待事物的能力。由此或许能够解释，为什么在 19 世纪早期，围观一个人被绞死还被视为重要的娱乐，而到 19 世纪后期，这种态度已不再被社会接受。依然有人被施以绞刑，以此来遏制犯罪的目标没有改变，但它已不再适合作为娱乐。对于公共政策改变的这一文化解释，显然比理性利益给出的解释更有说服力。

理性利益与文化因素对暴力现象的不同解释，还见于欧洲从二战前的国家间冲突到之后的持久和平的演变。我们熟悉的制度学说把这种转变归功于欧盟的制度建设，并反映在诺贝尔和平奖的颁发上。但文化因素也可以给出解释，关系到战后世代的德国人走向和平主义的深刻的心理变化。按照这一理论，欧盟的制度是导致持久和平的文化变迁的结果，而非和平的原因。荷兰加入了欧盟并采用欧元；挪威两者都没有加入。在大和平时代到来前，德国对这两个国家都有入侵。那么，今天的挪威相比荷兰面临更大的战争风险吗？

3.4　从社会网络看社会误解

按照理性主义学说，人们对世界做直接观察，并通过贝叶斯更新过程将其吸收消化，以理解因果过程，并影响自己的效用最大化行为。文化解释则认为，人们的大量理解都来自社会网络中流传的叙事，尽管与观测现实不符，错误叙事也可以持续流传。

人类学家福斯特（Foster，1965）提出过一个早期的文化假说：对零和人际关系的信念会制约发展。由于理性预期革命的到来，此类假说被边缘化，但后来再度得到实证检验。目前，纳恩与罗宾逊（N. Nunn and J. Robinson，尚未发表）正利用民主刚果的一个偏远地区的田野调查来检验福斯特的假说。他们的初步发现表明，确实有很大部分民众把人际关系视为零和性质，相信巫术而非努力，习惯于用运气解释成功。通过社会网络维持破坏性信念的一个更突出案例是伊斯兰国组织的招募行动。有学者指出，这些招募依靠社会网络中的流言，包括圣训中关于世界末日的预言，以及哈里发政权在准备迎接救世主的到来等（McCants，2015）。

发展的理性主义分析和文化分析在关于国际货币基金组织对宏观经济危机的管理角色上也有了分歧。国际货币基金组织有意识地接受了充当调整政策的替罪羊角色，因为按照理性主义理论，在短期内承担罪责可以减少政府的成本，让政策施行变得更容易。但无意之中，这传播了一种错误叙事，即人们的痛苦来自国际货币基金组织，而非之前的政策错误。事实表明，此类叙事极具生命力。在非洲各国，有许多人在回顾 20 世纪 80 年代早期的灾难性国内政策时，天真地将其视为黄金时代的来源。

最后，社会网络的节点结构意味着，针对持续为精英群体服务的政策，有办法将文化分析与理性选择分析统一起来。通过控制节点，精英可以控制叙事。尽管糟糕的结果不断产生破坏性信息，他们仍可以将其过滤掉或者中和化。希波莱特（Seabright，未发表）目前研究的一个项目是，加纳的教会领导人如何策略性地采用天堂奖赏的叙事，以此鼓励人们对教会的捐赠。攫取性的精英群体应该也清楚，利用这类误导式信息是多么有效。

4. 结论

回到本文的出发点，税务机关等运转不畅的关键政治组织，或者贫困的社会，可能不仅受制于权势精英群体的自利，也因为其规范、价值观和叙事对人们的行为产生了后果。反过来，人们通过在社会网络中获得的身份认同形成了此类心理建构的组合。文化被内生决定，并经常保持稳定。社会网络与利益动机一样，应该成为政治学研究的焦点。

对于大多数组织与社会的分析，理性选择理论或许足够。但该理论难以解释尾部分布，其特征是极端和持续的失调，可能包含需要公共政策做出响应的很多情况。应对家庭的失调与之相似。英国政府在 2011 年发起了“问题家庭项目”（The Troubled Families Program），面向约 12 万个家庭，目前总计花费的公共成本约为90亿英镑。如果非要把这些家庭的行为分析装入激励和利益的传统理性选择理论，而拒绝不同价值观和误解的影响，可能会为了学科的纯洁性而牺牲解释的力度。现在是时候承认文化因素的作用了。文化演变的过程同样适用于科学研究，但没有必然理由期待这些过程会导致良性的结果。

（余江　译）

参考文献

Acemoglu D, Robinson JA. 2012. *Why Nations Fail: The Origins of Power, Prosperity, and Poverty*. London: Profile Books.

Akerlof GA, Kranton RE. 2011. *Identity Economics: How Our Identities Shape Our Work, Wages, and Well-Being*. Princeton, NJ: Princeton University Press.

Akerlof R. 2016. Anger and Enforcement. *Journal of Economic Behavior & Organization* 132B: 110 – 124.

Alesina A, Giuliano P. 2015. Culture and Institutions. *Journal of Economic Literature* (4): 898 – 944.

Bates RH. 1981. *Markets and States in Tropical Africa: The Political Basis of Agricultural Policies*. Berkeley, CA: University of California Press.

Benabou R, Tirole J. 2011. Identity, Morals and Taboos: Beliefs as Assets. *Quartely Journal of Economics* 126: 805 – 855.

Besley T. 2016. Aspirations and the Political Economy of Inequality. *Oxford Economics Papers* 69: 1 – 35.

Besley T, Persson T. 2011. *Pillars of Prosperity: the Political Economics of Development Clusters*. Princeton, NJ: Princeton University Press.

Besley T, Persson T. 2016. *Democratic Values and Institutions*. Res. Work. Pap., London School of Economics, London, UK.

Bisin A, Verdier T. 2011. The Economics of Cultural Transmission and Socialization. In *Handbook of Social Economics*, Vol. 1A, ed. J Benhabib, MO Jackson, A Bisin, pp. 339 – 416. San Diego, CA: Elsevier.

Boyd R, Richerson PJ. 1985. *Culture and the Evolutionary Process*. Chicago, IL: University of Chicago Press.

Burgess R, Jedwab R, Miguel E, Morjaria A, Padró i Miquel G. 2015. The Value of Democracy: Evidence from Road Building in Kenya. *American Economic Review* 105: 1817 – 1851.

Charron N, Lapuente V, Rothstein B. 2013. *Quality of Government and Corruption from a European Perspective*. Cheltenham, UK: Elgar.

Collier P. 2016. The Cultural Foundations of Economic Failure: A Conceptual Toolkit. *Journal of Economic Behavior & Organization* 126 (Part B): 5 – 24.

Collier P. 2017. The Institutional and Psychological Foundations of Natural Resource Policies. *Journal of Development Studies* 53: 27 - 28.

Collier P, Hoeffler A. 2015. Do Elections Matter for Economic Performance? *Oxford Bulletin of Economics and Statistics* 77: 1 - 21

Cook K, Hardin R, Levi M. 2005. *Co-Operation Without Trust?* New York: Sage Found.

Christakis N, Fowler J. 2009. *Connected: The Surprising Power of Our Social Networks and How They Shape Our Lives.* New York: Little, Brown.

Cunha F, Heckman J. 2009. The Economics and Psychology of Inequality. *Journal of European Economic Association* 7 (2 - 3): 320 - 364.

Fisman R, Miguel E. 2007. Corruption, Norms and Legal Enforcement. *Journal of Political Economy* 115: 1020 - 1048.

Foster GM. 1965. Peasant Society and the Image of Limited Good. *American Anthropologist New Series* 67 (2): 293 - 315.

Fukuyama F. 1992. *The End of History and the Last Man.* New York: Free Press.

Gächter S, Schulz JF. 2016. Intrinsic Honesty and the Prevalence of Rule Violations across Societies. *Nature* 531: 496 - 499.

Gambetta D. 1993. *The Sicilian Mafia: The Business of Private Protection.* Cambridge, MA: Harvard University Press.

Gambetta D, Hamill H. 2005. *Streetwise: How Taxi Drivers Establish Their Customers' Trustworthiness.* New York: Sage.

Gibbons R, Henderson R. 2012. *What Do Managers Do? Exploring Persistent Performance Differences among Seemingly Similar Enterprises.* Work. Pap. 13-020, Harvard Business School, Cambridge, MA.

Gorodnichenko Y, Roland G. 2011. Which Dimensions of Culture Matter for Long-run Growth? *American Economic Review* 101: 492 - 498.

Greene J. 2013. *Moral Tribes: Emotion, Reason, and the Gap between Us and Them.* New York: Penguin.

Greif A. 1994. Cultural Beliefs and the Organization of Society: A Historical and Theoretical Reflection on Collectivist and Individualist Societies. *Journal of Political Economy* 102 (5): 912 - 950.

Guiso L, Sapeienza P, Zingales L. 2006. Does Culture Affect Economic Outcomes? *Journal of Economic Perspectives* 20: 23 - 48.

Haidt J. 2012. *The Righteous Mind: Why Good People Are Divided by Politics and Religion.* New York: Pantheon.

Hardin R. 1993. The Street-level Epistemology of Trust. *Politics & Society* 21 (4): 505 - 529.

Hjort J. 2014. Ethnic Divisions and Production in Firms, *Quartely Journal of Economics* 129: 1899 - 1946.

Kahneman D. 2011. *Thinking, Fast and Slow.* New York: Farrar, Strauss & Giroux.

Kuran T. 1989. Sparks and Prairie Fires. *Public Choice* 61 (1): 41 - 74.

Lipset SM. 1959. Some Social Requisites of Democracy: Economic Development and Political Legitimacy. *American Political Science Review* 53: 69 - 105.

McCants W. 2015. *The ISIS Apocalypse: The History, Strategy, and Doomsday Vision of the*

Islamic State. New York: St. Martin's.

McCloskey DN. 2006. *The Bourgeois Virtues: Ethics for an Age of Commerce*. Chicago: University of Chicago Press.

McCloskey DN. 2010. *Bourgeois Dignity: Why Economics Can't Explain the Modern World*. Chicago: University of Chicago Press.

McCloskey DN. 2016. *Bourgeois Equality: How Ideas, Not Capital or Institutions, Enriched the World*. Chicago: University of Chicago Press.

Miguel E. 2004. Tribe or Nation? Nation Building and Public Goods in Kenya versus Tanzania. *World Politics* 56: 327 – 362.

Muñoz J, Pardos-Prado S. 2017. Immigration and Support for Social Policy: An Experimental Comparison of Universal and Means-tested Programs. *Political Science Research and Methods*. In press.

Padgett JF, Powell WW. 2012. *The Emergence of Organizations and Markets*. Princeton, NJ: Princeton University Press.

Pardos-Prado S. 2015. How Can Mainstream Parties Prevent Niche Party Success? Center-right Parties and the Immigration Issue. *Journal of Politics* 77: 352 – 367.

Pinker S. 2011. *The Better Angels of Our Nature*. New York: Viking.

Polanyi K. 1944. *The Great Transformation*. New York: Farrar & Rinehart.

Putnam RD, Cambell DE. 2012. *American Grace: How Religion Divides and Unites Us*. New York: Simon & Schuster.

Putnam RD, Leonardi R, Nanetti RY. 1993. *Making Democracy Work: Civic Traditions in Modern Italy*. Princeton, NJ: Princeton University Press.

Reinikka R, Svensson J. 2010. Working for God? Evidence from a Change in Financing of Non-profit Healthcare Providers in Uganda. *Journal of European Economic Association* 8: 1159 – 1178.

Rueda D. 2017. Food Comes First, Then Morals: Redistribution Preferences, Parochial Altruism and Immigration in Western Europe. *Journal of Politics*. In press.

Sabel CF, Zeitlin J. 2010. *Experimentalist Governance in the European Union: Towards a New Architecture*. Oxford, UK: Oxford University Press.

Schofield N. 2006. *Architects of Political Change: Constitutional Quandaries and Social Choice Theory*. Cambridge, UK: Cambridge University Press.

Tanguy B, Dercon S, Orkin K, Taffesse AS. 2014. *The Ruture in Mind: Aspirations and Forward-looking Behaviour in Rural Ethiopia*. Working Paper WBS/2014/16, Centre for the Study of African Economies, Department of Economics, Oxford University, Oxford, UK.

Tilly C. 1990. *Coercion, Capital and European States, AD 990 – 1990*. Oxford, UK: Blackwell.

Wantchekon L, Klašnja M, Novta N. 2015. Education and Human Capital Externalities: Evidence from Colonial Benin. *Quartely Journal of Economics* 130: 703 – 757.

Wilson PH. 2016. *The Holy Roman Empire: A Thousand Years of Europe's History*. London: Allen Lane.

Zak PJ. 2014. Why Your Brain Loves Good Storytelling. *Harvard Business Review* (Oct.). https://hbr.org/2014/10/why-your-brain-loves-good-storytelling.

改革论坛

Reform Forum

全球化新议程

基于均势的技术和产业安全格局

刘培林

最近一段时间美国针对我国的技术封锁日益严厉，一些利益攸关的国家也在相互沟通，提出“重组供应链”的动议，旨在形成排斥我国的新分工格局。这些设想倘若得以实现，重组后的供应链把我国这样一个业已被实践证明能极大提升全球分工体系效率的巨型经济体排斥在外，将既不利于这些国家，也不利于我国，更不利于全球化的深入发展。乐观一些的看法也许认为，目前的局面尤其是中美之间的紧张关系，仅仅是双方相互试探新底线的表现，不至于导致双方脱钩。即便如此，以什么样的基本原则划分底线并开展经济技术往来，也是需要分析的问题。

目前这种纷乱局面有复杂的原因。其中一个重要原因是，发达国家对我国这样堪比大洲的巨型经济体的发展尤其是快速的技术和产业追赶抱有疑虑，担心我国在全球供应链中的地位持续提高，会威胁它们自身产业链、供应链的安全。这种担心不会因为发达国家政府更迭而发生根本性变化。化解目前纷乱局面需要多方面努力。我国作为在全球供应链中地位日益突出的国家，应当立足全球和自身发展的伟大愿景，正确理解形势的变化，主动作为，通过设立相应

---

* 刘培林，国务院发展研究中心研究员。本文是个人学术观点，与任何机构无关。刘世锦、林毅夫、张军扩、隆国强、姚洋、鞠建东、侯永志、马晓野、盛柳刚、翁翕、徐朝阳、李一南、陈晋以及编辑在本文撰写的不同阶段提出了意见乃至批评。虽然仅针对一部分意见和批评修改了文章，但作者非常感谢这些师友的指导。文中任何疏漏和不足由作者负责。

的全球经贸治理议题，引导全球化深入发展。

一、全球化的前景堪忧

2008 年金融危机爆发以来，特别是特朗普当选美国总统后，全球化在一定程度上有所反复甚至倒退。一些人把最近几十年来的一些经济和社会问题，归因于全球化。

1. 萨缪尔森和鲍莫尔之忧

发达国家担忧在和发展中国家开展贸易往来的过程中，后者的生产率追赶有可能损害前者的利益。持这方面观点的学者包括萨缪尔森和鲍莫尔这样的世界级经济学家。① 早在 2008 年全球金融危机爆发之前，已过米寿之年的萨缪尔森（2004）撰文指出，如果发展中国家各种产品的相对生产率趋同于发达国家，即使前者各种产品的绝对生产率水平都低于后者，后者的福利也会变差。其背后的道理也很直观，因为相对生产率趋同就意味着两国比较优势趋同，从而就不必要进行专业化分工并开展贸易，而会回到各自生产所有产品的自给自足状态。更具体地说，发展中国家在发达国家具有比较优势的产品上的生产率追赶，会损害发达国家福利。鞠建东等（Ju and Yang，2009）也在一个两国模型中证明了这一点。

除了萨缪尔森以外，鲍莫尔等（Gomory and Baumol，2000，第四章）从另一个角度分析了国际贸易中因为生产率追赶而可能导致的国家间利益冲突。在他们的分析中，全球产品种类是固定的，有的国家可能生产和出口更多种类的产品，从而在全球总收入中占有较大份额，而其贸易伙伴国则只能生产和出口余下的较少种类的产品，在全球总收入中占有较小份额。当贸易和分工水平处于中间的区间时，国家间利益存在此消彼长的关系。当然，如果贸易和分工水平在这个特定区间之外，也即处于很低程度的话，提高分工和贸易水平会使两个国家都受益，只要不越过上面所说的那个中间区间的上下限。不过，鲍莫尔等也澄清，“本书有可能会被误认为有贸易保护主义的倾向，而事实并非如此”。

萨缪尔森和鲍莫尔之忧，根本上是对发达国家能否保持自身比较优势之

① 除了这里讨论的对后发国家生产率追赶的担忧外，也有人把发达制造业就业岗位减少归咎于全球化。如美国贸易代表莱特希泽（Lighthizer，2020）甚至认为贸易政策的目标就应该是给本国工人创造体面就业机会，而不应该是其他。本文不讨论这方面的问题。

忧，是对发展中国家以多快速度、在多宽的技术和产业谱系上追赶发达国家之忧。而从发展中国家角度看，以尽可能快的速度、在尽可能宽的技术和产业谱系上追赶发达国家，又是改善本国人民生活水平的根本出路。这样一来，似乎就产生了内在的矛盾，尤其是当快速追赶的国家是中国这样堪比大洲的巨型经济体时，发达国家的担忧会更甚。①

2. 萨缪尔森和鲍莫尔之忧可能引发的“囚徒困境”

目前发达国家化解萨缪尔森和鲍莫尔之忧的手段是，限制核心技术和关键零部件向发展中国家出口，并在自己国内或动员多国拒绝采购如中国这样的发展中国家的高技术产品和服务，甚至限制人员和留学生往来。而中国的博弈策略是，制定国家战略，力图动员全社会力量自主研发发达国家限制出口的技术和产品，进而形成自主可控的技术和产业安全格局。如果今后发达国家对我国技术封锁力度进一步加大、持续时间过长，那么我国产业断链的可能性会日趋严重。

倘若技术和产业体系割裂，虽然完全靠自力更生也能逐步实现技术进步，但在逆水行舟般的国际竞争中，我国技术和产业升级步伐会大大慢于其他国家的联合体。割裂后其他国家和全球福利也会受损。由此形成的格局，较之全球化深入发展、国家间分工协作的格局而言，无疑是共输的“囚徒困境”。

二、构建基于均势的技术和产业安全格局

扭转目前这种局面，推动全球化重回健康发展轨道，首先需要澄清，萨缪尔森和鲍莫尔之忧是不是无条件成立。

1. 萨缪尔森和鲍莫尔之忧并非无条件成立

最近的研究（Giovanni、Levchenko and Zhang，2014）表明，在更加贴近现实的多国模型中，某个发展中国家对发达国家的追赶，会由于第三国的存在而不会导致萨缪尔森担忧的发达国家福利受损。

我们认为，即使沿用萨缪尔森和鲍莫尔的分析，只要放松其理论框架中暗

① 国际贸易中，除了发展阶段悬殊的国家之间基于比较优势差异开展的贸易外，更大比例则是发展阶段比较接近的发达国家相互之间的产业内贸易。萨缪尔森的文章没有涉及产业内贸易导致的国家间福利消长关系。鲍莫尔的研究则既有这方面的含义，也有不同发展阶段国家间的福利消长关系的含义。本文的分析主题涵盖了这两方面的含义。

含的产品种类固定的前提，引入更加符合现实的分析前提，即发达国家可以不断推动技术进步，研发新产品，不断形成新比较优势；发展中国家技术和产业追赶过程中也会拓宽全球产业和技术谱系，形成新产品种类，而不是在发达国家开创的道路上亦步亦趋，那么，发展中国家技术追赶就不会导致发达国家和发展中国家之间比较优势的全面趋同。从而发展中国家的追赶未必一定损害发达国家利益（刘培林等，2020）。

此外，正如新贸易理论强调的那样，规模报酬递增和不完全竞争等因素作用之下，即使是发达国家相互之间也难以进入对方已经占据优势地位的行业和领域，更遑论追赶国家。事实上，鲍莫尔自己也在其著作（Gomory and Baumol，2000，第二章）中指出了这一点。这意味着发达国家在国际分工中的总体优势地位，不会受到国际贸易的影响。

退一步讲，即使发展中国家的技术和产业追赶对发达国家福利有负面影响，即使国家间因为分工和贸易而存在利益冲突，一旦考虑到发展中国家技术和产业追赶会增加全球产品种类的可能性，那么，负面影响和冲突的严重性也远小于萨缪尔森和鲍莫尔所担忧的程度。这是因为，全球产品种类增加之后，各国可以在日益拓宽的产业谱系上形成各自比较优势，并分工开展生产和贸易。

2. 美国目前对我国技术封锁的博弈论解释

可见，萨缪尔森和鲍莫尔之忧并非无条件成立的。既然如此，美国何以现在对中国实施技术和产业封锁？我们认为，美国目前的做法，是着眼长远而做出的选择。① 背后的考虑可用博弈论中的逆向归纳法加以说明，即从 21 世纪中叶我国这样的巨型经济体实现现代化目标时的情景逆向归纳。

改革开放以来的快速追赶，已使我国在一些领域的技术与美国差距明显缩小，虽然目前经济总规模和人均规模都明显低于美国（石光，2020）。展望未来，类比日本、韩国等国的经验，只要我国能实现高质量发展，避免大起大

① 乐观者认为，目前对华技术限制所依据的法律，是美国运行了几十年的既有法律，而不是专门针对中国新设的法律。这些限制措施的实质，就是推动中国提高知识产权交往方面的合规性和知识产权执法水平，是试探新的交往底线的战术措施，而非系统性的战略考虑。我们不否认这种可能性，也乐见这样的情况变为现实。如此，则本文分析的问题，至少在眼下阶段就没有多大紧迫性。但倘若实际情况是美国出于战略考虑而对中国进行技术限制，那么，本文的意义就不言而喻了。

落，那么，到21世纪中叶虽然我国人均收入水平仍然没有跻身世界前列，但我国经济规模有潜力成为世界第一，且远超世界第二经济体的水平。

倘若能把上述潜力变为现实，那么届时仅仅按照和其他国家一样的比例投入研发经费，我国可动员的研发总投入就远超世界第二经济体，就可以在比其他国家宽得多的领域内开展研发活动。

此外，倘若能把上述潜力变为现实，我国将享有不成比例地高的资源配置能力优势，比如，在我国经济总规模占世界的30%后，全球500强榜单中落户我国的企业数量将远远超过30%；研发人才总量占全球的比例也将超过30%，从而在全球资源配置体系中的影响力要远超30%。①

这些因素综合起来，如果21世纪中叶我国能释放自身发展潜力、实现现代化，则届时我国将能在较宽的技术和产业谱系上与美国展开竞争。再假以时日，我国将有可能在非常宽的技术和产业谱系上冠居全球、领先美国。倘若我国届时也出于萨缪尔森和鲍莫尔之忧而对美国等实施技术封锁，则这些国家将陷入被动。②

出于对未来这种被动局面的担心，美国眼下是选择和我国分工合作，还是选择对我国进行技术封锁，取决于其从现在到未来的收益的贴现总值。考虑到一旦我国这样的巨型经济体跃居全球第一之后，包括美国在内的其他国家很难超越，如果眼下不能获得我国做出的保障其未来技术安全的可信承诺，他们将在很长时期内甚至永久性地处于劣势。所以，即使包括美国在内的发达国家贴现率很高③，也难以扭转收益贴现总值很小甚至为负的可能性。也就是说，如果美国眼下不能获得我国做出的保障其未来技术安全的可信承诺，那么，其未来的被动局面带来的长期损失的贴现值，将超过眼下不阻挠我国技术和产业升级而能获得的和我国分工合作的短期收益。于是，美国眼下最优博弈策略就是对我国实施技术封锁，甚至联合其他国家一起实施封锁，遏制我国技术和产业追赶，阻止我国经济规模成为世界第一，进而不必担忧未来技术受封锁的可能。④

① 当然，全球诸多公共品供给中有一些需要我国承担大于30%的份额。优势和责任是对等的。

② 虽然届时我国秉持人类命运共同体的理念不会这样做。

③ 贴现率高，意味着眼下的利益重于未来的利益。

④ 当然，有学者（如Brooks，2019）指出，美国目前的技术水平特别是军事技术水平远高于中国，没必要对中国的发展做出过度反应。

针对目前的中美关系，基辛格最近指出，美国不应该致力于谋求其（技术）统治地位，而是应该“思考如何在经济世界中令他国无法恐吓讹诈我们，但这一目标不应该通过对垒和减低其他国家潜在的科技能力这一路径来达成”。基辛格进一步指出：“上一次人类历史上经历过的（与目前）相似的科技进步是几百年之前，在启蒙运动期间，印刷术的发明和由此带来的知识普及”。当时和现在最根本的分别在于，当时伴随着技术进步，哲学思想也正愈加繁荣，而后者也催生了社会如何处理科技进步带来的变化的概念性框架。“而在当今的时代中，技术性的思维模式正遥遥领先于概念性的思维框架。”①

那么，目前局面下，应该提出什么样的概念性框架，以适应技术的快速变化和国家间的技术竞争？

3. 基于能力均势的技术和产业安全格局

基于上述分析不难理解，化解目前美国对我国实施技术和产业封锁的办法，是找到能使美国相信我国即使经济规模成为世界第一、技术和产业跻身全球前列，也无法对美国进行技术和产业封锁；或者使美国相信我国若对它进行封锁，它能够对我国进行大体对等的有效反制。

我们认为，国别间相信对方不会对自己进行技术封锁，且一旦对方封锁，自己也能够实施对等反制，这样一种格局就构成了国别间基于能力均势的技术和产业安全格局。这是一种集体安全机制。在这样的技术和产业安全格局下，各主要经济体将各自保持一些技术和产业谱系上的比较优势，相互之间则形成一种均势。直观地说，360 行的状元并不是被一国垄断，而是依经济规模大小，大体成比例地分布于若干相对发达的主要经济体。②

在上述基于能力的技术和产业均势格局下，各主要国家就可以期待顺畅地和其他国家开展技术与贸易投资往来，博弈各方都没有激励频繁挑起摩擦。这种均势和国际政治关系中的均势类似，虽然“均势本身并不能确保和平，但均势若是深思熟虑的结果并运用得当，可以限制根本性挑战的规模和频率，并

---

① Matthews（2020）.

② 创新产出取决于研发经费和研发人员投入。如果各国研发经费占 GDP 比重相等，人群中富有创新才能的人的比例相等，那么，创新产出和各国经济规模大体上是成比例的。当然，这种比例关系是非线性的。本文前面曾经指出，规模越大的经济体，尤其是全球排位前几名的经济体，其积聚的创新投入会不成比例地高，进而带来的创新产出也会不成比例地高。

在出现根本性挑战时加以抑制”（基辛格，2015）。

现实当中已经有基于这种均势原理运行的技术安排，即标准必要专利体系（Standard Essential Patent）。这个体系中的专利分属于不同国家的众多公司。少了任何一家的专利，整个体系都无法运转。理论上讲，其中任何一家公司都可以对自己的专利索要极高的许可费，否则就不授权，进而导致整个体系瘫痪。为避免出现这种局面，国际标准化组织（Standard Setting Organization）采用“公平、合理、非歧视规则”（FRAND，Fair，Reasonable and Non-Discriminatory），对索要极高许可费等做法予以限制。这一安排实际上就是一种技术均势。之所以能够形成这样一种均势，也是因为体系中的专利分属于不同的公司。

不难理解，如果美国确信未来能够形成这样的均势格局，能免于技术受封锁的担忧，其眼下的博弈战略就不是对我国进行技术封锁，而是与我国开展经贸、技术和产业往来，以获得较之对我国进行封锁更大的分工和贸易收益。

更进一步，不难理解，这样的一种安排，并非只是缓和中美经贸关系的权宜之计，还具有更重要的意义，可以成为基辛格倡导的适应当代快速技术变化和国际间技术竞争的概念性框架，从而成为全球化长期深入发展的前提。

4. 以可信承诺推动形成均势格局

目前的全球化能否继续深入发展，很大程度上取决于中美能否做出妥善的安排。有学者认为今天中美之间的竞争和 19 世纪后半叶到 20 世纪初德国和英国之间的竞争极其类似（Brunnermeier、Doshi and James，2018）。

历史教训表明，如果形不成这样一种基于能力的技术和产业均势格局，不仅全球化长期深入发展没有基本前提，甚至可能在国家间引发激烈的冲突甚至战争。一个世纪前，当上一轮全球化蓬勃发展、许多人士认为世界一片祥和的时候，第一次世界大战爆发了，全球化进程中断。① 一战后签订的《凡尔赛和约》，被广泛认为埋下了第二次世界大战的导火线。二战结束特别是冷战结束

① 1913 年时任斯坦福大学校长戴维·斯塔尔·乔丹撰文《不可能的战争》（The Impossible War），认为永远不会有什么大战。甚至在奥匈帝国王储斐迪南遇刺之后，著名的外交分析师范·坎利夫·欧文还撰文《弗朗茨·斐迪南的死为欧洲带来了和平》。转引自维特等著、万岩等译的《未来的暴力与国家治理——面对机器人、病毒、骇客与无人机的新威胁》（中信出版社，2019 年 6 月版）序言 12 页。基辛格最近也指出了这一点（Matthews，2020）。

之后，全球化才迎来新一轮高潮。

在目前的形势下，如何形成这样一种基于能力的技术和产业均势格局，取决于各方尤其是中美之间的互动。在这种互动当中，中国作为后发追赶经济体，也可以采取主动，围绕形成这样的均势格局，提出相关的全球性动议。特别是，中国可以做出可信承诺，让其他主要国家尤其是美国相信，中国将寻求形成这样一种均势。

如何做出这样的可信承诺，或者说怎样的安排才具有高可信承诺？一个基本的思想是，只有放弃自身的一些可选项后，承诺才是可信的（Schelling，1956，1966）。比如，我国在研发成功核武器之后，对国际社会的公开表态，“中国始终奉行在任何时候和任何情况下都不首先使用核武器、无条件不对无核武器国家和无核武器区使用或威胁使用核武器的核政策”（国务院新闻办，2019）。在国防领域的这个承诺是可信的，因为美俄等有更多的核武器，如果确证我国首先对它们使用核武器，它们可以实施规模更大的二次报复。

那么，在技术和产业领域，借鉴上述机制，做出“不论中国技术和产业发展到多高水平，都会秉承人类命运共同体理念，不对任何国家进行技术和产业封锁”的承诺，是否可信？我们认为，仅仅做出口头承诺，是不可信的。因为一旦中国真的在极其广泛的技术和产业谱系甚至全谱系占据全球前沿，那么，倘若中国对其他国家实施封锁，它们将没有对等反制能力。

考虑到上述因素，第一种简便的可信承诺机制是，完全放手让市场支配技术研发和产业升级，而不实施任何政府产业政策干预。这种机制下，虽然由于中国经济规模有潜力成为全球第一，因而有可能积聚更高比例的高端要素，但中国所能占据前沿的技术和产业谱系的宽度，大体上和自身的研发投入成比例。① 同理，其他国家也彻底放弃政府干预，放手让市场力量支配技术研发和产业升级。这种机制下，各主要国家在宽度与自身研发投入大体成比例的技术和产业谱系上占据前沿，相互之间形成均势。

不过，现实当中各国都有某种形式的政府干预或产业政策。这种状况下，就需要设计第二种可信承诺机制。我们认为，我国这样的后发追赶大国，眼下就应以这样的承诺阐明我国的技术和产业安全观：我国不会凭借政府的战略安排和新型举国体制模仿发达国家的全部技术和产业谱系，并占据领先地位；而

① 具体在哪些技术和产业领域会占据全球前沿，则具有不确定性。

只追求在有限的技术和产业谱系内进行追赶并力图占据领先地位。同理，其他国家也承诺不谋求在所有技术和产业谱系特别是自身的弱项上实施产业政策。这种机制下，通过相互谈判，并辅以某种形式的相互核查，各主要国家之间也能形成技术和产业均势。本文第三部分将围绕有关谈判的问题进一步展开分析。

这样的技术和产业均势格局，于我国这样的发展中国家而言，并不意味着放弃技术追赶和产业升级；于发达国家而言，意味着不会和发展中国家在比较优势上全方位趋同，进而意味着自身利益不会受到颠覆性损害。这样的均势，于发达国家和发展中国家而言，既意味着可以从技术和产业上卡对方脖子的能力，从而也意味着互相不会从技术上卡对方脖子的“可信承诺”，意味着发达国家眼下和未来都可以顺畅地和发展中国家开展技术和贸易投资往来，而不用担心自身福利受损，各国都没有激励频繁挑起技术和贸易摩擦。

于我国而言，如果能够在眼下就形成这样的技术和产业安全格局，那么眼下已经遭遇的技术封锁力度不会进一步加大，并有可能在未来逐步缓解，产业断链的风险才能逐步消除。

围绕第二种承诺机制，有几个问题需要说明。

首先，我国做出这样的承诺，并不意味着我国在不追求占据前沿的领域内彻底放弃研发活动，只是说我国在这些领域仅储备和积累低于前沿技术的能力。

其次，之所以要做出这样的承诺，还有一个显而易见的重要原因，即单个国家，无论是今天最发达的国家，还是未来最发达的国家，事实上都不可能在全部技术和产业谱系上保持领先地位，做不到360行，行行皆状元。既然未来做不到，那就不如眼下做出有限目标的承诺，形成有利于博弈各方的格局。

再次，秉持上述技术安全观，做出不谋求在全技术和产业谱系上追求前沿的承诺和安排，我国会不会“自废武功”，能不能确保技术和产业安全，能不能使我国真正赢得其他国家在技术和产业上的合作？这还取决于我国在自己所要发展的120行内能否真正成为状元，能否在别国从其他领域卡我国脖子时，对等地甚至更大力度地实施报复。① 只要我国在自己所要发展的120行内能通

① 目前美国之所以敢于在多个技术和产业领域发起针对我国的封锁，重要原因之一就在于我国目前尚没有对等反制的能力。

过技术能力累积效应形成正反馈，牢固地保持自身优势，那就能够确保技术和产业安全。

两种承诺机制之下形成的均势，都能推动各国跳出前文所说的囚徒困境，全球化深入发展将具备基本前提。与第一种承诺机制相比，上面的第二种承诺机制也许更贴近现实。而该承诺机制要付诸实施，需要提议设置如下的国际经贸治理议程。

三、设置“四零”和“对等”议程，引导国际经济规则重塑

落实上述基于均势的技术和产业安全格局，一方面要求我国提议相关的全球治理议程，做出不在全技术和产业谱系上追求全球领先的可信承诺，另一方面也要求发达国家在这样的议题下采取切实行动。为此，还需要设置“零关税、零壁垒、零补贴、零出口限制”和“对等”议程，引导国际经济规则重塑。下面结合最近一段时间国际经济治理领域的新形势，特别是中美经贸关系的形势，具体加以分析。

1. 零关税、零非关税壁垒、零补贴提议对我国的挑战

美国自特朗普当选总统以来，挑起了一系列国际经贸摩擦。特朗普曾提出国别间经贸关系要“对等”（reciprocal），并于2018年6月G7峰会上提出零关税、零非关税壁垒、零补贴的“三零”。从字面上看，与“三高”（高关税、高非关税壁垒、高补贴）甚至“三中”和“三低”比起来，与目前实际发挥作用的国际经贸交往规则相比，“三零”是更加开放、更加自由、更高水平的国际经贸交往规则。

有人认为，“三零”和“对等”从来就是美国开全球化倒车的借口，因为这根本不可能实现，注定只能是一个口号。这种看法有事实根据。美国不断挑起贸易摩擦，退出了原来签署的一些区域性贸易投资协定，甚至威胁退出WTO。

但也要看到，美国在主要针对我国挑起贸易摩擦的同时，也的确秉持“三零”精神，和欧洲、日本进行了多次三边谈判，达成了一些初步共识，并有意识地在初步达成的意向中限制参与谈判各方与“非市场经济国家”开展经贸往来（United States Department of Commerce，2018，2019）。这似乎又表明美国提出“三零”是认真的，最终目的是推动形成更加对等、开放、自由、

高水平的国际经贸往来规则。回顾奥巴马政府推动形成的 TPP（跨太平洋伙伴关系协定）和 TTIP（跨大西洋贸易与投资伙伴协定），可以预判，即使美国政府更迭，民主党重新执政，也将朝着“三零”方向推动形成更加自由、更高水平的国际经贸规则。

我国在和美国艰难谈判的同时，采取了与美国截然不同的做法，积极主动扩大开放领域，提高开放程度和层次，扩大深度开放的地域，在人类历史上首次举办进口博览会，以实际行动向国际社会表明我国坚定扩大开放，引领和推动全球化向更高水平迈进的主张。尽管如此，目前为止的中美谈判中，我国并未赢得充分的主动。

放眼未来，如我国长期对“三零”不接招，有可能面临多方面挑战。首先，“三零”代表着比现行规则更开放、更自由、更高水平的国际经贸交往规则。可以预期，如果美国将来对 WTO 改革提出什么系统性主张的话，很可能以“三零”为蓝本。应该说，“三零”很大程度上与我国一直倡导的推动全球化深入发展的主张并不矛盾。无论在中美双边往来还是在涉美的多边经贸规则如 WTO 改革中，我国对“三零”置之不理虽无不可，但姿态上比较被动，道义上处于下风。

其次，“三零”虽不可能按照其字面含义百分之百落实，但美国确实秉持其精神和欧、日进行了多次谈判，达成了初步共识，并有意识限制各方与“非市场经济国家”开展经贸往来，旨在排斥我国。如这些共识成为主流，我国外部经济环境将明显恶化。

再次，新冠疫情暴发前美国就有人推动与我国脱钩，疫情暴发以来该态势更明显。脱钩不符合我国利益。但我国如对“三零”长期不接招，则美国可能以下列理由推动脱钩：虽然美国愿以“三零”原则开展经贸往来，但中国不接受，可见中国不愿意推动全球化深入，所以美国只能以“三中”甚至“三高”作为权宜之计，直到中国接受“三零”。如果中美真的在一定程度上脱钩，全球经贸往来分化为以中美为核心的两个体系，则我国不仅在经济利益上不会受益，美国也很有可能以我国拒绝“三零”为由，诿过于我国，我国在道义上更加被动。

可见，我国长期对“三零”高挂免战牌，并不符合自身利益。那么，我国接招“三零”的困难在哪里呢？从关税看，根据《关于中美经贸摩擦的事实与中方立场》（国务院新闻办公室，2018）引用的世贸组织数据，2015 年中国贸易加权平均关税税率已降至4.4%，已接近美国（2.4%）和欧盟（3%）的水平。从非关税壁垒看，各国都有从自身情况出发设置的壁垒，包括美国在内的发达国家的壁垒也并不少。削减关税和非关税壁垒，也与我国建设更高水平开放型经济新体制的要求相吻合。我国接招“三零”中的“零关税”“零非关税壁垒”虽有一定难度，但难度并不太大。

接招“三零”难度最大的是“零补贴”。美国固然也有大量针对企业的五花八门的补贴（国务院新闻办公室，2018），但一般认为与欧美国家相比，我国对企业的补贴力度更大。我国的补贴有弥补国有企业亏损方面的考虑，另一方面也是为了促进研发、创新和产业升级。

我国出于促进技术研发目的而补贴企业，美国则在一定程度上以我国补贴为借口对我国实施高技术出口限制。① 我国不接招“三零”和美国实施高技术出口限制互为因果，形成一个“死扣”，导致美国对我国高技术出口限制日益加剧。美国历来对我国有高技术出口限制。贸易摩擦爆发以来，美国变本加厉，许多部长级官员公开针对华为5G技术、我国军民融合战略等，提出对抗的“阳谋”。可以预期，如果不能找到富有智慧的解决办法，不能转圜中美关系，美国将针对我国实施更多、更严的高技术出口限制，我国产业断链风险会更大。

从我国角度看，美国高技术出口限制固然阻挡不了甚至在一定程度上会倒逼我国本土创新，但毕竟会影响我国技术进步速度和产业链、供应链的安全，不符合我国核心利益。为此，我国也就不得不增加对企业的补贴。从美国角度看，高技术出口限制不利于缩小其对我国的贸易逆差。这样一来，上述“死扣”导致的结果，将成为美国升级贸易摩擦的借口，美国会把其贸易赤字归咎于我国没有实现“三零”，而不从其自身的高技术出口限制上寻找原因，导致我国更加被动。

2. 设置“四零”和“对等”的经贸议程，推动形成均势格局

综合考虑所有上述因素，为避免中美经济脱钩和全球经济体系分割为两个体系，更主要的是，为了推动形成基于均势的技术和产业安全格局，我国应在做出不追求全技术和产业谱系领先的承诺并主动扩大开放的同时，拓宽思路，

---

① 当然，美国还以国家安全为由限制高技术出口。

审时度势，择机设置国际经贸议程，以赢得主动。

具体而言，一种方案是接招“三零”，并把高技术出口限制也作为一种贸易壁垒，纳入“三零”中的“零非贸易壁垒”议题下，展开谈判。

另一种更加主动、特色更鲜明的方案是设置“零关税、零壁垒、零补贴、零出口限制”的“四零”和“对等”的国际经贸议程。这有几方面考虑。

第一，该议程代表的是真正高水平的全球化，是比目前国际上各种提议更加开放、自由、更高水平的关于全球经贸往来规则的系统主张，是一个可以避免全球分裂为中美分别为核心的两个体系，推动形成基于均势的技术和产业格局，引领全球化深入发展的占据道德制高点的谈判起点。

第二，围绕取消补贴（或者补贴纪律）和取消高技术出口限制开展的谈判，实际上就是各主要国家在技术和产业谱系上划分大致界限、形成均势的一个机制。

第三，我国提议该议程可借力打力，可在包括中美经贸谈判的国际谈判中以攻为守，化被动为主动，更好地维护自身核心利益，更好地推动全球化深入发展。设置“四零”议程，我国虽然接了“三零”的招，但“零出口限制”也对美国进行了强力反制，美国如拒绝“零出口限制”，就会失去道德上的合理性，推动和我国经济脱钩也就失去了口实。美国如果愿意在该议题下和我国开展谈判，将有利于全球技术和产业体系顺畅运转，也有利于我国获得长期发展所需的技术，更好地保障产业链和供应链安全，我国对企业进行补贴的必要性相应降低，也将推动美国缩小贸易逆差，因而符合中美双方利益。

第四，设置该议程未必会损害我国的核心利益。这是因为，全球实际经贸运行规则从来都是谈出来的，而最终谈出来的格局，与谈判起点是“四零”还是“四高”（高关税、高非关税壁垒、高补贴、高出口限制）抑或是“四中”，关系并不是非常直接、非常紧密。以“四零”为起点的谈判，一定是在关税、非关税、补贴和出口限制方面“掺沙子”，往“非四零”方向做一定幅度“后退”。以“四高”或“四中”为起点的谈判，则一定是在关税、非关税、补贴和出口限制方面加以削减，往“四零”方向做一定幅度“前进”。我国可以把承诺不追求占据前沿的技术和产业领域，与要求美国取消这些领域技术出口限制相挂钩。

第五，以该议程引领全球经贸规则重塑，并不带有地缘政治方面的诉求，较之我国提出的其他内容和形式的发展倡议，更容易获得其他国家特别是北美和欧洲国家的理解。

第六，我国可主张在该议程下赋予其他发展中国家特别是低收入国家一定的“非四零”待遇，以赢得它们的支持。

四、结束语：统筹全局的政治经济学

技术和产业能力均势格局，和“四零”“对等”的议题之间有内在关联。不难理解，如果我国推动形成基于均势的技术安全观，则出于技术升级考虑而补贴企业的动机就会弱一些，从而就更容易接招“零补贴”，进而可以更主动地设置“四零”议程。但现实当中，这些并不容易做到。比如，按照只做120行状元的思路，我国该把哪些技术领域列为120行之外呢？所有部门都想为国争光，都认为国际上的技术封锁正是自身行业大发展的契机，只要国家给足够补贴、给全方位政策支持，一定可以自主实现技术突破，打破国际上的技术封锁。各行各业都希望借助国家补贴实现突破，动机是好的，但国家资源有限，而且全面技术赶超的姿态和战略安排也不利于赢得国际上的信任。为此，通过深化改革和政策上的统筹协调，平衡好这些关系，节制住全方位技术和产业赶超的冲动，把有限资源用到我国真正具有优势的地方，才能形成符合我国核心利益、有利于全球化深入发展的环境。

参考文献

国务院新闻办公室，《关于中美经贸摩擦的事实与中方立场》白皮书，2018 年 9 月 4 日。

国务院新闻办公室，《新时代的中国国防》白皮书，2019 年 7 月 24 日。

亨利·基辛格，《世界秩序》序言，XVIII 页，中信出版社，2015。

刘培林，刘孟德，“发展的机制：以比较优势战略释放后发优势——与樊纲教授商榷”，《管理世界》，2020 年第 5 期。

石光，“创新：专利互持视角下中美科技关联度的趋势和特点”，《中国经济增长十年展望（2020—2029）：战疫增长模式》第 11 章，中信出版社，2020。

Brooks, Stephen G., 2019, “Power Transitions, Then and Now: Five New Structural Barriers That Will Constrain China's Rise,” *China International Strategy Review*, Vol. 1 (1), (Summer 2019).

Brunnermeier, Markus, Rush Doshi, Harold James, 2018, “Beijing's Bismarckian Ghosts: How Great Powers Compete Economically”, *The Washington Quarterly*, Fall 2018, pp. 161 - 176.

Giovanni, Juliandi, Andrei A. Levchenko, Jing Zhang, 2014, “The Global Welfare Impact of China: Trade Integration and Technological Change", *American Economic Journal: Macroeconomics*, Vol. 6 (3), pp. 153 – 183.

Gomory, Ralph E. and William J. Baumol, 2000, *Global Trade and Conflicting National Interests*, Cambridge, Mass.: MIT Press.

Ju, Jiandong, Xuebing Yang, 2009, "Hicks Theorem: Effects of Technological Improvement in the Ricardian Model", *International Review of Economics & Finance*, Vol. 18 (2), pp. 239 – 247.

Lighthizer, Robert E., 2020, "How to Make Trade Work for Workers", *Foreign Affairs*, July/August 2020.

Matthews, Chris, 2020, "Kissinger Says U. S., China Must Cease Escalating Threats, or We Will Slide into a Situation Similar to World War I", https://www.morningstar.com/news/marketwatch/20201007554/kissinger-says-us-china-must-cease-escalating-threats-or-we-will-slide-into-a-situation-similar-to-world-war – i.

Samuelson, Paul, 2004, "Where Ricardo and Mill Rebut and Confirm Arguments of Mainstream Economists Supporting Globalization", *Journal of Economic Perspectives*, Vol. 18 (3), pp. 135 – 146.

Schelling, Thomas, 1956, "An Essay on Bargaining", *American Economic Review*, Vol. 46 (3), pp. 281 – 306.

Schelling, Thomas, 1966, "The Art of Commitment", *Arms and Influence*, Chapter 2, Yale University Press.

United States Department of Commerce, 2018, Joint Statement on Trilateral Meeting of the Trade Ministers of the United States, Japan, and the European Union, https://ustr.gov/about-us/policy-offices/press-office/press-releases/2018/may/joint-statement-trilateral-meeting.

United States Department of Commerce, 2019, Joint Statement of the Trilateral Meeting of the Trade Ministers of the United States, European Union, and Japan, https://ustr.gov/about-us/policy-offices/press-office/press-releases/2019/may/joint-statement-trilateral-meeting.

中国国内生产总值生产核算研究

许宪春

一、引言

改革开放以来，中国经济获得了长期快速增长。1979—2011 年，中国年均经济增速达到 9.9%。即使近些年经济增速不断回落，1979—2019 年，中国年均经济增速仍达到 9.4%。根据世界银行数据，1978 年中国 GDP（国内生产总值）只有 1495 亿美元，仅占世界 GDP 的 1.74%；2019 年已经达到 143429 亿美元，占世界 GDP 的比重达到 16.35%。2010 年中国 GDP 超过日本，成为第二大经济体，2019 年中国 GDP 已经是日本的 2.82 倍。近些年，中国经济增长对世界经济增长的贡献率达到 30% 左右。① 中国经济运行的好坏对世界经济运行产生一定的影响。因此，中国 GDP 总量和增速以及中国 GDP 统计问题得到学者们的高度关注。例如，麦罗特拉等人（Mehrotra et al.，2011）使用因子分析法，将中国官方公布的 GDP 数据与其他指标进行对比，并构建了中国 GDP 的拟合值。伍晓鹰（Wu，2014）长期研究中国官方 GDP 数据，并构造出一套与官方不同的 GDP 增速。霍尔兹（Holz，2014）发表了一系列文章，对中国 GDP 统计进行评论。中村惠美等人（Nakamura et al.，2016）通过恩格尔

* 许宪春，清华大学经济管理学院教授，清华大学中国经济社会数据研究中心主任。

① 根据世界银行数据库数据计算，2010—2019 年，中国经济增长对世界经济增长的贡献率分别为 21.5%、28.0%、30.5%、30.0%、28.2%、27.6%、31.0%、26.0%、28.1% 和 32.4%。

系数论证，中国官方统计数据，特别是经济增速和通货膨胀数据，可能是一个比现实更为平滑的版本。克拉克等人（Clark et al.，2017）利用卫星拍摄的灯光数据分析了中国官方的经济增长数据，并估计和阐释了克强指数。① 中国学者徐康宁等人（2015）、范子英等人（2016）也利用卫星拍摄的灯光数据分析了中国官方的经济增长数据。

为了便于学者准确了解中国国民经济核算的核心指标和描述中国经济发展变化情况的重要指标，本文比较详细地介绍了中国 GDP 核算。中国 GDP 核算包括生产核算和使用核算，以生产核算为主；由于资料来源和核算方法有所不同，中国 GDP 核算又分为经济普查年度核算和常规年度核算，常规年度核算更具有普遍性；从核算频率上看，中国 GDP 核算包括年度核算和季度核算，年度核算更具有基础性，所以本文介绍常规年度中国 GDP 生产核算。国家统计局国民经济核算司（1997，2007，2008）、许宪春（2000，2002，2014）和许宪春等人（2000）曾经对中国 GDP 核算的基本分类、资料来源和核算方法进行过详细介绍。但是，近些年来，随着经济的迅速发展和社会的不断进步，中国经济出现了一系列新情况，经济分析和管理产生了许多新需求，国民经济核算产生了新的国际标准②，中国统计调查制度改革取得了新的重要进展，因此中国 GDP 核算的基本分类、资料来源和核算方法也发生了一系列新的变化。过去关于中国 GDP 核算的基本分类、资料来源和核算方法的介绍与目前的实际情况有了较大出入。本文阐述中国目前 GDP 生产核算采用的基本分类、资料来源和核算方法，同时简要回顾中国 GDP 生产核算的建立和发展，概括促进中国 GDP 生产核算发展的几项重大统计改革。

二、中国国内生产总值生产核算的建立和发展

新中国成立以来，中国国民经济核算的核心指标发生过几次变化。1952 年，刚刚成立的国家统计局在全国范围内开展了工农业总产值调查，建立了工农业

① 克强指数（Li keqiang index），是英国著名政经杂志《经济学人》创造的用于评估中国 GDP 增长量的指标，以中国国务院总理李克强的名字命名。该指数包含三个经济指标：用电量、铁路货运量和新增银行贷款。

② 2009 年，联合国统计委员会年会通过了由联合国、欧盟委员会、经济合作与发展组织、国际货币基金组织和世界银行五个国际组织共同组织制定的《国民账户体系（2008）》（简称 2008 年 SNA），标志着国民经济核算新的国际标准的诞生。

总产值核算制度。工农业总产值成为处于起步阶段的中国国民经济核算的核心指标。后来，从工农业总产值核算扩大到农业、工业、建筑业、运输邮电业和商业饮食业五大物质生产部门总产值核算，即社会总产值核算。与工农业总产值相比，社会总产值拓宽了生产范围，反映了整个物质生产部门生产活动的总成果，因此，取代工农业总产值成为当时中国国民经济核算的核心指标。从1955年开始，国家统计局在学习苏联经验的基础上建立了物质产品平衡表体系（简称MPS）的国民收入核算制度。国民收入是上述五大物质生产部门净产值之和，扣除了物质消耗，避免了重复计算，更好地反映了物质生产部门的生产活动成果，因此，国民收入成为当时中国国民经济核算的核心指标。

改革开放以后，非物质服务业，包括金融、房地产、教育、科学研究、居民服务等行业获得迅速发展，并在国民经济发展中发挥了越来越重要的作用。经济管理部门需要掌握这方面的情况，以便制定科学的服务业发展政策，促进三次产业协调健康发展。但是，MPS的国民收入不能反映非物质服务业的发展。为了满足经济管理的需要，经国务院批准，国家统计局于1985年开始从生产角度核算联合国国民账户体系（简称SNA）中的国内生产总值。

在开展GDP生产核算的初期，MPS的国民收入仍然是中国国民经济核算的核心指标，GDP只是一个附属指标，用于补充国民收入不能反映非物质服务发展的不足。GDP也不是独立计算出来的，而是对国民收入进行调整和补充计算出来的。随着非物质服务的迅速发展，宏观管理对GDP的需求不断增强，国家统计局不断完善GDP生产核算方法，使之逐步成熟。GDP由中国国民经济核算的附属指标逐步转变为核心指标。从1993年开始，国家统计局不再核算MPS的国民收入，GDP在中国国民经济核算中的核心指标地位得以正式确立。

1992年，在总结年度GDP生产核算经验的基础上建立了季度GDP生产核算。2015年，为了更加灵敏地反映经济运行的短期波动，更好地满足宏观经济分析和决策的需求，也为了响应国际货币基金组织数据发布特殊标准（SDDS）的要求，实施了季度GDP核算改革，将季度GDP累计核算方式改革为分季核算方式。

三、促进中国国内生产总值生产核算发展的重大统计改革

21世纪以来，中国国家统计局推出了一系列重大统计改革，这些改革对

中国 GDP 生产核算的发展，包括 GDP 的核算范围、基本分类、资料来源和核算方法的改进和完善，起到了重要的推动作用。这些重大统计改革主要包括：经济普查制度的建立，企业一套表联网直报统计调查制度和服务业统计调查制度改革。

1. 经济普查制度的建立

2003 年，国务院决定建立全国经济普查制度，每 10 年进行两次，分别在逢 3、逢 8 的年度实施。普查范围包括第二和第三产业的全部法人单位、产业活动单位和个体经营户。到目前为止，中国共开展了四次全国经济普查，普查年度分别为 2004 年、2008 年、2013 年和 2018 年。经济普查制度的建立，对中国 GDP 核算的发展起到了非常重要的推动作用。一是由于经济普查动员了大量的人力物力，通过普查建立了比较完整的基本单位名录库，提供了更加翔实的基础资料，从而提高了 GDP 的数据质量；二是国家统计局往往借助经济普查的机会，实施新的分类标准，推出新的核算方法改革，从而改进了 GDP 核算的基本分类和核算方法，完善了 GDP 核算制度；三是为了保持可比性，每次普查之后都对 GDP 历史数据进行修订，从而提高了 GDP 历史数据的质量和可比性。

2. 企业一套表联网直报统计调查制度改革

2012 年以来，国家统计局实施了企业一套表联网直报统计调查制度改革。目前，纳入联网直报统计调查范围的企业有 90 多万家，其中：规模以上工业企业① 38 万多家；有资质的建筑业企业② 9 万多家；限额以上批发和零售业企业③ 17 万多家；限额以上住宿和餐饮业企业④ 5 万多家；房地产开发经营业企业⑤ 9

---

① 规模以上工业企业：年主营业务收入 2000 万元及以上的工业企业（国家统计局，2017b，第 8 页）。

② 有资质的建筑业企业包括有总承包、专业承包和劳务分包资质的建筑业企业（住房和城乡建设部，2014）。

③ 限额以上批发和零售业企业：年主营业务收入 2000 万元及以上批发业企业、年主营业务收入 500 万元及以上的零售业企业（国家统计局，2017b，第 8 页）。

④ 限额以上住宿和餐饮业企业：年主营业务收入 200 万元及以上的住宿和餐饮业企业（国家统计局，2017b，第 8 页）。

⑤ 房地产开发经营业企业：全部房地产开发经营业企业。

万多家；规模以上服务业企业[①]13 万多家。

企业一套表联网直报统计调查制度的改革内容主要包括以下五个方面：一是企业调查表由各专业统计部门分头设计改为统一设计。改革前，不同专业统计领域的企业调查表是由不同专业统计部门分头设计的，尽管经过统计设计管理部门的统一协调，但不同专业统计领域的企业调查表在指标设置、定义、口径范围和分类等方面仍然存在不一致性。企业一套表联网直报统计调查制度改革将企业调查表由各专业统计部门分头设计改为统一设计，除了反映专业特点的指标外，各专业统计领域的企业调查表在指标设置、定义、口径范围和分类等方面基本上实现一致。二是企业调查表由各专业统计部门分头层层布置，改为统一向企业直接布置。改革前，企业调查表由政府统计系统各专业统计部门分头层层布置，然后由基层政府统计部门按专业分头布置给企业。改革后，国家统计局通过互联网平台将企业调查表直接布置给企业，不需要专业统计部门分头层层布置。三是数据采集方式由纸介质调查表采集改为电子调查表采集。改革前，政府统计部门发送给企业的是纸介质调查表，企业填报纸介质调查表并报送给基层政府统计部门，基层政府统计部门将其录入形成电子调查表。改革后，国家统计局通过互联网平台发送给企业电子调查表，企业直接填报电子调查表，不需要基层政府统计部门录入。这项改革大大减轻了基层政府统计部门，尤其是经济发达地区基层政府统计部门的工作负担，因为经济发达地区规模以上企业数量多，改革前数据录入工作量非常大。四是数据报送方式由层层上报改为直接报送。改革前，企业调查表经过基层政府统计部门录入形成电子报表后逐级报送到国家统计局；改革后，企业通过互联网平台将电子报表直接报送到国家统计局，不需要地方政府统计部门层层报送，减少了各中间报送环节。这项改革遏制了中间环节对基层统计数据的干扰。五是数据审核由离线审核改为在线审核。改革前，基层政府统计部门对企业填报的纸介质调查表进行审核，然后录入形成电子调查表，并对录入的电子调查表进行审核。各级政府

---

① 规模以上服务业企业：年主营业务收入 1000 万元及以上，或年末从业人员 50 人及以上服务业企业，包括交通运输、仓储和邮政业，信息传输、软件和信息技术服务业，租赁和商务服务业，科学研究和技术服务业，水利、环境和公共设施管理业，教育，卫生和社会工作，以及物业管理、房地产中介服务、自有房地产经营活动和其他房地产业等行业；年营业收入 500 万元及以上，或年末从业人员 50 人及以上服务业企业，包括居民服务、修理和其他服务业，文化、体育和娱乐业（国家统计局，2017b，第 8 页、第 1054 页）。

统计部门对下一级统计部门报送的电子报表进行审核。所有这些审核都不是在线审核，审核后对数据的修改留不下痕迹。改革后，各级政府统计部门根据所赋予的权限，实施在线审核。企业一套表联网直报统计调查制度明确规定，各级政府统计部门在审核报表发现问题时，不能直接修改，要逐级追溯到企业，由企业对调查表进行修改。所有的修改都留下修改痕迹。这项措施对于遏制中间环节对统计数据的干扰也起到了重要的作用。

企业一套表联网直报统计调查制度改革，一是实现了企业调查表的一体化设计，除了反映专业特点的指标外，各专业统计中的企业调查表的指标设置、定义、口径范围和分类等基本上实现一致，这一点对于协调和规范各行业的增加值核算方法起到了重要作用。二是通过互联网技术大大减轻了基层政府统计部门的工作负担，提高了工作效率。三是遏制了中间环节的干扰，降低了差错率，明显提升了基层统计数据的质量。这一点对于提高 GDP 核算数据质量起到了重要作用。

3. 服务业统计调查制度改革

服务业统计调查制度改革包括以下四个方面内容：一是建立以服务业为重点的经济普查制度；二是开展包括限额以上批发和零售业企业、限额以上住宿和餐饮业企业、房地产业开发经营企业和规模以上服务业企业四类服务业企业在内的企业一套表联网直报统计调查制度改革；三是建立服务业小微企业抽样调查制度；四是建立部门服务业财务状况统计报表制度。经济普查制度的建立和企业一套表联网直报统计调查制度改革前文已经阐述，下面介绍后两个方面内容。

（1）建立服务业小微企业抽样调查制度

与服务业企业一套表联网直报统计调查制度相衔接，国家统计局对以往的服务业企业抽样调查制度进行了改革，建立了服务业小微企业抽样调查制度。这些企业涉及国民经济行业分类中的 11 个门类和房地产业门类中的物业管理业和房地产中介服务业两个中类。①

（2）建立部门服务业财务状况统计报表制度

在实施企业一套表联网直报统计调查制度改革、建立服务业小微企业抽样调查制度的同时，国家统计局与有关服务业管理部门联合建立了部门服务业企

① 中国国民经济行业分类国家标准将国民经济行业划分为门类、大类、中类和小类四级（国家质检总局等，2011，第 2 页）。

业、部门服务业行政单位、部门服务业事业单位、部门服务业民间非营利组织、金融业等五种类型部门服务业财务状况统计报表。这些报表涉及 38 个国务院部门，包括 12 个服务业行业门类。

这项改革对于改善服务业增加值核算的资料来源，改进服务业增加值核算方法，提高服务业增加值核算数据质量都起到了重要作用。

四、中国国内生产总值生产核算的基本方法

GDP 生产核算包括现价核算和不变价核算。现价核算就是按当期价格计算，不变价核算就是要剔除现价核算中包含的价格变化因素，实现不同时期 GDP 生产核算数据的可比性。相应地，GDP 生产核算的基本方法也包括现价核算的基本方法和不变价核算的基本方法。

1. 现价核算的基本方法

现价 GDP 生产核算包括两种基本方法：生产法和收入法。这两种基本核算方法在中国现价 GDP 生产核算中都得到应用。

（1）生产法

生产法是从生产过程形成价值增值的角度反映生产活动最终成果的方法。中国的农业、林业、畜牧业和渔业增加值核算采用了这种方法。这种核算方法是就每一行业计算出它在一定时期内创造的各种产品①的价值（称为总产出）和生产这些产品时投入的产品价值（称为中间投入）；通过总产出减去中间投入得到相应行业生产法增加值；汇总各个行业生产法增加值得到生产法 GDP。其中，中间投入不包括固定资产的转移价值。用公式表示就是：

$$\text{生产法 GDP} = \sum \text{生产法增加值} = \sum（\text{总产出} - \text{中间投入}）$$

其中，总产出指常住单位在一定时期内生产的所有货物和服务价值，中间投入指在生产这些货物和服务过程中消耗和使用的非固定资产货物和服务价值。

（2）收入法

收入法是从生产过程形成收入的角度反映生产活动最终成果的方法，中国许多行业增加值核算采用了这种方法。该方法是就每一行业计算出它在一定时期内形成的收入，即劳动者报酬、生产税净额、固定资产折旧和营业盈余；汇

---

① 在国民经济核算中，产品包括货物和服务。

总得到相应行业收入法增加值；汇总各行业收入法增加值等于收入法 GDP。用公式表示就是：

收入法 GDP $=\sum$收入法增加值

$=\sum$（劳动者报酬 + 生产税净额 + 固定资产折旧 + 营业盈余）

其中，劳动者报酬指劳动者因从事生产活动获得的全部报酬，既包括货币形式的，也包括实物形式的，主要包括各种形式的工资、奖金、津贴和补贴，单位为其员工交纳的社会保险费和住房公积金，行政事业单位职工的离退休金，以及其他各种形式的报酬和福利等。个体经济活动中自雇者的劳动者报酬和营业盈余不易区分，在实际核算中按一定比例进行划分。

生产税净额指生产税减去生产补贴后的差额。其中，生产税指生产单位因从事生产、销售和经营活动，以及因从事生产、销售和经营活动使用某些生产要素（如固定资产、土地和劳动力等）缴纳的各种税、附加费和其他规费。生产税包括产品税和其他生产税。产品税主要包括增值税、消费税、进口关税、出口税等；其他生产税主要包括房产税、车船使用税、城镇土地使用税等。生产补贴是政府为影响生产单位的生产、销售及定价等生产活动而对其提供的无偿支付，被视为负的生产税，包括农业生产补贴、政策亏损补贴、价格补贴、进口补贴等。

固定资产折旧指一定时期内为弥补固定资产损耗按规定的折旧率提取的固定资产折旧，或按国民经济核算统一规定的折旧率虚拟计算的固定资产折旧。它反映了固定资产在当期生产中的损耗价值和转移价值。

营业盈余指常住单位创造的增加值扣除劳动者报酬、生产税净额和固定资产折旧后的余额，主要是企业从事生产经营活动获得的利润。

2. 不变价核算的基本方法

不变价 GDP 生产核算主要包括两种基本方法：价格指数缩减法和物量指数外推法。这两种基本方法都在中国不变价 GDP 生产核算中得到应用。

（1）价格指数缩减法

价格指数缩减法（简称缩减法），就是利用有关价格指数剔除现价 GDP 构成指标中包含的价格变化因素，得出不变价 GDP 的相应构成指标。缩减法包括双缩法和单缩法。双缩法适用于生产法增加值，即分别利用现价总产出和现价中间投入除以相应的价格指数，得出不变价总产出和不变价中间投入，用不变价总产出减去不变价中间投入，得到不变价增加值。单缩法既适用于生产法增加值，也适用于收入法增加值，这种方法是利用现价增加值（包括现价生产法增加值和现价收入法增加值）直接除以相应价格指数，得出不变价增加值。中国大部分行业不变价增加值核算采用的是单缩法。

（2）物量指数外推法

物量指数外推法（简称外推法），就是利用有关物量指数外推基年 GDP 的构成指标，得出报告期不变价 GDP 的相应构成指标。这种方法也剔除了现价 GDP 构成指标中包含的价格变化因素。外推法也包括双外推法和单外推法。双外推法适用于生产法增加值，即分别利用基年总产出和基年中间投入乘以相应的物量指数，得出当期不变价总产出和不变价中间投入，用不变价总产出减去不变价中间投入，得到当期不变价增加值。单外推法既适用于生产法增加值，也适用于收入法增加值，这种方法是利用基期增加值（包括生产法增加值和收入法增加值）直接乘以相应物量指数，得出当期不变价增加值。中国只有个别行业不变价增加值核算采用了单外推法。

五、中国国内生产总值生产核算的基本分类

中国 GDP 生产核算的基本分类主要包括行业分类和三次产业分类。

1. 行业分类

行业分类指的是中国 GDP 生产核算采用的经济活动分类。本文阐述的行业分类是依据中国第四部国民经济行业分类国家标准，即《国民经济行业分类》（GB/T4754-2011）①、目前的资料来源和经济管理需要等情况确定的。它

① 到目前为止，中国制定了五部国民经济行业分类国家标准，第一部是由国家统计局和原国家标准局联合制定，原国家计划委员会、原国家经济委员会、国家统计局、原国家标准局批准，原国家标准局于 1984 年发布的《国民经济行业分类与代码》（GB/T4754-84）（国家标准局，1984）；1994 年，国家统计局与原国家技术监督局对该标准进行了第一次修订，形成了第二部国家标准：《国民经济行业分类与代码》（GB/T4754-94），由原国家技术监督局于 1994 年发布（国家技术监督局，1994）；2002 年，国家统计局对该标准进行了第二次修订，形成了第三部国家标准：《国民经济行业分类》（GB/T4754-2002），由国家质量监督检验检疫总局于 2002 年发布（国家质检总局，2002）；2011 年，国家统计局对该标准进行了第三次修订，形成了第四部国家标准：《国民经济行业分类》（GB/T4754-2011），由国家质量监督检验检疫总局、国家标准化管理委员会于 2011 年发布（国家质检总局等，2011）；2017 年，国家统计局对该标准进行了第四次修订，形成了第五部国家标准：《国民经济行业分类》（GB/T4754-2017），由国家质量监督检验检疫总局、国家标准化管理委员会于 2017 年发布（国家质检总局等，2017）。

采用的是二级分类：第一级分类把整个国民经济划分为19个行业，均为上述行业分类标准中的门类，从经济管理的需要出发，在实际核算和数据发布工作中，把采矿业，制造业，电力、热力、燃气及水生产和供应业三个门类合并为工业列示；第二级分类把整个国民经济划分为95个行业，其中89个行业为上述行业分类标准中的大类，5个行业为房地产业所属的中类，公共管理和社会组织为五个大类的合并（见表1）。

表1　中国国内生产总值生产核算的行业分类

第一级分类	第二级分类
农、林、牧、渔业	农业 林业 畜牧业 渔业 农、林、牧、渔服务业
采矿业	煤炭开采和洗选业 石油和天然气开采业 黑色金属矿采选业 有色金属矿采选业 非金属矿采选业 开采辅助活动 其他采矿业
制造业	农副食品加工业 食品制造业 酒、饮料和精制茶制造业 烟草制品业 纺织业 纺织服装、服饰业 皮革、毛皮、羽毛及其制品和制鞋业 木材加工和木、竹、藤、棕、草制品业 家具制造业 造纸和纸制品业

（续表）

第一级分类	第二级分类
制造业	印刷和记录媒介复制业 文教、工美、体育和娱乐用品制造业 石油加工、炼焦和核燃料加工业 化学原料和化学制品制造业 医药制造业 化学纤维制造业 橡胶和塑料制品业 非金属矿物制品业 黑色金属冶炼和压延加工业 有色金属冶炼和压延加工业 金属制品业 通用设备制造业 专用设备制造业 汽车制造业 铁路、船舶、航空航天和其他运输设备制造业 电气机械和器材制造业 计算机、通信和其他电子设备制造业 仪器仪表制造业 其他制造业 废弃资源综合利用业 金属制品、机械和设备修理业
电力、热力、燃气及水生产和供应业	电力、热力生产和供应业 燃气生产和供应业 水的生产和供应业
建筑业	房屋建筑业 土木工程建筑业 建筑安装业 建筑装饰和其他建筑业
批发和零售业	批发业 零售业

（续表）

第一级分类	第二级分类
交通运输、仓储和邮政业	铁路运输业 道路运输业 水上运输业 航空运输业 管道运输业 装卸搬运和运输代理业 仓储业 邮政业
住宿和餐饮业	住宿业 餐饮业
信息传输、软件和信息技术服务业	电信、广播电视和卫星传输服务 互联网和相关服务 软件和信息技术服务业
金融业	货币金融服务 资本市场服务 保险业 其他金融业
房地产业①	房地产开发经营 物业管理 房地产中介服务 自有房地产经营活动 其他房地产业
租赁和商务服务业	租赁业 商务服务业
科学研究和技术服务业	研究和试验发展 专业技术服务业 科技推广和应用服务业

（续表）

第一级分类	第二级分类
水利、环境和公共设施管理业	水利管理业 生态保护和环境治理业 公共设施管理业
居民服务、修理和其他服务业	居民服务业 机动车、电子产品和日用产品修理业 其他服务业
教育	教育
卫生和社会工作	卫生 社会工作
文化、体育和娱乐业	新闻和出版业 广播、电视、电影和影视录音制作业 文化艺术业 体育 娱乐业
公共管理、社会保障和社会组织	公共管理和社会组织② 社会保障

注：①房地产业后面的五个行业为国民经济行业分类标准中房地产业所属的行业中类。

②公共管理和社会组织，包括国民经济行业分类标准中的中国共产党机关，国家机构，人民政协、民主党派，群众团体、社会团体和其他成员组织，基层群众自治组织5个行业大类。

2. 三次产业分类

除了行业分类外，中国GDP生产核算还进行了三次产业划分。这个分类直接采用了国家统计局2012年制定的《三次产业划分规定》（国家统计局，2012a），第一产业是指农、林、牧、渔业（不含农、林、牧、渔服务业）；第二产业是指采矿业（不含开采辅助活动），制造业（不含金属制品、机械和设备修理业），电力、热力、燃气及水生产和供应业，建筑业；第三产业即服务业，是指除第一产业、第二产业以外的其他行业（见表2）。

表 2　中国国内生产总值生产核算的三次产业分类

第一产业	农、林、牧、渔业 －农、林、牧、渔服务业	农业（大类） 林业（大类） 畜牧业（大类） 渔业（大类）
第二产业	采矿业 －开采辅助活动 制造业 －金属制品、机械和设备修理业 电力、热力、燃气及水生产和供应业 建筑业	采矿业中的 6 个大类 制造业中的 30 个大类 电力、热力、燃气及水生产和供应业 3 个大类 房屋建筑业（大类） 土木工程建筑业（大类） 建筑安装业（大类） 建筑装饰和其他建筑业（大类）
第三产业	服务业 14 个门类 ＋农、林、牧、渔服务业（大类） ＋开采辅助活动（大类） ＋金属制品、机械和设备修理业（大类）	服务业 45 个大类 ＋农、林、牧、渔服务业（大类） ＋开采辅助活动（大类） ＋金属制品、机械和设备修理业（大类）

六、中国现价国内生产总值生产核算的主要方法

如前所述，中国 GDP 生产核算包括现价核算和不变价核算。现价核算就是计算各行业现价增加值，不变价核算就是计算各行业不变价增加值。本部分阐述现价 GDP 生产核算的主要方法。

现价 GDP 生产核算的主要资料来源包括以下四个组成部分：一是国家统计局系统的统计调查资料，包括国家统计局系统组织实施的农林牧渔业、工业、建筑业、批发和零售业、住宿和餐饮业、房地产开发经营业、服务业、劳动工资、住户、价格等统计调查资料。二是部门统计资料，即有关行政管理部门根据国家统计局与相应部门共同建立的部门统计制度收集的有关服务业统计

资料，包括教育部、文化和旅游部、交通部等部门的有关服务业财务状况统计资料。三是部门会计决算资料，主要包括中国人民银行、证监会、银保监会等部门会计决算资料。四是部门行政记录，主要包括财政部财政决算资料、国家税务总局分行业税收资料等。

现价 GDP 生产核算采用直接计算法与间接计算法相结合的方法。直接计算法就是直接利用生产法或收入法计算行业现价增加值，这种方法要求能够获得比较完整的资料来源。如果采用生产法，要求能够获得计算生产法增加值的两个构成项目，即总产出和中间投入的资料来源；如果采用收入法，要求能够获得计算收入法增加值的四个构成项目，即劳动者报酬、生产税净额、固定资产折旧和营业盈余的资料来源。

间接计算法主要包括比重推算法、增加值率推算法和相关指标推算法。比重推算法针对只能获得一部分比较完整的资料来源的行业。对于这样的行业，先采用直接计算法计算出其中一部分增加值，然后利用经济普查年度这部分增加值占整个行业增加值的比重进行外推，得出整个行业增加值。增加值率推算法针对只能获得计算总产出所需的比较完整的资料来源的行业。对于这样的行业，先计算出总产出，然后利用总产出乘以经济普查年度增加值率，或者利用总产出乘以经济普查年度收入法增加值构成项目占总产出的比率（在增加值率或者收入法增加值构成项目占总产出比率发生明显变化时做适当调整）计算出该行业的增加值。① 相关指标推算法针对那些资料来源更少的行业，包括两种情况：一种是利用相关指标与增加值绝对额之间的比例系数计算行业增加值；另一种是利用相关指标发展速度与增加值发展速度②之间的比例系数计算行业增加值。对于第一种情况，先确定相关指标与增加值绝对额之间的比例系数，然后利用当年相关指标和上述比例系数计算出该行业的当年增加值。对于第二种情况，先确定相关指标发展速度与增加值发展速度之间的比例关系，然后利用该行业上年度增加值、相关指标发展速度和上述比例关系计算出该行业增加值。

下面介绍一些主要行业的现价增加值核算方法。

---

① 后一种方法，即利用总产出乘以经济普查年度收入法增加值构成项目占总产出比率的方法在非经济普查年度的实践中用得更多。

② 发展速度与增长速度不同，两者之间的关系是：某指标的发展速度 = 1 + 该指标的增长速度。

1. 农林牧渔业

农林牧渔业增加值按照农业、林业、畜牧业、渔业和农林牧渔服务业五个大类行业分别计算。其中，农业、林业、畜牧业、渔业增加值计算采用生产法。总产出主要采用产品法计算，即利用上述每一行业的每种产品产量乘以价格计算相应产品的产出，然后把同一行业内各种产品产出相加计算出相应行业的总产出。每一行业的主产品产量数据取自相应行业的生产统计，包括农业生产统计（国家统计局，2017b，第439页、第440页、第443页）、林业生产统计（国家统计局，2017a，第474页）、畜牧业生产统计（国家统计局，2017b，第444页、第445页）和渔业生产统计（国家统计局，2017a，第286页），副产品产量数据根据相应生产统计中的各种作物的收获面积，以及通过典型调查得到的每亩地上各种作物副产品产量资料推算，或者根据各种农作物主、副产品的比例推算。农业、林业、畜牧业、渔业的产品价格数据取自农产品生产者价格调查①（国家统计局，2017b，第524—563页），农产品生产者价格调查资料中没有涵盖到的少数农产品，用集贸市场价格资料代替，没有市场价格的农作物用生产成本代替。②

农业、林业、畜牧业和渔业的中间投入是指这些行业生产过程中消耗的货物和服务的价值。其中消耗的货物价值包括外购的和计入总产出的自给性货物的价值，如种子、饲料、肥料、农药、燃料、用电量、小农具购置、原材料等价值；消耗的服务价值指的是支付的各种服务费，例如修理费、运输费、畜禽配种费、畜禽防疫医疗费、旅馆费、车船费、广告费等。农业、林业、畜牧业和渔业的中间投入数据主要通过以下几种方式取得：一是从主要农产品中间投入调查③取得的单位产品（面积等）的中间投入定额或技术比率，推算出各行业的中间投入；二是从农林牧渔业的中间消耗统计中获得；三是通过典型调查或从有关管理部门获得（国家统计局，2017b，第507—523页）。

---

① 农产品生产者价格调查中的农产品包括农业产品、林业产品、畜牧业产品和渔业产品，参见《农产品参考目录》（国家统计局，2017b，第537—559页）。

② 详细计算方法请参见《农林牧渔业总产值年度计算表》（国家统计局，2017b，第490—492页）。

③ 主要农产品中间消耗调查中的主要农产品包括农业产品、林业产品、畜牧业产品、渔业产品，参见《主要农产品中间消耗基层表》和《主要农产品中间消耗》（国家统计局，2017b，第507页、第510页）。

在第三次经济普查年度，农林牧渔服务业增加值采用增加值率法计算；其他年度，采用收入法计算。第三次经济普查年度农林牧渔服务业总产出等于农林牧渔服务业营业收入，取自第三次经济普查非联网直报单位普查表和根据个体经营户经营情况抽样调查资料推算（国家统计局等，2013，第 47—50 页、第 83—84 页）；增加值率则采用 2012 年投入产出调查确定的农林牧渔服务业增加值率。其他年度的收入法增加值利用劳动工资统计资料、市场监督管理部门行政管理资料、投入产出调查资料等计算得到。①

2. 工业

工业增加值按照 41 个行业大类分别计算。② 每个行业增加值都由规模以上工业企业增加值、规模以下工业企业③增加值和工业个体经营户增加值三部分组成。这三部分增加值都采用收入法计算。其中，规模以上工业企业收入法增加值的计算方法如下：首先，利用成本费用调查资料计算出规模以上工业成本费用调查企业的分行业收入法增加值构成项目；其次，利用这些分行业收入法增加值的构成项目和总产出，计算出这些企业的分行业收入法增加值的构成项目占总产出的比率④；再次，利用规模以上工业企业分行业总产出⑤乘以上述分行业收入增加值的构成项目占总产出的比率，得到规模以上工业企业分行业收入法增加值的构成项目；最后，汇总分行业收入法增加值的构成项目得到规模以上工业企业分行业收入法增加值。其中，规模以上工业成本费用调查企业的分行业收入法增加值构成项目的计算公式如下：

劳动者报酬 = 制造成本中的直接人工 + 生产单位管理人员工资 + 生产单

① 具体计算方法参见《农林牧渔业增加值的具体核算方法》（国家统计局，2017b，第 501—502 页）。

② 请参见本文中的表 1。

③ 规模以下工业企业：年主营业务收入 2000 万元以下的工业企业（国家统计局，2017b，第 720 页）。

④ 工业企业总产出 = 工业企业工业总产值 + 销项税额，在实际计算过程中，考虑到非成本费用调查企业销项税额资料来源的限制和为了简化起见，直接利用工业企业工业总产值代替工业企业总产出计算工业企业收入法构成项目占工业总产出的比率。

⑤ 规模以上工业企业分行业总产出等于规模以上工业成本费用调查企业分行业总产出与非成本费用调查企业的相应行业总产出之和，前者取自规模以上工业企业成本费用调查资料，后者取自规模以上工业企业财务状况调查资料（国家统计局，2017b，第 24—28 页、第 575—579 页）。

位管理人员福利费 + 销售部门人员工资 + 销售部门人员福利费 + 行政管理人员工资 + 行政管理人员福利费 + 支付科研人员的工资及福利费 + 职工取暖费和防暑降温费 + 制造费用、销售费用、管理费用中的社保费 + 住房公积金和住房补贴 + 制造费用、管理费用中的劳务费 + 劳动保护费中的保健补贴、洗理费 + 其他直接费用、其他制造费用、其他销售费用、其他管理费用中支付给个人的部分 + 工会经费（一部分）+ 董事会费（一部分）+ 制造费用、销售费用、管理费用中的差旅费（一部分）；

生产税 = 营业税金及附加 + 应交增值税 + 排污费 + 管理费用中的税金及上交的各种专项费用 + 其他直接费用、其他制造费用、其他销售费用、其他管理费用中上交政府的部分 + 制造费用、管理费用中水电费中上缴的各项税费；

固定资产折旧 = 本年折旧；

营业盈余 = 营业利润 + 资产减值损失 − 公允价值变动收益 − 投资收益 + 工会经费（一部分）+ 上缴管理费。

上述劳动者报酬、生产税、固定资产折旧和营业盈余计算公式中各项指标数据取自规模以上工业企业成本费用调查资料（国家统计局，2017b，第 26—28、第 577—579 页）。根据以上方法计算出来的规模以上工业企业收入法增加值还要做两个方面的调整。一方面是通过上述生产税减去生产补贴得到生产税净额；另一方面在营业盈余中加上生产补贴，同时加上利息净支出，减去工业分摊的间接计算的金融中介服务费用。其中，生产补贴取自财政部财政收支决算资料；利息净支出取自规模以上工业企业成本费用调查资料。

规模以下工业企业收入法增加值则利用规模以下工业企业抽样调查资料计算。具体计算方法如下：劳动者报酬 = 应付职工薪酬；生产税净额 = 税金总额；固定资产折旧 = 本年折旧；营业盈余 = 利润总额。其中，应付职工薪酬、税金总额、本年折旧和利润总额根据规模以下工业企业抽样调查中的相应指标进行推算（国家统计局，2017b，第 723 页）。

工业个体经营户收入法增加值利用工业个体经营户抽样调查资料和第三次经济普查年度工业个体经营户收入法增加值构成项目占总产出的比率资料计算。具体计算方法如下：

劳动者报酬 = 工业个体经营户应付职工薪酬；生产税净额 = 工业个体经营户总产出 × 第三次经济普查年度工业个体经营户生产税净额占总产出的比率；固定资产折旧 = 工业个体经营户总产出 × 第三次经济普查年度工业个体经营户固定

资产折旧占总产出的比率；营业盈余 = 工业个体经营户总产出 × 第三次经济普查年度工业个体经营户营业盈余占总产出的比率；工业个体经营户总产出 = 工业个体经营户营业收入。其中，工业个体经营户应付职工薪酬、营业收入根据工业个体经营户抽样调查中的相应指标进行推算（国家统计局，2017b，第722页）；第二次经济普查年度工业个体经营户生产税净额、固定资产折旧和营业盈余占总产出的比率根据第三次经济普查年度工业个体经营户总产出和收入法增加值相应构成项目资料进行计算。

3. 建筑业

建筑业增加值按照房屋建筑业、土木工程建筑业、建筑安装业、建筑装饰和其他建筑业四个行业大类分别计算。每个行业增加值都由有资质的建筑业企业增加值、资质外建筑业企业增加值和建筑业个体经营户增加值三部分组成。有资质的建筑业企业增加值利用了有总承包和专业承包资质的建筑业企业财务状况调查资料、有劳务分包资质的建筑业企业生产经营情况调查资料和2012年投入产出调查资料①，然后采用收入法计算。其中，有总承包和专业承包资质的建筑业企业收入法增加值的具体计算方法如下：

劳动者报酬 = 应付职工薪酬 + 销售费用、管理费用和财务费用中其他属于劳动者报酬的部分；生产税净额 = 营业税金及附加 + 管理费用中的税金 + 应交增值税 + 销售费用、管理费用和财务费用中其他属于生产税净额的部分 − 生产补贴；固定资产折旧 = 本年折旧；营业盈余 =（营业利润 − 公允价值变动收益 − 投资收益）+ 销售费用、管理费用和财务费用中其他属于营业盈余的部分 + 利息净支出 − 建筑业分摊的间接计算的金融中介服务产出 + 生产补贴。其中应付职工薪酬、销售费用、管理费用、财务费用、营业税金及附加、管理费用中的税金、应交增值税、本年折旧、营业利润、公允价值变动收益、投资收益取自有总承包和专业承包资质的建筑业企业财务状况调查资料（国家统计局，

① 这里的2012年投入产出调查资料指的是2012年投入产出调查中建筑业企业期间费用构成调查提供的销售费用、管理费用和财务费用中除已经单独列明的费用外，其他分别属于劳动者报酬、生产税净额和营业盈余的费用合计占销售费用、管理费用和财务费用合计的比率。利用上述比率将当年建筑业财务状况调查中的销售费用、管理费用和财务费用中其他属于劳动者报酬、生产税净额和营业盈余的项目分别归入收入法增加值的相应项目（国家统计局，2012b，第27—30页；国家统计局核算司，2014，第105—108页）。

2017b，第 58 页、第 749 页）；生产补贴取自财政部财政收支决算资料。

有劳务分包资质的建筑业企业收入法增加值的具体计算方法如下：

劳动者报酬 = 应付职工薪酬 + 销售费用、管理费用和财务费用中其他属于劳动者报酬的部分；生产税净额 = 营业税金及附加 + 管理费用中的税金 + 应交增值税 + 销售费用、管理费用和财务费用中其他属于生产税净额的部分；固定资产折旧 = 本年折旧；营业盈余 = 营业利润 + 销售费用、管理费用和财务费用中其他属于营业盈余的部分。其中，应付职工薪酬、销售费用、管理费用、财务费用、营业税金及附加、管理费用中的税金、应交增值税、本年折旧、营业利润取自有劳务分包资质的建筑业企业生产经营情况调查资料（国家统计局，2017b，第 59 页、第 750 页）。

其余部分建筑业增加值利用有资质的建筑业企业增加值和第三次经济普查年度有资质的建筑业企业增加值占全部建筑业增加值的比重，以推算法获得。

4. 批发和零售业

批发和零售业增加值按照批发业和零售业两大类分别计算。每个行业的增加值都由限额以上企业增加值、限额以下企业①增加值和个体经营户增加值三部分组成。其中，限额以上批发和零售业企业增加值利用限额以上批发和零售业企业的财务状况调查资料、2012 年投入产出调查资料②和财政收支决算资料采用收入法计算。具体计算方法如下：

劳动者报酬 = 应付职工薪酬 + 销售费用、管理费用和财务费用中其他属于劳动者报酬的部分；生产税净额 = 营业税金及附加 + 管理费用中的税金 + 本年应交增值税 + 销售费用、管理费用和财务费用中其他属于生产税净额的部分 + 关税 + 海关代征的增值税和消费税 - 出口退税 - 生产补贴；固定资产折旧 = 本

---

① 限额以下批发和零售业企业：年主营业务收入 2000 万元以下批发业企业、年主营业务收入 500 万元以下的零售业企业（国家统计局，2017b，第 893 页）。

② 这里的 2012 年投入产出调查资料指的是 2012 年投入产出调查中批发和零售企业期间费用构成调查提供的销售费用、管理费用和财务费用中除已经单独列明的费用外，其他分别属于劳动者报酬、生产税净额和营业盈余的费用合计占销售费用、管理费用和财务费用合计的比率。利用上述比率将当年限额以上批发和零售业企业财务状况调查中的销售费用、管理费用和财务费用中其他属于劳动者报酬、生产税净额和营业盈余的项目分别归入收入法增加值的相应项目（国家统计局，2012b，第 33—37 页；国家统计局核算司，2014，第 110—116 页）。

年折旧；营业盈余 =（营业利润 – 公允价值变动收益 – 投资收益）+ 销售费用、管理费用和财务费用中其他属于营业盈余的部分 + 利息净支出 – 批发和零售业分摊的间接计算的金融中介服务产出 + 生产补贴。其中，应付职工薪酬、销售费用、管理费用、财务费用、营业税金及附加、管理费用中的税金、本年应交增值税、本年折旧、营业利润、公允价值变动收益、投资收益取自限额以上批发和零售业企业财务状况调查资料（国家统计局，2017b，第 79 页、第 859 页）；关税、海关代征的增值税和消费税、出口退税、生产补贴取自财政部财政收支决算资料。限额以下批发和零售业企业、个体经营户增加值的计算利用了限额以下批发和零售业企业、个体经营户商品销售额抽样调查资料（国家统计局，2017b，第 880 页），以及第三次经济普查年度限额以下批发和零售业企业、个体经营户收入法增加值构成项目占总产出的比率资料。

5. 交通运输、仓储和邮政业

交通运输、仓储和邮政业增加值按照铁路运输业、道路运输业、水上运输业、航空运输业、管道运输业、装卸搬运和运输代理业、仓储业和邮政业 8 大类分别计算。其中，铁路运输业增加值利用了中国铁路总公司提供的服务业企业的财务状况统计资料和 2012 年投入产出调查资料①，然后采用收入法计算。为了保持常规年度与经济普查年度增加值数据的可比性，收入法增加值的每一个构成项目都利用第三次经济普查中的铁路运输业企业营业收入与同年中国铁路总公司部门服务业企业财务状况统计中的营业收入比率进行调整。具体计算方法如下：

劳动者报酬 =（应付职工薪酬 + 销售费用、管理费用和财务费用中其他属于劳动者报酬的部分）×（第三次经济普查中的铁路运输业企业营业收入 ÷ 同年

---

① 这里的 2012 年投入产出调查资料指的是 2012 年投入产出调查中关于铁路运输业企业期间费用构成调查提供的销售费用、管理费用和财务费用中除已经单独列明的费用外，其他分别属于劳动者报酬、生产税净额和营业盈余的费用合计占销售费用、管理费用和财务费用合计的比率。利用上述比率将当年铁路运输业企业财务状况调查中的销售费用、管理费用和财务费用中其他属于劳动者报酬、生产税净额和营业盈余的项目分别归入收入法增加值的相应项目。2012 年投入产出调查中铁路运输业企业成本费用构成调查是由中国铁路总公司承担的，在调查指标的设计上与国家统计局直接调查的其他类型企业有所不同，在处理上需要根据有关指标的成本费用归属进行相应处理。

中国铁路总公司部门服务业企业财务状况统计资料中的铁路运输业企业营业收入)；生产税净额 =（营业税金及附加 + 管理费用中的税金 + 本年应交增值税 + 销售费用、管理费用和财务费用中其他属于生产税净额的部分）×（第三次经济普查中的铁路运输业企业营业收入 ÷ 同年中国铁路总公司部门服务业企业财务状况统计资料中的铁路运输业企业营业收入）－生产补贴；固定资产折旧 = 本年折旧 ×（第三次经济普查中的铁路运输业企业营业收入 ÷ 同年中国铁路总公司部门服务业企业财务状况统计资料中的铁路运输业企业营业收入）；营业盈余 =（营业利润 － 投资收益 + 销售费用、管理费用和财务费用中其他属于营业盈余的部分 + 利息净支出 － 铁路运输业分摊的间接计算的金融中介服务产出）×（第三次经济普查中的铁路运输业企业营业收入 ÷ 同年中国铁路总公司部门服务业企业财务状况统计资料中的铁路运输业企业营业收入）+ 生产补贴。其中，应付职工薪酬、销售费用、管理费用、财务费用、营业税金及附加、管理费用中的税金、本年应交增值税、本年折旧、营业利润、投资收益取自中国铁路总公司部门服务业企业财务状况统计资料（国家统计局，2017a，第 681 页、第 725 页）；生产补贴取自财政部财政收支决算资料。

道路运输业、水上运输业、航空运输业、管道运输业、装卸搬运和运输代理业、仓储业和邮政业每个行业增加值都由规模以上企业增加值、规模以下企业增加值和个体经营户增加值三部分组成。其中，每一行业的规模以上企业增加值都利用了相应行业规模以上企业的财务状况调查资料（国家统计局，2017b，第 135 页、第 1060 页）和 2012 年投入产出调查资料①，然后采用收入法计算。② 每一行业的规模以下企业和个体经营户增加值则利用相应行业规模以上企业增加值和第三次经济普查年度相应行业规模以上企业增加值占全行

① 这里的 2012 年投入产出调查资料指的是 2012 年投入产出调查中道路运输企业期间费用构成调查提供的销售费用、管理费用和财务费用中除已经单独列明的费用外，其他分别属于劳动者报酬、生产税净额和营业盈余的费用合计占销售费用、管理费用和财务费用合计的比率。利用上述比率将当年道路运输企业财务状况调查中的销售费用、管理费用和财务费用中其他部分属于劳动者报酬、生产税净额和营业盈余的项目分别归入收入法增加值的相应项目（国家统计局，2012b，第 45—48 页；国家统计局核算司，2014，第 123—126 页）。水上运输企业、航空运输企业等投入产出调查资料与道路运输企业相同。

② 具体计算方法见限额以上批发和零售业企业增加值计算方法，其中限额以上批发和零售业企业生产税净额计算中的特殊项目：关税、海关代征的增值税和消费税、出口退税除外。

业增加值的比重进行推算。

6. 住宿和餐饮业

住宿和餐饮业增加值按照住宿业和餐饮业两大类分别计算。每个行业的增加值都由限额以上企业增加值、限额以下企业①增加值和个体经营户增加值三部分组成。其中，限额以上住宿和餐饮业企业增加值利用了限额以上住宿和餐饮业企业财务状况调查资料（国家统计局，2017b，第 99 页、第 949 页）和 2012 年投入产出调查资料②，然后采用收入法计算③；限额以下住宿和餐饮业企业、个体经营户增加值的计算方法如下：首先，利用限额以上住宿和餐饮业企业财务状况调查资料中的营业收入计算出限额以上住宿和餐饮业企业总产出；其次，利用上述总产出乘以第三次经济普查年度限额以下住宿和餐饮业企业、个体经营户总产出与限额以上住宿和餐饮业总产出的比率计算出限额以下住宿和餐饮业企业、个体经营户总产出；再次，利用上述总产出乘以第三次经济普查年度限额以下住宿和餐饮业企业、个体经营户收入法增加值构成项目占总产出的比率，计算出限额以下住宿和餐饮业企业、个体经营户收入法增加值构成项目；最后汇总上述收入法增加值构成项目得出限额以下住宿和餐饮业企业、个体经营户收入法增加值。

7. 金融业

金融业的增加值按照货币金融服务、资本市场服务、保险业和其他金融业四大类分别计算。其中，货币金融服务增加值利用了中国人民银行的银行及相

① 限额以下住宿和餐饮业企业：年主营业务收入 200 万元以下的住宿和餐饮业（国家统计局，2017b，第 972 页）。

② 这里的 2012 年投入产出调查资料指的是 2012 年投入产出调查中住宿企业期间费用构成调查、餐饮企业期间费用构成调查提供的销售费用、管理费用和财务费用中除已经单独列明的费用外，其他分别属于劳动者报酬、生产税净额和营业盈余的费用合计占销售费用、管理费用和财务费用合计的比率。利用上述比率将当年限额以上住宿和餐饮业企业财务状况调查中的销售费用、管理费用和财务费用中其他部分属于劳动者报酬、生产税净额和营业盈余的项目分别归入收入法增加值的相应项目（国家统计局，2012b，第 73—77 页、第 82—86 页；国家统计局核算司，2014，第 149—155 页、第 158—64 页）。

③ 具体计算方法见限额以上批发和零售业企业增加值计算方法，其中限额以上批发和零售业企业生产税净额计算中的特殊项目：关税、海关代征的增值税和消费税、出口退税除外。

关金融业资产负债及损益表资料、2012 年投入产出调查资料①和住户收支调查资料，然后采用收入法计算。为了保持常规年度与经济普查年度增加值数据的可比性，收入法增加值的每一个构成项目都利用第三次经济普查中的货币金融服务企业营业收入与同年中国人民银行的银行及相关金融业资产负债及损益表中的营业收入比率进行调整。具体计算方法如下：

劳动者报酬 =（职工工资 + 福利费 + 住房公积金和住房补贴 + 业务及管理费中其他属于劳动者报酬的部分）×（第三次经济普查中的货币金融服务企业营业收入 ÷ 同年中国人民银行的银行及相关金融业资产负债及损益表中的营业收入）+ 实物报酬②；生产税净额 =（营业税金及附加 + 业务及管理费中其他属于生产税净额的部分）×（第三次经济普查中的货币金融服务企业营业收入 ÷ 同年中国人民银行的银行及相关金融业资产负债及损益表中的营业收入）– 生产补贴；固定资产折旧 =（固定资产原价 × 折旧率）×（第三次经济普查中的货币金融服务企业营业收入 ÷ 同年中国人民银行的银行及相关金融业资产负债及损益表中的营业收入）；营业盈余 =（营业利润 – 投资收益 – 公允价值变动收益 + 业务及管理费中其他属于营业盈余的部分）×（第三次经济普查中的货币金融服务企业营业收入 ÷ 同年中国人民银行的银行及相关金融业资产负债及损益表中的营业收入）+ 生产补贴 + 调整项。其中，职工工资、福利费、住房公积金、住房补贴、业务及管理费、营业税金及附加、固定资产原价、营业利润、投资收益、公允价值变动收益取自中国人民银行的银行及相关金融业资产负债及损益表（国家统计局，2017a，第 383 页）；第三次经济普查中的货币金融服务企业营业收入取自第三次经济普查中的金融系统法人单位基本情况表和非联网直报单位普查表（国家统计局等，2013，第 47—48 页、第 79—80 页）；生产补贴取自财政部财政收支决算资料；调整项为按参考利率法计算的金融中介服务产出与

① 2012 年投入产出调查资料指的是 2012 年投入产出调查中货币金融服务企业投入构成调查提供的业务及管理费中除已经单独列明的费用外，其他分别属于劳动者报酬、生产税净额和营业盈余的费用合计占业务及管理费比率。利用上述比率将人民银行当年银行及相关金融业资产负债及损益表中业务及管理费中的其他属于劳动者报酬、生产税净额和营业盈余的项目分别归入收入法增加值的相应项目（国家统计局，2012b，第 98—102 页；国家统计局核算司，2014，第 173—177 页）。

② 住户收支调查资料指的是住户收支调查中的城镇居民人均实物消费支出资料。城镇居民人均实物消费支出与城镇居民年平均人数相乘得到实物报酬，再利用货币金融服务从业人员数占全部从业人员数的比重，即得到货币金融服务行业实物报酬。

利息收支差之间的差额。其中，按参考利率法计算的金融中介服务产出 =（金融机构存款年平均余额 × 参考利率 – 金融机构存款实际利息支出）+（金融机构贷款实际利息收入 – 金融机构贷款年平均余额 × 参考利率）

资本市场服务增加值利用了证监会证券业利润和费用明细表及资产负债表，基金业利润表、业务及管理费用明细表和资产负债表，期货业利润和费用明细表及资产负债表资料，2012 年投入产出调查资料和住户收支调查资料，然后采用收入法计算。为了保持常规年度与经济普查年度增加值数据的可比性，收入法增加值的每一个构成项目都利用第三次经济普查中的营业收入与同年证监会统计的相应营业收入比率进行调整。具体计算方法如下：

资本市场服务企业劳动者报酬 =（证券业企业劳动者报酬 + 基金管理业企业劳动者报酬 + 期货业企业劳动者报酬）× ［资本市场服务企业总产出 ÷（证券业企业总产出 + 基金管理业企业总产出 + 期货业企业总产出）］① + 实物报酬。② 其中，证券业企业劳动者报酬 =（人工费用 + 运营费用中属于劳动者报酬的部分）× 第三次经济普查中证券业企业营业收入 ÷ 同年证监会证券业利润和费用明细表中的营业收入，其中人工费用取自证监会证券业利润和费用明细表（国家统计局，2017a，第 532 页），运营费用中属于劳动者报酬的部分利用了证监会证券业利润和费用明细表中的运营费用和 2012 年全国投入产出调查

---

① 公式中资本市场服务企业总产出 =（证券业企业总产出 + 基金管理业企业总产出 + 期货业企业总产出）× ［第三次经济普查中资本市场服务企业营业收入 ÷（第三次经济普查中的证券业企业营业收入 + 第三次经济普查中的基金管理业企业营业收入 + 第三次经济普查中的期货业企业营业收入）］+ 证券交易印花税（公司缴纳部分），其中，证券业企业总产出 =（营业收入 – 投资收益 – 公允价值变动收益）× 第三次经济普查中证券业企业营业收入 ÷ 同年证监会证券业利润和费用明细表中的营业收入，其中第一个括弧中的营业收入、投资收益和公允价值变动净收益取自证监会证券业利润和费用明细表（国家统计局，2017a，第 532 页）；基金管理业企业总产出 =（营业收入 – 投资收益 – 公允价值变动收益）× 第三次经济普查中基金管理业企业营业收入 ÷ 同年证监会基金业利润表中的营业收入，其中第一个括弧中的营业收入、投资收益和公允价值变动收益取自证监会基金业利润表（国家统计局，2017a，第 534 页）；期货业企业总产出 =（营业收入 – 投资收益 – 公允价值变动收益）× 第三次经济普查中期货业企业营业收入 ÷ 同年证监会期货业利润表中的营业收入，其中第一个括弧中的营业收入、投资收益和公允价值变动收益取自证监会期货业利润和费用明细表（国家统计局，2017a，第 538 页）；第三次经济普查中资本市场服务企业营业收入、证券业企业营业收入、基金管理业企业营业收入和期货业企业营业收入取自第三次经济普查金融系统法人单位基本情况表和非联网直报单位普查表（国家统计局等，2013，第 47—48 页、第 7—80 页）。

② 参见货币金融服务增加值计算部分的相应脚注。

有关比率资料①进行推算；基金管理业企业劳动者报酬 =（人力资源开支 - 非货币性福利 - 职工教育经费 + 劳务费 + 非执行董事、监事津贴 + 办公目的会议费、差旅费中属于劳动者报酬的部分）× 第三次经济普查中基金管理业企业营业收入 ÷ 同年证监会基金业利润表中的营业收入，其中人力资源开支、非货币性福利、职工教育经费、劳务费、非执行董事、监事津贴取自证监会基金业业务及管理费用明细表（国家统计局，2017a，第 535—536 页）；期货业企业劳动者报酬与证券业企业劳动者报酬的计算方法相同。资本市场服务企业生产税净额 =（证券业企业生产税 + 基金管理业企业生产税 + 期货业企业生产税）×［资本市场服务企业总产出 ÷（证券业企业总产出 + 基金管理业企业总产出 + 期货业企业总产出）］+ 证券交易印花税（企业缴纳部分）- 生产补贴。其中，证券业企业生产税 =（营业税金及附加 + 运营费用中的税金、监管费和其他属于生产税的部分）× 第三次经济普查中证券业企业营业收入 ÷ 同年证监会证券业利润和费用明细表中的营业收入，其中营业税金及附加取自证监会证券业利润和费用明细表，运营费用中的税金、监管费和其他属于生产税的部分利用证监会证券业利润和费用明细表中的运营费用和 2012 年全国投入产出调查有关比率资料②进行推算；基金管理业企业生产税 =（营业税金及附加 + 办公费开支中的税金 + 监管费）× 第三次经济普查中基金管理业企业营业收入 ÷ 同年证监会基金业利润表中的营业收入，其中营业税金及附加、办公费开支中的税金和监管费取自证监会基金业业务及管理费用明细表；期货业企业生产税与证券业企业生产税的计算方法相同；生产补贴取自财政部财政收支决算资料。资本市场服务企业固定资产折旧 =（证券业企业固定资产折旧 + 基金管理业企业固定资产折旧 + 期货业企业固定资产折旧）×［资本市场服务企业总产出 ÷（证券业

① 这里的 2012 年全国投入产出调查有关比率资料指的是 2012 年全国投入产出调查中资本市场服务企业投入构成调查中的运营费用中属于劳动者报酬的部分占运营费用的比率资料。运用该比率将证监会当年证券业利润和费用明细表中的运营费用中属于劳动者报酬的部分归入证券业企业收入法增加值中的相应项目（国家统计局，2012b，第 103—107 页；国家统计局核算司，2014，第 178—181 页）。

② 这里的 2012 年全国投入产出调查有关比率资料指的是 2012 年全国投入产出调查中资本市场服务企业投入构成调查中的运营费用中的税金、监管费和其他属于生产税的部分占运营费用的比率资料。运用该比率将证监会当年证券业利润和费用明细表中的运营费用中属于生产税的部分归入证券业企业收入法增加值中的相应项目（国家统计局，2012b，第 103—107 页；国家统计局核算司，2014，第 178—181 页）。

企业总产出＋基金管理业企业总产出＋期货业企业总产出）］。其中，证券业企业固定资产折旧＝（固定资产×折旧率）×第三次经济普查中证券业企业营业收入÷同年证监会证券业利润和费用明细表中的营业收入，其中固定资产取自证监会证券业资产负债表（国家统计局，2017a，第531页）；基金管理业企业固定资产折旧＝（固定资产×折旧率）×第三次经济普查中基金管理业企业营业收入÷同年证监会基金业利润表中的营业收入，其中固定资产取自证监会基金业资产负债表（国家统计局，2017a，第533页）；期货业企业固定资产折旧与证券业企业固定资产折旧的计算方法相同。资本市场服务企业营业盈余＝（证券业企业营业盈余＋基金管理业企业营业盈余＋期货业企业营业盈余）×［资本市场服务企业总产出÷（证券业企业总产出＋基金管理业企业总产出＋期货业企业总产出）］＋生产补贴。其中，证券业企业营业盈余＝（营业利润－投资收益－公允价值变动净收益＋运营费用中属于营业盈余的部分）×第三次经济普查中证券业企业营业收入÷同年证监会证券业利润和费用明细表中的营业收入，其中营业利润、投资收益和公允价值变动净收益取自证监会证券业利润和费用明细表，运营费用中属于营业盈余的部分利用证监会证券业利润和费用明细表中的运营费用和2012年全国投入产出调查有关比率资料①进行推算；基金管理业企业营业盈余＝（营业利润－投资收益－公允价值变动收益）×第三次经济普查中基金管理业企业营业收入÷同年证监会基金业利润表中的营业收入，其中营业利润、投资收益和公允价值变动收益取自证监会基金业利润表（国家统计局，2017a，第534页）；期货业企业营业盈余与证券业企业营业盈余的计算方法相同。

保险业增加值利用银保监会保险业费用明细表和利润表资料、2012年投入产出调查资料②、住户收支调查资料采用收入法计算。为了保持常规年度与

① 这里的2012年全国投入产出调查有关比率资料指的是2012年全国投入产出调查中资本市场服务企业投入构成调查中的运营费用中属于营业盈余的部分占运营费用的比率资料。运用该比率将证监会当年证券业利润和费用明细表中的运营费用属于营业盈余的部分归入证券业企业收入法增加值中的相应项目（国家统计局，2012b，第103—107页；国家统计局核算司，2014，第178—181页）。

② 这里的2012年投入产出调查资料指的是2012年投入产出调查中保险企业投入构成调查提供的业务及管理费中除已经单独列明的费用外，其他属于劳动者报酬、生产税净额和营业盈余的比率资料，利用上述比率将保监会当年保险业费用明细表中业务及管理费中的其他属于劳动者报酬、生产税净额和营业盈余的项目分别归入收入法增加值的相应项目（国家统计局，2012b，第108—112页；国家统计局核算司，2014，第182—186页）。

经济普查年度增加值数据的可比性，收入法增加值每一个构成项目都利用第三次经济普查中的保险业企业营业收入与同年银保监会保险利润表中的营业收入比率进行调整。具体计算方法如下：

劳动者报酬 =（职工工资及福利费 + 取暖降温费 + 劳动保险费 + 待业保险费 + 住房公积金 + 社会统筹保险费 + 业务及管理费中其他属于劳动者报酬的部分）×（第三次经济普查中的保险业企业营业收入 ÷ 同年银保监会保险利润表中的营业收入）+ 实物报酬①；生产税净额 =（营业税金及附加 + 印花税 + 房产税 + 车船使用税 + 土地使用税 + 业务及管理费中其他属于生产税的部分）×（第三次经济普查中的保险业企业营业收入 ÷ 同年银保监会保险利润表中的营业收入）– 生产补贴；固定资产折旧 = 业务及管理费中的折旧 ×（第三次经济普查中的保险业企业营业收入 ÷ 同年银保监会保险利润表中的营业收入）；营业盈余 =（营业利润 – 公允价值变动收益 + 业务及管理费中其他属于营业盈余的部分）×（第三次经济普查中的保险业企业营业收入 ÷ 同年银保监会保险利润表中的营业收入）+ 生产补贴。其中，职工工资及福利费、取暖降温费、劳动保险费、待业保险费、住房公积金、社会统筹保险费、印花税、房产税、车船使用税、土地使用税、业务及管理费、业务及管理费中的折旧费取自银保监会保险业费用明细表（国家统计局，2017a，第 546 页）；营业收入、营业税金及附加、营业利润、公允价值变动收益取自银保监会保险业利润表（国家统计局，2017a，第 548 页）；第三次经济普查中的保险业企业营业收入取自第三次经济普查中金融系统法人单位基本情况表和非联网直报单位普查表（国家统计局等，2013，第 47—48 页、第 79—80 页）；生产补贴取自财政部财政收支决算资料。

其他金融业增加值的计算方法与货币金融服务增加值的计算方法相同。

8. 房地产业

房地产业增加值按照房地产开发经营、物业管理、房地产中介服务、自有房地产经营活动和其他房地产业 5 大类分别计算。其中，房地产开发经营增加值利用了房地产开发经营业企业财务状况调查资料和 2012 年投入产出

---

① 参见货币金融服务增加值计算部分的相应脚注。

调查资料①，然后采用收入法计算，具体计算方法如下：

劳动者报酬 = 应付职工薪酬 + 销售费用、管理费用和财务费用中其他属于劳动者报酬的部分；生产税净额 = 营业税金及附加 + 管理费用中的税金 + 销售费用、管理费用和财务费用中其他属于生产税净额的部分 - 生产补贴；固定资产折旧 = 本年折旧；营业盈余 = 营业利润 - 投资收益 - 公允价值变动收益 + 销售费用、管理费用和财务费用中其他属于营业盈余的部分 + 利息净支出 - 房地产开发经营业分摊的间接计算的金融中介服务产出 + 生产补贴。其中，应付职工薪酬、营业税金及附加、管理费用中的税金、本年折旧、营业利润、投资收益、公允价值变动收益、销售费用、管理费用、财务费用取自房地产开发经营业企业财务状况调查资料（国家统计局，2017b，第 117 页、第 1009 页）。

物业管理增加值包括规模以上物业管理企业增加值和规模以下物业管理企业增加值两大部分。其中，规模以上物业管理企业增加值利用了规模以上物业管理企业财务状况调查资料和投入产出调查资料②，然后采用收入法计算。具体计算方法如下：

劳动者报酬 = 应付职工薪酬 + 销售费用、管理费用和财务费用中其他属于劳动者报酬的部分；生产税净额 = 营业税金及附加 + 管理费用中的税金 + 应交增值税 + 销售费用、管理费用和财务费用中其他属于生产税净额的部分 - 生产补贴；固定资产折旧 = 本年折旧；营业盈余 = 营业利润 - 投资收益 + 销售费用、管理费用和财务费用中其他属于营业盈余的部分 + 利息净支出 - 物业管理分摊的间接计算的金融中介服务产出 + 生产补贴。其中，应付职工薪酬、营业

---

① 这里的 2012 年投入产出调查资料指的是 2012 年投入产出调查中房地产开发经营企业期间费用构成调查提供的销售费用、管理费用和财务费用中除已经单独列明的费用外，其他分别属于劳动者报酬、生产税净额和营业盈余的费用合计占销售费用、管理费用和财务费用合计的比率，利用上述比率将当年房地产开发经营业企业财务状况调查中的销售费用、管理费用和财务费用中其他部分属于劳动者报酬、生产税净额和营业盈余的项目分别归入收入法增加值的相应项目中去（国家统计局，2012b，第 115—119 页；国家统计局核算司，2014，第 188—194 页）。

② 这里的 2012 年投入产出调查资料指的是 2012 年投入产出调查中其他服务企业期间费用构成调查提供的销售费用、管理费用和财务费用中除已经单独列明的费用外，其他分别属于劳动者报酬、生产税净额和营业盈余的费用合计占销售费用、管理费用和财务费用合计的比率，利用上述比率将当年物业管理企业财务状况调查中的销售费用、管理费用和财务费用中其他属于劳动者报酬、生产税净额和营业盈余的项目分别归入收入法增加值的相应项目中去（国家统计局，2012b，第 140—144 页；国家统计局核算司，2014，第 214—219 页）。

税金及附加、管理费用中的税金、应交增值税、本年折旧、营业利润、投资收益、销售费用、管理费用、财务费用取自物业管理企业财务状况调查资料（国家统计局，2017b，第135页、第1060页）。

规模以下物业管理企业增加值采用收入法增加值构成项目占总产出的比重推算法进行计算，具体计算方法如下：

首先，计算规模以下物业管理企业总产出：规模以下物业管理企业总产出=规模以上物业管理企业总产出×第三次经济普查年度规模以下物业管理企业总产出÷第三次经济普查年度规模以上物业管理企业总产出；其次，计算规模以下物业管理企业收入法增加值构成项目：劳动者报酬=规模以下物业管理企业总产出×第三次经济普查年度规模以下物业管理企业劳动者报酬÷同年规模以下物业管理企业总产出；生产税净额=规模以下物业管理企业总产出×第三次经济普查年度规模以下物业管理企业生产税净额÷同年规模以下物业管理企业总产出；固定资产折旧=规模以下物业管理企业总产出×第三次经济普查年度规模以下物业管理企业固定资产折旧÷同年规模以下物业管理企业总产出；营业盈余=规模以下物业管理企业总产出×第三次经济普查年度规模以下物业管理企业营业盈余÷同年规模以下物业管理企业总产出；最后，汇总上述收入法增加值构成项目，得到规模以下物业管理企业收入法增加值。

房地产中介服务、其他房地产业增加值的计算方法与物业管理增加值的计算方法相同。

目前，自有房地产经营活动的增加值只包括固定资产折旧，计算公式如下：自有房地产经营活动增加值=固定资产折旧=城镇居民自有住房折旧+城镇居民租赁住房折旧+农村居民自有住房折旧。其中，城镇居民自有住房折旧=城镇居民自有住房价值×折旧率=［（城镇居民人均住房建筑面积×城镇居民年平均人口×城镇住宅单位面积造价）×城镇居民自有住房比重］×折旧率。其中，城镇住宅单位面积造价=本年房屋竣工价值÷本年房屋竣工面积；

城镇居民自有住房比重=自建住房比重+购买商品房比重+购买房改住房比重+购买保障性住房比重+拆迁安置房比重+继承或获赠住房比重。

上述计算公式中，城镇居民人均住房建筑面积、自建住房比重、购买商品房比重、购买房改住房比重、购买保障性住房比重、拆迁安置房比重、继承或获赠住房比重数据取自住户调查中的住房和耐用消费品拥有情况调查（国家统计局，2017b，第1580—1584页、第1621页），城镇居民年平均人口取自人口调查，本年房屋竣工价值、本年房屋竣工面积数据取自房地产开发统计中的房地产开发企业施工、销售和待售情况统计（国家统计局，2017b，第1021页）。

城镇居民租赁住房折旧 = 城镇居民租赁住房价值 × 折旧率 = ［（城镇居民人均住房建筑面积 × 城镇居民年平均人口 × 城镇住宅单位面积造价）× 城镇居民租赁私房比重］ × 折旧率。

其中，城镇居民租赁私房比重取自住户调查中的住房和耐用消费品拥有情况调查。

农村居民自有住房折旧① = 农村居民自有住房价值 × 折旧率 =（农村居民人均住房建筑面积 × 农村居民年平均人口 × 农村居民住房单位面积价值）× 折旧率。

公式中农村居民人均住房建筑面积、农村居民住房单位面积价值数据取自住户调查中的住房和耐用消费品拥有情况调查，农村居民年平均人口取自人口调查。

表3简要概括目前中国现价GDP生产核算所采用的主要资料来源和计算方法。

从以上阐述和表3可以看出，经济普查在常规年度GDP生产核算中发挥了重要作用，建筑业，交通运输、仓储和邮政业，信息传输、软件和信息技术服务业，金融业，租赁和商务服务业，居民服务、修理和其他服务业，文化、体育和娱乐业增加值核算采用了比重推算法，所采用的比重都是利用经济普查资料计算出来的；批发和零售业，住宿和餐饮业，房地产业增加值核算采用了收入法增加值构成项目占总产出的比重推算法，所采用的比重也都是利用经济普查资料计算出来的。投入产出调查在常规年度GDP生产核算中发挥了重要作用，大部分行业增加值核算都采用了投入产出调查资料。工业企业成本费用调查在规模以上工业增加值核算中发挥了重要作用，成本费用调查企业增加值是利用这些调查资料采用收入法计算出来的，规模以上工业企业增加值是利用成本费用调查企业收入法增加值构成项目占总产出的比重计算出来的。企业一套表联网直报统计调查在工业，建筑业，批发和零售业，交通运输、仓储和邮

① 农村居民住房租赁部分很小，全部作为自有住房处理。

政业，住宿和餐饮业，房地产业，信息传输、软件和信息技术服务业，租赁和商务服务业，居民服务、修理和其他服务业，文化、体育和娱乐业增加值核算中发挥了重要作用，这些行业中的重要部分增加值都是利用企业一套表联网直报统计调查资料计算出来的。服务业统计调查在教育，卫生和社会工作，文化、体育和娱乐业增加值核算中发挥了重要作用，这些行业增加值主要是利用部门服务业财务状况统计资料计算出来的。因此，经济普查、投入产出调查和工业企业成本费用调查制度的建立，企业一套表联网直报统计调查制度和服务业统计调查制度的改革对于完善 GDP 生产核算的资料来源和计算方法，提高其数据质量发挥了非常重要的作用。

七、中国不变价国内生产总值生产核算的主要方法

GDP 增长率和各行业增加值增长率是反映国民经济和各行业运行趋势的重要指标。国家统计局发布的 GDP 增长率和各行业增加值增长率数据是不变价 GDP 生产核算的结果，所以不变价 GDP 生产核算非常重要。

中国不变价 GDP 生产核算主要利用缩减法或外推法计算各行业不变价增加值。这种方法要求具有与现价 GDP 生产核算的行业分类相对应的比较详细的价格指数或物量指数。如果某些行业不具有相应的价格指数或物量指数，需要构造出比较合适的价格指数或物量指数，从而能够比较合理地剔除相应行业增加值包含的价格变动因素，实现年度之间行业不变价增加值的可比性。

表 4 简要概括了目前中国不变价 GDP 生产核算所采用的计算方法和价格指数及物量指数。

从表 4 可以看出，各行业不变价增加值计算结果的准确性除了当期和基期现价增加值的准确性外，主要取决于相应行业价格指数或物量指数的准确性。在长期统计工作实践中，国家统计局和有关部门经过持续研究和探索，不断改进价格指数和物量指数的编制方法，不断提高其准确性，从而较好地保障了各行业不变价增加值计算结果的准确性。

八、余论

中国 GDP 数据的准确性问题引起国际社会的广泛关注。各省、自治区、直辖市 GDP 汇总数据大于国家 GDP 数据，大部分省、自治区、直辖市 GDP 增

速高于国家 GDP 增速，经常被作为质疑中国 GDP 数据准确性的理由。有学者（Ma B.，Song G.，Zhang L. et al.，2014；Lyu Changjiang et al.，2018）研究了中国 GDP 汇总数据大于国家 GDP 数据的问题。

那么，地区与国家 GDP 数据之间为什么会产生差距？主要原因可归纳为三个方面：一是目标任务与政绩考核。改革开放以后很长时期，GDP 增速被作为经济发展的主要目标任务和考核地方政府政绩的主要指标。这种目标任务和政绩考核标准对地方经济增长产生了重要推动作用，同时它也有负面作用，其中的负面作用之一就是一些地方片面追求经济增长，为了政绩干预数据，影响地区 GDP 数据的客观性和准确性。二是跨地区生产经营活动的重复统计。改革开放以来，随着社会主义市场经济的快速发展，跨地区生产经营的情况越来越普遍。中国统计调查制度明确要求跨地区生产经营活动不能重复统计，但是在现实中很难避免。三是分级核算制度。关于国家和地区 GDP 核算，全世界基本上有两种模式：一种是统一核算模式，另一种是分级核算模式。统一核算模式就是国家统计机构统一核算国家和地区 GDP；分级核算模式就是国家统计机构和地区统计机构分别核算国家 GDP 和地区 GDP。凡是采取统一核算模式的国家，地区 GDP 汇总数据与国家 GDP 数据都能保持衔接；凡是采取分级核算模式的国家，地区 GDP 汇总数据与国家 GDP 数据都存在差距。中国采取的是分级核算的模式。这三方面原因是导致中国地区 GDP 汇总数据与国家 GDP 数据之间产生差距的最重要原因。

为了提高国家 GDP 数据的准确性，缩小地区 GDP 汇总数据与国家 GDP 数据之间的差距，国家统计局采取了许多措施。例如，进行企业一套表联网直报统计调查制度改革，遏制中间环节对基础统计数据的干扰，提高基础统计数据质量；通过现场检查、核查的方式提高基础统计数据质量；通过执法检查，对弄虚作假的人进行处分，形成威慑，提高基础统计数据质量；通过加强与有关统计指标数据的协调性评估，提高国家和地区 GDP 数据质量；利用经济普查提供的较为翔实的基础统计数据重新修订国家和地区 GDP 数据，缩小两者间的差距。近些年，地区 GDP 汇总数据与国家 GDP 数据之间的相对差距不断缩小。中国已经在 2018 年第四次全国经济普查之后实施了地区 GDP 统一核算，即国家统计局统一组织开展省一级 GDP 核算，实现了省一级 GDP 数据与国家 GDP 数据在总量和速度上的基本一致。

表 3　中国现价国内生产总值生产核算的主要资料来源和计算方法

行业（一级分类）	行业（二级分类）	直接计算法	间接计算法	国家统计局系统统计调查资料和核算资料	部门统计资料、会计决算资料、行政记录
农林牧渔业	农业	生产法		粮食作物生产统计，经济作物生产统计，茶叶、水果及食用坚果生产统计； 农产品生产者价格调查； 主要农产品中间消耗调查	
	林业	生产法		农产品生产者价格调查； 主要农产品中间消耗调查	国家林业和草原局：林业生产统计
	畜牧业	生产法		畜牧业生产统计；农产品生产者价格调查； 主要农产品中间消耗调查	
	渔业	生产法		农产品生产者价格调查； 主要农产品中间消耗调查	农业农村部：渔业生产统计
	农林牧渔服务业	收入法		劳动工资统计资料； 投入产出调查资料	国家市场监督管理总局：行政管理资料
工业（采矿业，制造业，电力、热力、燃气及水生产和供应业）	41 个大类： 采矿业：7 个大类 制造业：31 个大类 电力、热力、燃气及水生产和供应业：3 个大类	规模以上工业成本费用调查企业、规模以下工业企业：收入法	规模以上工业企业、工业个体经营户：收入法增加值构成项目占总产出的比率推算法。前者的比率：规模以上工业成本费用调查企业的相应比率；后者的比率：第三次经济普查年度的相应比率。	规模以上工业企业成本费用调查和财务状况调查资料；规模以下工业企业和工业个体经营户抽样调查资料；第三次经济普查年度工业个体经营户总产出和收入法增加值构成项目资料	

（续表）

行业（一级分类）	行业（二级分类）	直接计算法	间接计算法	国家统计局系统统计调查资料和核算资料	部门统计资料、会计决算资料、行政记录
建筑业	房屋建筑业	有资质的建筑业企业：收入法	全部建筑业：比率推算法，比率：第三次经济普查年度有资质的建筑业企业增加值占全部建筑业增加值比率	有总承包和专业承包资质的建筑业企业财务状况调查资料，有劳务分包资质的建筑业企业生产经营情况调查资料；2012 年投入产出调查资料；第三次经济普查年度有资质的建筑业企业和全部建筑业增加值资料	
	土木工程建筑业				
	建筑安装业				
	建筑装饰和其他建筑业				
批发和零售业	批发业	限额以上批发和零售业企业：收入法	限额以下批发和零售业企业、个体经营户：收入法增加值构成项目占总产出的比率推算法，收入法增加值构成项目占总产出的比率：第三次经济普查年度限额以下批发和零售业企业、个体经营户相应比率	限额以上批发和零售业企业财务状况调查资料，限额以下批发和零售业企业、个体经营户商品销售额调查资料；2012 年投入产出调查资料；第三次经济普查年度限额以下批发和零售业企业、个体经营户总产出和收入法增加值构成项目资料	财政部：财政收支决算资料
	零售业				
交通运输、仓储和邮政业	铁路运输业	收入法		2012 年投入产出调查资料；第三次经济普查中的铁路运输业企业营业收入资料	中国铁路总公司：部门服务业企业财务状况统计资料；财政部：财政收支决算中的生产补贴资料

（续表）

行业（一级分类）	行业（二级分类）	直接计算法	间接计算法	国家统计局系统统计调查资料和核算资料	部门统计资料、会计决算资料、行政记录
交通运输、仓储和邮政业	道路运输业	规模以上企业：收入法	全行业：比率推算法，比率：第三次经济普查年度规模以上企业增加值占全行业增加值比率	规模以上服务业企业财务状况调查资料；2012 年投入产出调查资料；第三次经济普查年度规模以上企业增加值和全行业增加值资料	财政部：财政收支决算中的生产补贴资料
	水上运输业	同上	同上	同上	同上
	航空运输业	同上	同上	同上	同上
	管道运输业	同上	同上	同上	同上
	装卸搬运和运输代理业	同上	同上	同上	同上
	仓储业	同上	同上	同上	同上
	邮政业	同上	同上	同上	同上
住宿和餐饮业	住宿业	限额以上住宿和餐饮业企业：收入法	限额以下住宿和餐饮业企业、个体经营户：收入法增加值构成项目占总产出的比率推算法，收入法增加值构成项目占总产出的比率：第三次经济普查年度限额以下住宿和餐饮业企业、个体经营户相应比率	限额以上住宿和餐饮业企业财务状况调查资料；2012 年投入产出调查资料；第三次经济普查年度限额以下住宿和餐饮业企业、个体经营户总产出和收入法增加值构成项目资料。	
	餐饮业				

（续表）

行业（一级分类）	行业（二级分类）	直接计算法	间接计算法	国家统计局系统统计调查资料和核算资料	部门统计资料、会计决算资料、行政记录
信息传输、软件和信息技术服务业	电信、广播电视和卫星传输服务	规模以上企业：收入法	全行业：比率推算法，比率：第三次经济普查年度规模以上企业增加值占全行业增加值比率	规模以上服务业企业财务状况调查资料；2012 年投入产出调查资料；第三次经济普查年度规模以上企业和全行业增加值资料	财政部：财政收支决算中的生产补贴资料
	互联网和相关服务	同上	同上	同上	同上
	软件和信息技术服务业	同上	同上	同上	同上
金融业	货币金融服务	收入法		2012 年投入产出调查资料；住户收支调查资料；第三次经济普查中的货币金融服务企业营业收入资料	中国人民银行：银行及相关金融业资产负债及损益表资料；财政部：财政收支决算中的生产补贴资料
	资本市场服务	收入法		2012 年投入产出调查资料；住户收支调查资料；第三次经济普查中资本市场服务企业、证券业企业、基金管理业企业和期货业企业营业收入资料	中国证券监督管理委员会：证券业利润和费用明细表、资产负债表资料；基金业业务及管理费用明细表、利润表、资产负债表资料；期货业利润和费用明细表、资产负债表资料；财政部：财政收支决算中的生产补贴资料

（续表）

行业（一级分类）	行业（二级分类）	直接计算法	间接计算法	国家统计局系统统计调查资料和核算资料	部门统计资料、会计决算资料、行政记录
金融业	保险业	收入法		2012 年投入产出调查资料；住户收支调查资料；第三次经济普查中的保险业企业营业收入资料	中国银行保险监督管理委员会：保险业费用明细表、利润表；财政部：财政收支决算中的生产补贴资料
	其他金融业	收入法		2012 年投入产出调查资料；住户收支调查资料；第三次经济普查中的其他金融业企业营业收入资料	中国人民银行：银行及相关金融业资产负债及损益表资料；财政部：财政收支决算中的生产补贴资料
房地产业	房地产开发经营	收入法		房地产开发经营业企业财务状况调查资料；2012 年投入产出调查资料	
	物业管理	规模以上企业：收入法	规模以下企业：收入法增加值构成项目占总产出的比率推算法，收入法增加值构成项目占总产出的比率：第三次经济普查年度规模以下企业相应比率	规模以上服务业企业财务状况调查资料；2012 年投入产出调查资料；第三次经济普查年度规模以下企业总产出和收入法增加值构成项目资料	
	房地产中介服务	同上	同上	同上	

（续表）

行业（一级分类）	行业（二级分类）	直接计算法	间接计算法	国家统计局系统统计调查资料和核算资料	部门统计资料、会计决算资料、行政记录
房地产业	自有房地产经营活动	收入法		住户调查中的住房和耐用消费品拥有情况调查资料；人口调查资料；房地产开发统计中的房地产开发企业施工、销售和待售情况统计	
	其他房地产业	同物业管理业	同物业管理业	同物业管理业	
租赁和商务服务业	租赁业	规模以上企业：收入法	全行业：比率推算法，比率：第三次经济普查年度规模以上企业增加值占全行业增加值比率	规模以上服务业企业财务状况调查资料；2012 年投入产出调查资料；第三次经济普查年度规模以上企业和全行业增加值资料	
	商务服务业				
科学研究和技术服务业	研究和试验发展		利用本行业上年收入法增加值和当年从业人员工资总额增长速度推算	劳动工资统计资料	
	专业技术服务业				
	科技推广和应用服务业				
水利、环境和公共设施管理业	水利管理业		利用本行业上年收入法增加值和当年从业人员工资总额增长速度推算	劳动工资统计资料	
	生态保护和环境治理业				
	公共设施管理业				

（续表）

行业（一级分类）	行业（二级分类）	直接计算法	间接计算法	国家统计局系统统计调查资料和核算资料	部门统计资料、会计决算资料、行政记录
居民服务、修理和其他服务业	居民服务业	规模以上企业：收入法	全行业：比率推算法，比率：第三次经济普查年度规模以上企业增加值占全行业增加值比率	规模以上服务业企业财务状况调查资料；2012 年投入产出调查资料；第三次经济普查年度规模以上企业和全行业增加值资料	
	机动车、电子产品和日用产品修理业				
	其他服务业				
教育	教育	收入法		2012 年投入产出调查资料	教育部：部门服务业事业单位财务状况统计资料
卫生和社会工作	卫生	收入法		2012 年投入产出调查资料	卫健委：部门服务业企业财务状况统计资料；部门服务业事业单位财务状况统计资料
	社会工作				
文化、体育和娱乐业	新闻和出版业	规模以上企业：收入法；服务业事业单位：收入法	全行业中的企业部分：比率推算法，比率：第三次经济普查年度规模以上企业增加值占全行业企业增加值比率	规模以上服务业企业财务状况调查资料；2012 年投入产出调查资料；第三次经济普查年度规模以上企业和全行业增加值资料	文化和旅游部、国家广播电视总局、国家体育总局：部门服务业事业单位财务状况统计资料
	广播、电视、电影和影视录音制作业				
	文化艺术业				
	体育				
	娱乐业				

（续表）

行业（一级分类）	行业（二级分类）	直接计算法	间接计算法	国家统计局系统统计调查资料和核算资料	部门统计资料、会计决算资料、行政记录
公共管理、社会保障和社会组织	公共管理和社会组织	收入法		固定资产投资统计资料	财政部：财政收支决算资料
	社会保障				

注：①利用规模以上服务业企业财务状况调查资料计算增加值的行业，计算方法与规模以上物业管理企业增加值计算方法基本相同。

②利用部门服务业企业财务状况统计资料计算增加值的行业，计算方法与铁路运输业企业增加值计算方法基本相同。

③2012 年投入产出调查资料指的是 2012 年投入产出调查提供的各行业销售费用、管理费用和财务费用中除已经单独列明的费用外，其他分别属于劳动者报酬、生产税净额和营业盈余的费用合计占销售费用、管理费用和财务费用合计的比率资料，利用上述比率将当年各行业财务状况调查中的销售费用、管理费用和财务费用中其他属于劳动者报酬、生产税净额和营业盈余的项目分别归入收入法增加值的相应项目。

④本表主要依据国家统计局国民经济核算司的《中国非经济普查年度国内生产总值核算方法》（第一次修订）和《中国第三次经济普查年度国内生产总值核算方法》第二章生产法和收入法 GDP 核算，同时参考国家统计局农村社会经济调查司和工业统计司关于农林牧渔业总产值、中间消耗和增加值核算、工业增加值核算的有关制度方法，还考虑到近年来部分行业增加值核算资料来源和计算方法的变化。

表 4　中国不变价国内生产总值生产核算的计算方法和价格指数及物量指数

一级分类	二级分类	不变价增加值核算方法	价格指数和物量指数
农林牧渔业	农业	单缩法	农产品生产者价格指数
	林业		林产品生产者价格指数
	畜牧业		畜产品生产者价格指数
	渔业		水产品生产者价格指数
	农林牧渔服务业		农业生产资料价格指数中的农业生产者服务价格指数

（续表）

一级分类	二级分类	不变价增加值核算方法	价格指数和物量指数
采矿业 制造业 电力、热力、燃气及水生产和供应业	41 个大类： 采矿业：7 个大类 制造业：31 个大类 电力、热力、燃气及水生产和供应业：3 个大类	单缩法	工业生产者出厂价格指数中各对应行业大类指数
建筑业	房屋建筑业	单缩法	固定资产投资价格指数中的建筑安装工程价格指数
	土木工程建筑业		
	建筑安装业		
	建筑装饰和其他建筑业		
批发和零售业	批发业	单缩法	商品零售价格指数
	零售业		
交通运输、仓储和邮政业	铁路运输业	单外推法	铁路客货运周转量指数
	道路运输业		道路客货运周转量指数
	水上运输业		水上客货运周转量指数
	航空运输业		航空客货运周转量指数
	管道运输业		输油（气）周转量指数
	装卸搬运和运输代理业	单缩法	居民消费价格指数中的服务项目指数
	仓储业	单缩法	居民消费价格指数中的服务项目指数
	邮政业	单外推法	邮政业务总量指数

（续表）

一级分类	二级分类	不变价增加值核算方法	价格指数和物量指数
住宿和餐饮业	住宿业	单缩法	居民消费价格指数中的宾馆住宿指数和其他住宿指数的简单算术平均指数
	餐饮业		居民消费价格指数中的在外用膳指数
信息传输、软件和信息技术服务业	电信、广播电视和卫星传输服务	单缩法	居民消费价格指数中的通信服务指数
	互联网和相关服务	单缩法	职工平均工资指数[①]
	软件和信息技术服务业	单缩法	职工平均工资指数
金融业	货币金融服务	单缩法	货币金融服务缩减指数[②]
	资本市场服务	单外推法	股票成交量指数
	保险业	单缩法	保险业缩减指数[③]
	其他金融业	单缩法	货币金融服务缩减指数
房地产业	房地产开发经营	单缩法	房地产开发经营加权价格指数[④]
	物业管理		居民消费价格指数中的物业管理指数
	房地产中介服务		居民消费价格指数中的服务项目指数
	自有房地产经营活动	单外推法	按城镇居民自有房地产经营活动和农村居民自有房地产经营活动分别计算，前者采用城镇居民住房面积指数，后者采用农村居民住房面积指数[⑤]
租赁和商务服务业	租赁业	单缩法	职工平均工资指数
	商务服务业		

（续表）

一级分类	二级分类	不变价增加值核算方法	价格指数和物量指数
科学研究和技术服务业	研究和试验发展	单缩法	职工平均工资指数
	专业技术服务业		
	科技推广和应用服务业		
水利、环境和公共设施管理业	水利管理业	单缩法	职工平均工资指数
	生态保护和环境治理业		
	公共设施管理业		
居民服务、修理和其他服务业	居民服务业	单缩法	居民消费价格指数中的服务项目指数
	机动车、电子产品和日用产品修理业		
	其他服务业		
教育	教育	单缩法	居民消费价格指数中的教育类指数
卫生和社会工作	卫生	单外推法	诊疗人次物量指数
	社会工作	单缩法	职工平均工资指数
文化、体育和娱乐业	新闻和出版业	单缩法	居民消费价格指数中的文化娱乐指数
	广播、电视、电影和影视录音制作业		
	文化艺术业		
	体育		
	娱乐业		

（续表）

一级分类	二级分类	不变价增加值核算方法	价格指数和物量指数
公共管理、社会保障和社会组织	公共管理和社会组织	单缩法	职工平均工资指数
	社会保障		

注：①职工平均工资指数 = 当年职工平均工资 ÷ 基年职工平均工资。

②货币金融服务缩减指数是同业拆借利率指数和消费投资价格指数的加权平均指数，其中同业拆借利率指数 = 银行间同业拆借利率指数，消费投资价格指数 = 居民消费价格指数 ×〔最终消费支出 ÷（最终消费支出 + 固定资本形成总额）〕+ 固定资产投资价格指数 ×〔固定资本形成总额 ÷（最终消费支出 + 固定资本形成总额）〕；权重分别为“（金融机构往来收入 – 金融机构往来支出）÷ 货币金融服务总产出”和“［货币金融服务总产出 –（金融机构往来收入 – 金融机构往来支出）］÷ 货币金融服务总产出”。

③保险业缩减指数是资本市场服务缩减指数和消费投资价格指数的加权平均指数，其中资本市场服务缩减指数为资本市场服务现价增加值与不变价增加值之比；权重分别为“投资收益 ÷ 保险业总产出”和“（保险业总产出 – 投资收益）÷ 保险业总产出”。

④房地产开发经营加权价格指数为房屋销售价格指数、土地交易价格指数和房屋租赁价格指数的加权平均指数，权数为商品房屋销售收入、土地转让收入、房屋出租收入占三者之和的比重。

⑤城镇居民住房面积指数 =［当年城镇居民人均住房建筑面积 × 当年城镇居民年平均人口 ×（当年城镇居民自有住房比重 + 当年城镇居民租赁私房比重）］÷［基年城镇居民人均住房建筑面积 × 基年城镇居民年平均人口 ×（基年城镇居民自有住房比重 + 基年城镇居民租赁私房比重）］。

农村居民住房面积指数 =（当年农村居民人均住房建筑面积 × 当年农村居民年平均人口）÷（基年农村居民人均住房建筑面积 × 基年农村居民年平均人口）。

⑥本表根据国家统计局国民经济核算司的《中国非经济普查年度国内生产总值核算方法》（第一次修订）和《中国第三次经济普查年度国内生产总值核算方法》第二章生产法和收入法 GDP 核算中的分行业不变价增加值计算方法整理（国家统计局核算司，2013，第 14—134 页；2016，第 14—134 页）。

参考文献

范子英、彭飞、刘冲（2016），《政治关联与经济增长——基于卫星灯光数据的研究》[J].《经济研究》第1期，第114—126页。

国家标准局（1984），《国民经济行业分类与代码》（GB/T4754-84），北京：中国标准出版社。

国家技术监督局（1994），《国民经济行业分类与代码》（GB/T4754-94），北京：中国标准出版社。

国家统计局（2012a），《关于印发三次产业划分规定的通知》，国统字［2012］108号。

国家统计局（2012b），《全国投入产出调查方案（2012）》。

国家统计局（2017a），《部门综合统计报表制度（2017）》，北京：中国统计出版社。

国家统计局（2017b），《国家统计调查制度（2017）》，北京：中国统计出版社。

国家统计局、国务院第三次全国经济普查领导小组办公室（2013），《第三次全国经济普查方案（2013）》，北京：中国统计出版社。

国家质检总局（2002），《国民经济行业分类》（GB/T4754-2002），北京：中国标准出版社。

国家质检总局、国家标准委（2011），《国民经济行业分类》（GB/T4754-2011），北京：中国标准出版社。

国家质检总局、国家标准委（2017），《国民经济行业分类》（GB/T4754-2017），北京：中国标准出版社。

国家统计局国民经济核算司（1997），《中国年度国内生产总值计算方法》，北京：中国统计出版社。

国家统计局国民经济核算司（2007），《中国经济普查年度国内生产总值核算方法》，北京：中国统计出版社。

国家统计局国民经济核算司（2008），《中国非经济普查年度国内生产总值核算方法》，北京：中国统计出版社。

国家统计局国民经济核算司（2013），《中国非经济普查年度国内生产总值核算方法》（第一次修订）。

国家统计局国民经济核算司（2014），《中国2012年投入产出表编制方法》，北京：中国统计出版社。

国家统计局国民经济核算司（2016），《中国第三次经济普查年度国内生产总值核算方法2013》。

徐康宁、陈丰龙、刘修岩（2015），中国经济增长的真实性：基于全球夜间灯光数据的检验［J].《经济研究》第9期，第17—29页。

许宪春（2000），《中国国内生产总值核算》，北京：北京大学出版社。

许宪春（2002），中国国内生产总值核算，《经济学（季刊）》第2卷第1期。

许宪春（2014），中国现行国内生产总值核算方法，《求是学刊》第2期。

住房和城乡建设部（2014），关于印发《建筑业企业资质标准》的通知，建市［2014］59号。

Changjiang, Lyu and Wang, Kemin and Zhang, Frank and Xin, Zhang, GDP Management to Meet or Beat Growth Targets (February 2018). Available at SSRN: https://ssrn.com/abstract=2579824 or http://dx.doi.org/10.2139/ssrn.2579824.

Clark H, Pinkovskiy M, Sala-i-Martin X. China's GDP Growth May be Understated [R]. National Bureau of Economic Research, 2017.

Holz C A. The Quality of China's GDP Statistics [J]. *China Economic Review*, 2014, 30: 309 -338.

Ma B, Song G, Zhang L, et al. Explaining Sectoral Discrepancies between National and Provincial Statistics in China [J]. *China Economic Review*, 2014, 30: 353 -369.

Mehrotra A, Pääkkönen J. Comparing China's GDP Statistics with Coincident Indicators [J]. *Journal of Comparative Economics*, 2011, 39 (3): 406 -411.

Nakamura E, Steinsson J, Liu M. Are Chinese Growth and Inflation Too Smooth? Evidence from Engel Curves [J]. *American Economic Journal: Macroeconomics*, 2016, 8 (3): 113 -144.

Wu, H. China's Growth and Productivity Performance Debate Revisited—Accounting for China's Sources of Growth with a New Dataset, The Conference Board Economics Program Working Paper Series, 2014.

XU Xianchun and YE Yanfei, 2000, National Accounts for China, Sources and Methods, OECD.

行政分割下的边区效应与低产出走廊
长三角经济一体化的土地政策障碍与对策

张军　奚锡灿　张延人

一、导言

长江三角洲（以下简称“长三角”，含苏浙沪皖四省市）地区是推动我国经济发展的重要增长极。数据显示，长三角地区拥有占比约 80% 的世界 500 强企业，包含超过 1/3 的中国经济实力最强的城市，覆盖将近 50% 的全国综合实力百强县。众所周知，长三角地区正在进行的工业化与城镇化需要大量的建设用地作为支撑。然而，数据显示，在现行的耕地保护制度和用地指标分配方式下，耕地资源匮乏但经济发达的地区建设用地严重不足，有限的土地供应成为制约这些地区进一步发展的瓶颈。为了缓解建设用地的匮乏，当地政府不得不投入巨资整理开发复垦补充质量不高的耕地，以完成耕地占补平衡的任务。耕地资源丰富但经济欠发达的地区则恰恰相反——这些地区不仅没有动力开发后备耕地资源，还会采取低地价，甚至零地价方式，人为助推工业化、城市化，造成土地的开发利用在空间聚集上的不经济。我们的研究表明，当土地资源的配置被行政区划分割开来的时候，地方政府会倾向于把利益外溢性较大的资源配置在远离行政边界的位置上，而把利益外溢性较小的资源配置在靠近

* 张军，复旦大学经济学院教授，现任院长；奚锡灿，复旦大学经济学院助理教授；张延人，复旦大学发展研究院助理研究员。

行政边界的位置上。这种以邻为壑的资源配置策略会导致经济回报率较低的耕地资源在行政边界上的堆积，从而产生不利于跨区域产业分工与资源整合的边区效应。

这种行政边界上的边区效应构成了一道严重妨碍长三角地区一体化进程的隐性隔离墙。在本文中，我们试图从优化长三角地区土地利用空间配置的角度，探讨在该区域建立统一建设用地指标交易市场的必要性和可行性。我们认为，建立一体化的长三角地区耕地指标市场可以消除边区效应。耕地指标市场一体化是指在一定区域内，通过制定统一的耕地指标市场交易规则、破除行政壁垒和制度掣肘，解决土地利用空间的错配问题，从而达到协调经济发展、生态保护、粮食生产这三者间关系的效果。2015 年中共中央办公厅、国务院办公厅印发的《深化农村改革综合性实施方案》也提出要完善和拓展城乡建设用地增减挂钩、地票等试点。国内的相关实践表明，允许耕地指标在一个较大区域内的市场化配置，不仅可以消除以邻为壑的地方主义倾向，优化建设用地资源配置，顺应“产业跟着功能定位走、人口跟着产业走、建设用地跟着人口和产业走”的改革要求，而且还可以有效挖掘耕地后备资源潜力。本文的结构如下：在导言之后，我们将简要介绍国内外学者对土地政策所带来的资源错配及其宏观经济结果的研究。在第三部分，我们将对现有土地政策产生的边区效应进行简单的理论探讨。在第四部分，我们将展示长三角地区土地利用空间配置的现状，论述在长三角地区推行一体化的建设用地指标市场的必要性。随后，我们将介绍国内最具代表性的区域建设用地指标市场的运行状况，论述借鉴相关制度的可行性。最后，我们将根据长三角的实际情况，提出有针对性的政策建议。

二、国内外的相关研究

近十余年来，各国土地政策带来的资源错配及其宏观经济效应引起了经济学界越来越多的关注。各国经济学家广泛使用了理论模型、微观数据与定量分析相结合方法，对土地政策的宏观效应进行细致的定量评估，并普遍发现了土地政策带来的资源错配对宏观经济效率有严重的损害。

诺贝尔经济学奖得主爱德华·普雷斯科特等人（Edward C. Prescott et al.，2018）在其最新研究中，量化分析了美国各州的土地监管带来的宏观效应。在这项研究中，普雷斯科特及其合作者收集了美国各州从 1950 年开始到 2014 年的各项经济数据，并据此构造了该时间段内各州的土地监管指数。结果显示，在这段时期内，尤其是20世纪80年代后，美国各州的土地监管变得越来越严厉，而这种趋势在生产率最高的纽约和加州等地最为明显。基于空间一般均衡的定量分析表明，如果美国各州的土地监管指数能从2014年退回到1980年的水平，那么美国2014年的总产出还能增加7%左右。

谢长泰与恩里克·莫雷蒂（Chang-Tai Hsieh and Enrico Moretti，2019）合作刊文，讨论美国住房用地监管带来的资源错配及其宏观后果。两位作者收集并细致分析了1964—2009年美国220个都市圈的各项经济指标，发现生产率增长越快的地区，例如纽约、旧金山湾区等，住房用地的管制反而越严格。这种不平衡的土地管制导致生产率增长越强劲的城市房价上升更快，迫使大量劳动力向低生产率地区转移，从而降低了美国的整体劳动生产率。他们的一般均衡定量分析表明，如果住房用地管制在美国不同城市之间实现均匀化，那么2009年的美国GDP会比实际数据高近9%。

关于我国的土地政策，陆铭的一系列研究深入分析了其中的资源配置和宏观效应。这些研究显示，自2003年之后，我国的建设用地指标大量向生产率较低且人口流出的中西部地区倾斜。这大大限制了生产率较高且人口流入的东部沿海地区的工商业土地供给，推高了东部地区的用地价格、房价和工资，从而减少了东部地区的土地和劳动力投入。由于东部地区生产率高于中西部，资源向中西部倾斜的再分配客观上降低了我国整体生产率。于越（2019）则研究了耕地红线政策对于我国宏观经济的影响。她的量化分析表明，到2010年为止，耕地红线政策虽然使我国的农业生产增加了约3%，但同时让我国城市化水平降低了5%，而制造业产出也因此下降了约5%。

三、经济地理的边区理论

在本部分中，我们简要分析行政边界对资源空间位置的影响。考虑一个经济主体如何在本地区配置具有溢出利益的经济资源。这里的溢出利益是指某种经济资源不仅能给资源的使用者带来经济利益，还会给资源所在地附近的经济主体带来额外的经济利益。例如，一个地方政府在引进一家高科技企业后，在这个企业附近会形成相关的高科技产业链，从而提升该地区整体的产业经济发展水平，并最终给地方政府带来较高的财政收入。溢出利益的大小取决于（1）该资源自身的经济价值，或者说溢出总量；（2）该资源与地方政府的地理距离，这决定了政府能获取的溢出利益占比。这种外溢性资源可以类比于一盏灯。在任何一个位置上获得的光照都取决于这盏灯自身的光强和距离这盏灯有多远。

所以理论上，地方政府把资源配置得离自己所在的位置越近，而离行政边界越远，就可以获取更高占比的溢出利益。但这种策略的缺点也显而易见：这样的配置方式并非建立在资源自身的成本收益核算基础之上，很可能违反了资源配置的比较优势原则，从而无法最大化其自身的价值或者说溢出利益总量。所以，地方政府在决定资源的空间位置时，都会在较高的溢出回收占比和较高的溢出总量之间权衡。如果前者更大，则会把资源放在靠近自己而远离边界的位置上，反之，则放在靠近边界而远离自己的位置上。

理论上存在三种类型的空间布局。第一种空间布局是非对称的，也就是一些政府把自己的资源放置在边界上，以尽可能多地利用对方资源提升自身资源的溢出利益总量；而另一些政府则力图使自己的资源远离边界，以尽可能高地实现利益回收占比。这种非对称性来自各个区域拥有的资源在价值上的差异，也就是说，当同时存在低价值方和高价值方时，低价值方会选择在边界上堆积资源，而高价值方会选择撤走边界上的资源。图 1 显示了美国—墨西哥边界两侧的人口密度，颜色越深表示人口密度越大。与一般人的猜测相反，在美国得克萨斯州一侧，人口密度并不高；而在另一侧的墨西哥塔毛利帕斯州，靠近边界的城市人口非常稠密。①

第二种空间布局是所有政府都把资源配置在边界上。要出现这种对称布局需要有两个条件：一是各个区域的资源在价值上具有对等性，二是存在自由的要素市场和产品市场。在满足这两个条件时，基于比较优势原理的资源跨区域配置会产生足够大的协作红利，从而使得每个区域的政府用提升资源价值的办法比用拉近资源距离的办法能获得更高的溢出利益。在这种情况下，行政边界的存在只有象征意义而不会影响边界两侧资源的最优空间配置。我们可以称这种情

① 这种现象看似出人意料，但道理并不复杂。这并不是因为墨西哥的经济发展超过了美国。相反，这些墨西哥城市之所以尽量向美国一侧延伸，是因为在《北美贸易协定》的框架下，它们可以尽可能多地通过贸易和其他方式获得美国技术和效率的正向溢出。如果没有美墨边界的阻拦，可以想象会有大量墨西哥工人进入美国边境地区，使得美国得克萨斯、亚利桑那等地区的人口密度迅速增加。同样的现象，出现在以色列—巴勒斯坦边界上：以色列一侧的阿什凯隆（Ashkelon）人口密度很低，并有大量农地，而巴勒斯坦一侧的加沙，则是人口稠密的典型城市环境；显然，以色列的整体经济发展水平要远超巴勒斯坦。

图1　非对称布局的边区效应（弱溢出方沿行政边界上的资源堆积）

况为区域经济一体化。这种一体化布局在发达经济体之间或者内部普遍存在。例如，与美国—墨西哥边界上的情况不同，美国和加拿大由于有相近的经济发展水平和较高的市场化程度，在它们两国的边界上就体现了理想的融合度。

第三种空间布局也是对称的，但是所有地方政府都把资源放在远离边界的位置上。这是因为，尽管所有区域在资源价值上具有对等性，但存在某种阻碍要素自由流动的障碍。这种障碍使得市场协作红利如此之小，以至于每个地方政府都倾向于用拉近资源距离来提高溢出利益占比，而不是把资源配置在边界上以提升溢出总量。图2直观地显示了这种布局的经济结果。在图中，我们把 x 轴和 y 轴设为行政边界，$x-y$ 平面上的四个象限设为四个区域。这四个区域的行政中心位于 $A(1,1)$，$B(-1,1)$，$C(-1,-1)$ 和 $D(1,-1)$ 四个点上。在第三种布局下，四个区域都把资源配置在行政中心所在的位置上。我们假定对于任意点 (x,y)，它从每种资源上获得的产出收益和该点与资源的距离的一次方成反比。令每个区域资源 i 溢出的产出总量为 k_i。那么，对于点 (x,y)，它从点 A 收获的产出量为 $k_A/\sqrt{(x-1)^2+(y-1)^2}$，从点 B 收获的产出量为 $k_B/\sqrt{(x+1)^2+(y-1)^2}$，从点 C 收获的产出量为 $k_C/\sqrt{(x+1)^2+(y+1)^2}$，从点 D 收获的产出量为 $k_D/\sqrt{(x-1)^2+(y+1)^2}$。因此，点 (x,y) 处可获取的总产出 z 为

$$z = \frac{k_A}{\sqrt{(x-1)^2+(y-1)^2}} + \frac{k_B}{\sqrt{(x+1)^2+(y-1)^2}} + \frac{k_C}{\sqrt{(x+1)^2+(y+1)^2}} + \frac{k_D}{\sqrt{(x-1)^2+(y+1)^2}}$$

在对称的条件下，我们令 $k_i = 1$，则有下图。

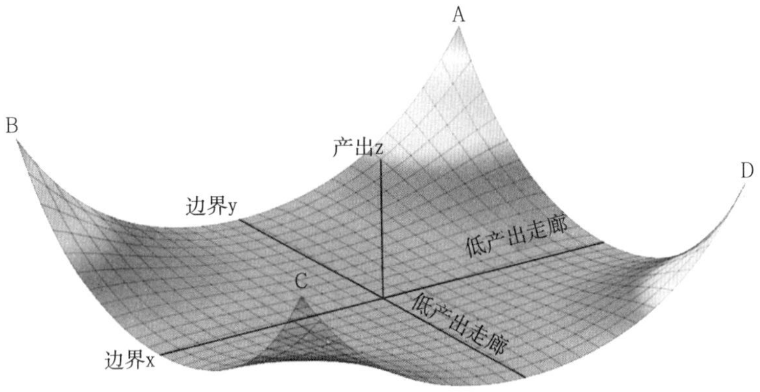

图 2　对称布局下的边区效应（沿行政边界的低产出走廊）

图 2 中，z 轴显示了坐标 (x,y) 上的产出水平。我们可以看到，由于远离配置在行政中心上的资源，在边界 x 和边界 y 上会形成两条垂直的“低产出走廊”，而两条“低产出走廊”的交汇处（原点）周围则是 $x-y$ 平面上的产出低地。我们称这种沿行政边界上的低产出现象为资源空间配置上的边区效应。

四、苏浙沪皖四省市产出的边区效应预测与现实

根据边区理论，我们假定江苏、浙江、上海和安徽四省市都处于第三种空间布局状态，也就是，处于完全割据状态的四省市把各自的物质资本都集中在自

己的行政中心。另外，我们假设资源溢出总量正比于物质资本存量。所以，可以用各省的物质资本存量刻画其经济资源总量。基于这两个假定，我们利用张军等人（2004）对各省物质资本存量的估算，令 $k_{江苏} = 15642$, $k_{浙江} = 10798$, $k_{上海} = 10809$, $k_{安徽} = 5391$ 。此外，我们根据长三角地区上海、南京、杭州及合肥的相对地理位置，令南京坐标为（-1.12,0.9），杭州坐标为（-0.82,-0.74），上海坐标为（1,0），合肥坐标为（-1.82,0.91）。根据以上参数，我们可以用三维图像显示在资源价值对等但土地利用空间无法自由选择的情况下，沪宁杭合区域的产出分布形态。

图3a的模拟显示，存在一条从浙江嘉兴到浙江湖州再到安徽宣城的低产出走廊。图3b则显示了该区域实际的人均产出（人均GDP）空间分布，并证实了这样一个低产出走廊在现实中确实存在，也就是说浙江和上海之间在行政边界上的资源布局属于第三种类型。有趣的是，根据图3a，理论上在江苏和上海的边界也会存在一个低产出走廊，但根据图3b，这样的一条走廊在现实中并不存在。这意味着江苏和上海之间在行政边界上的资源布局属于第二种类型：它们之间的行政边界并没有严重扭曲相邻区域的资源配置，展现了区域经济高度一体化的趋势。

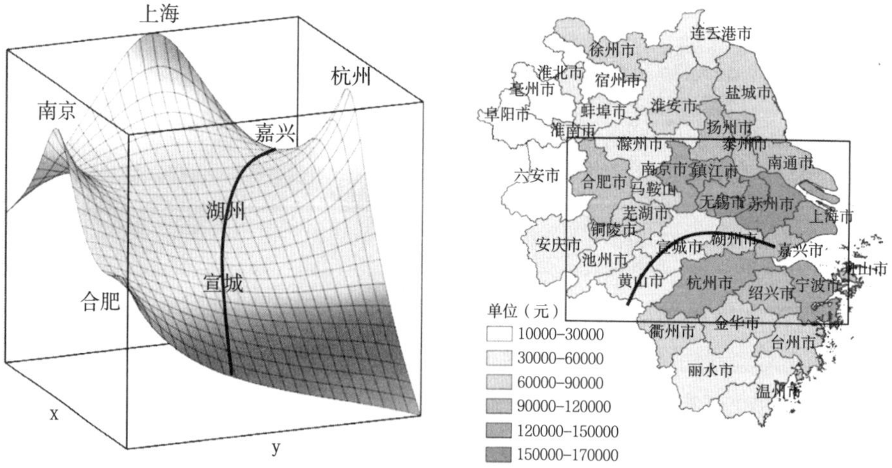

a. 刚性土地政策下沪宁杭合区域产出模拟分布　　b. 2017年沪宁杭合区域人均GDP分布①

图3　沪宁杭合区域产出的模拟与实际空间分布

---

① 数据来自《2017年中国城市统计年鉴》。

我们的理论可以解释为什么上海和浙江之间存在这样的低产出走廊，而上海和江苏之间不存在。首先，由于上海、江苏南部和浙江北部在整体发展水平上接近，我们可以排除第一种非对称的空间布局状态，而仅仅聚焦于两种对称的空间布局状态。在对称的情况下，各个地方政府的策略是互补的，也就是说，如果对方把资源配置在边界上，我方最好也把资源配置在边界上，这样双方都能获得协作红利。相反，如果对方把资源从边界上撤走，那我方单方面把资源配置在边界上就没有意义（因为只有双方资源在地理上接近才会产生协作红利），此时，不如干脆把我方资源也从边界上撤走，至少还可以提高我方溢出利益占比。在没有外部政策干预的情况下，双方都把资源配置在边界上是最终会出现的均衡，因为这种布局帕累托优于双方都从边界上撤走资源。现实中，在江苏和上海之间的边界上就对应了这种较为理想的布局。浙江和上海的边界上如果没有外部政策限定也应该会出现类似布局。

但是，如果存在对土地用途的管制，那么这种管制就会对江苏和浙江产生截然不同的影响。根据《中华人民共和国土地管理法》，中国实行土地的社会主义公有制，按照土地用途可以划分为农用地、建设用地和未利用地三类。对于国有建设用地，我国实施用途和数量的双重管制。该法律规定："实行土地用途管制制度……严格限制农用地转为建设用地，控制建设用地总量，对耕地实行特殊保护。"为保障非农建设占用的耕地得到有效补充，1998 年，国土资源部提出施行耕地占补平衡制度，按照"占多少，垦多少"的原则，由建设单位补充同样数量和质量的耕地，以保证耕地的动态平衡。考虑到耕地资源在地区之间分布的不均匀，耕地的异地占补平衡是被允许的，但主要在省级行政区域内部实现，而跨省域的这种做法却被严令禁止。① 2006 年十届全国人大四次会议上通过的《国民经济和社会发展第十一个五年规划纲要》宣布：保持最低限度的 18 亿亩耕地是一个具有法律效力的约束性指标，是不可逾越的一道红线。2008 年 10 月国务院发布的《全国土地利用总体规划纲要（2006—2020 年）》则进一步明确实行耕地数量、质量、生态全面管护，严格控制非农建设占用耕地特别是基本农田，加大土地开发整理复垦力度，切实提高补充耕

① 所谓禁止跨省域占补平衡，是指耕地占补平衡只能在省（自治区、直辖市）范围内进行，未经国务院批准不得跨省域进行。这项制度最早是由 2004 年 4 月国务院办公厅在下发的《关于深入开展土地市场治理整顿严格土地管理的紧急通知》里确立的，并于 2008 年 10 月得到了中共中央文件的确认。

地能力，确保补充耕地质量，提高农业综合生产能力，保障国家粮食安全。

我们发现，耕地红线和对异地占补范围的限定如何影响地方政府的资源配置策略在很大程度上取决于耕地资源在地理上的初始分布。具体而言，浙江“七山二水一分地”，耕地后备资源极为匮乏，且集中在北部嘉杭湖平原上。为了优化本省范围内的建设用地配置，浙江省人民政府办公厅在1999年颁发了《浙江省人民政府办公厅关于加强易地垦造耕地管理工作的通知》。在通知出台后，浙江省内异地补充耕地交易的范围迅速扩大。委托异地垦造耕地的主要是省内耕地后备资源相对稀缺的杭州、绍兴和宁波等地区，而靠近上海的湖州、嘉兴等耕地后备资源相对丰富的地区则成为主要的受委托方。由于浙江的耕地红线要由和上海相邻的嘉兴和湖州承担，这两个地区的制造业和服务业发展受到了巨大限制。回到我们之前强调的地方政府在资源配置策略上的互补性。给定浙江必须把利益溢出性较高的资源（制造业和服务业资源）从北部撤走以满足耕地红线，上海单方面把自己的类似资源配置在靠近浙江的边界上就没有价值。所以上海的最佳策略是让位于上海与浙江边界的青浦来承担上海的耕地红线和生态保护任务。这就形成了沿上海—浙江边界上的低产出走廊。

相对浙江而言，耕地红线和异地占补范围的限定对江苏构成的实质影响就很小。图4显示了苏浙沪皖四省市人均耕地的空间分布。我们可以看到，虽然江苏并不是土地资源大省，但江苏耕地资源丰富度依然比浙江高很多（江苏人均占有耕地0.99亩，而浙江仅为0.56亩），且分布总体呈现苏北高，苏南低，由南向北梯次增加的趋势。具体而言，苏州、无锡、南京、常州、镇江等苏南地区五市经济总量约占全省的60%，而耕地后备资源却仅占全省的20%。与此相反，徐州、盐城、淮安、连云港、宿迁苏北五市经济总量约占全省的20%，耕地后备资源却占全省的60%左右。所以，即使苏南各地级行政区的耕地后备资源非常紧缺，其建设用地占用的耕地面积也可通过苏北地区进行补充。由于江苏的大量建设用地指标被转移到靠近上海的苏南地区，江苏和上海可以在边界上按照效率最大化原则进行产业分工和协作，实现相当程度的一体化，而不是像浙江和上海那样被低产出走廊隔开。总而言之，由于浙江和江苏在耕地资源丰富度和空间位置上的差异，使得现有的耕地保护制度与土地用途管制严重压缩了浙江的土地空间利用效率，而对江苏的土地空间利用效率影响较小。这就可以解释为什么苏南与上海的一体化程度要远高于浙北与上海的一体化程度。

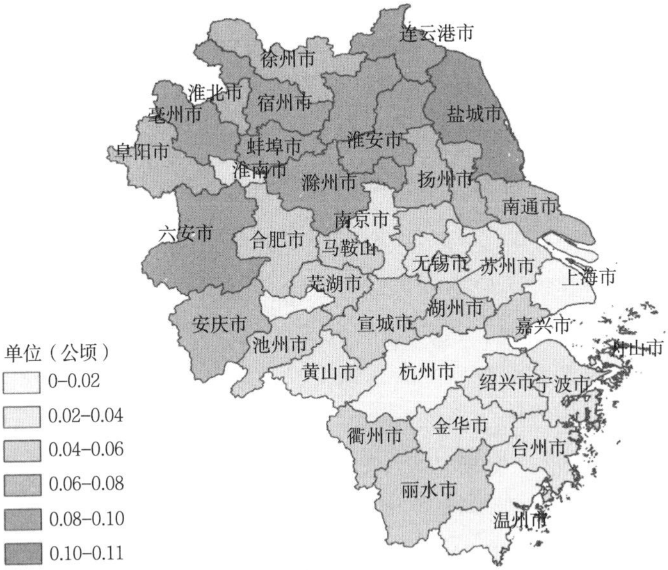

图4　2017年苏浙沪皖四省市人均耕地的空间分布①

五、建设用地指标的市场化实践与政策建议

通过上面的分析，我们可以看到，在当前的耕地保护制度与土地用途的管制约束下，省域范围内的耕地占补平衡无法消除长三角一体化的障碍。我们认为，在土地资源供给有限的条件下，既要实现耕地红线不被突破，又要满足城市发展必要的用地需求，最有效率的方法就是突破原有的省域限制，并全面引入建设用地指标的市场交易机制，实现土地发展权在更大范围内的跨区转移。

对于建设用地指标的市场交易，重庆市在所辖区域内已进行了多年实践。与很多地区一样，该市城镇建设用地供需缺口大，但同时在农村存在大量的闲置建设用地。2008年，重庆市出台了地票交易制度并设立了农村土地交易所。2015年，重庆市人民政府出台了地票管理办法，以地方行政规章的形式正式确认了地票概念，将地票界定为："土地权利人自愿将其建设用地按规定复垦为合格的耕地等农用地后，减少建设用地形成的在该市农村土地交易所交易的建设用地指标。"以此为标志，重庆市完成了地票的地方立法过程，成为国务院认可的全国唯一可进行地票交易的省级行政区。

① 数据来自《2017年中国国土资源年鉴》和《2017年中国城市统计年鉴》。

重庆市地票的供给来源是全市范围内农村建设用地，特别是宅基地经整理复垦验收合格的耕地。地票的供给主体主要是市域内偏远地区的农民和农村集体，需求主体分为国有企业、政府土地储备机构、民营企业、园区建设单位以及个人五类。地票收益返还机制是激活农村巨量闲置用地的核心所在。对于地票初次交易的净收益（交易价款减去建设用地复垦成本），根据复垦的集体建设用地的用途不同进行返还和支付。地票再次交易的价款则全部归转让人所有。

地票制度使得建设用地指标可以在该市范围内自由流动，将大量闲置的或者利用不充分的建设用地，以指标的方式转移到更加急需的地区，实现了农村、城市、企业等多方共赢。同时，通过政府统一建立的平台进行交易，地票的流通完全消除了建设用地指标原先在不同区域存在的价值差异，让偏远农村分享了城镇化和工业化发展成果带来的红利。米旭明和代单（2020）利用2000—2017年的统计数据评估了地票制度对地区产业结构优化升级的作用和影响。他们发现，地票制度的实施不仅能够持续有效促进地区产业结构升级，而且对地区工业和服务业增长均具有显著促进作用。郭苏文和吴徐雯（2020）则研究了地票制度对农民财产性收入的影响。他们选取重庆市37个区县为总样本，并根据其区位不同划分为“城中村”“城郊”“远郊”三个子样本。数据表明，地票制度的引入对于“城郊”及“远郊”农民财产性收入的提升有着显著的正效应，且对于“远郊”农民来说，其促进效果更加明显。具体而言，“城郊”农民的人均地票交易额每上升1%，其人均财产性收入提升0.09%；“远郊”农民的人均地票交易额每上升1%，其人均财产性收入提升0.10%。与此同时，地票制度先复垦补充耕地，后置换建设用地指标，切实保障了耕地占补平衡制度的落实。据官方统计，复垦农村建设用地的耕地转换率为95%以上，建新区占用的耕地面积是复垦耕地面积的63%。这意味着重庆市耕地数量在经济发展过程中不降反增。①

鉴于建设用地指标的市场化在试行过程中实现了较为理想的效果，我们

① 当然，地票制度在具体落实中也存在一些需要解决的问题。比如，虽然按照规定，地票收入的85%归农民个人所有，15%归村集体所有，但具体实践中政府扣除多少费用，成本计算方法等都没有具体的法律或者文件，这就给一些基层政府与复垦机构串谋、虚报复垦成本，最终损害农民利益提供了一定的空间。另外，由于复垦耕地的未来利用与地方政府并没有直接关系，因此，地方政府考虑更多的是如何获得建设用地指标，而没有很大的激励去关注复垦土地的质量。这就使得理论上的耕地保护和实际发生的情况不一致。因此，地票制度的最终效果很大程度上依赖于其自身的完备程度和地方政府的基层治理能力。

建议在长三角内部也尝试建立这样一个统一市场。图 5a 显示了长三角内部苏浙沪皖四省市建设用地出让的市场均价分布。我们可以观察到，上海、苏南和浙江大多数地区都面临严重的建设用地匮乏问题。图 5b 则显示了苏浙沪皖四省市单位产出的建设用地供应量。我们可以清楚地看到，在安徽西北部，建设用地的供应量较为富余。假如在苏浙沪皖建立一体化的建设用地指标市场，浙江的杭州、绍兴和宁波完全可以用更低的价格从安徽购买用地指标，而不再从邻近上海的嘉兴和湖州购买。类似的，上海也不需要让邻近浙江的青浦完成耕地红线和生态保护任务。换言之，耕地的跨省域占补平衡限制被解除后，建设用地指标会在市场力量的引导下从边际效益较低区域流向边际效益较高区域。这样，原有的边区效应就会消失，而浙江和上海的融合程度将达到江苏和上海的融合程度；对等地，安徽经济较为落后的地区则将更快更多地分享到上海、苏南和浙北的经济增长和城市发展红利，最终实现整个长三角地区的包容性增长。我们认为，要让这样的一个建设用地指标市场起到优化苏浙沪皖土地资源配置的效果，需要做到以下几点。

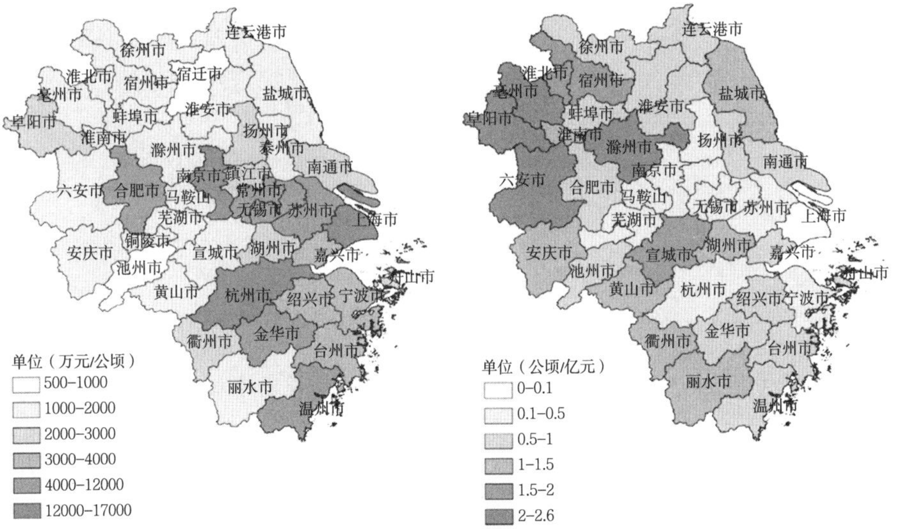

a. 建设用地出让均价　　　　b. 建设用地供应量/非农 GDP

图 5　2017 年苏浙沪皖四省市建设用地稀缺度的空间分布①

---

① 数据来自《2017 年中国国土资源年鉴》和《2017 年中国城市统计年鉴》。

第一，明确交易主体，转变政府职能。在指标交易中取消对出卖人和买入主体的限制，允许各类市场主体、政府平台公司、政府设立的土地储备中心等参与指标的竞买。而指标供给地的国土主管部门将主要工作放到土地整治审批、验收和指标发证，协调当地指标的归集和上市，管理指标交易平台，制定指标交易规则上来。

第二，交易过程做到公开、公平、公正。公开是指信息披露要真实、透明，不得有任何虚假和隐瞒。公平是指任何企业甚至自然人都享有参与指标交易的权利，价格面前人人平等。公正是指交易价格真正体现市场供求关系，相关权利人的利益不受侵害，交易程序的合法合规，交易机构尽职尽责。

第三，引入民间资本参与土地整治。鼓励民间资本参与土地整治，以竞争方式确定土地整治的投资者，不仅可以解决政府在土地整治中财政资金的不足，而且有利于降低土地整治成本，是一种加快城乡统筹发展，提高土地整治效率的有效方式。

第四，建立复垦耕地的责任机制和补贴机制。可以由复垦耕地的承包人充当耕地保护的责任人。同时，供给方政府按照指标成交价的一定比例向指标受让人征收耕地保护基金，并与土地承包人签订耕地保护合同，明确土地承包人的耕地保护义务，并向承包人支付耕地保护补贴。

参考文献

郭苏文、吴徐雯（2020），《地票制度对农民财产性收入的影响研究》，《农业经济》，第7期，第84—86页。

韩立彬、陆铭（2018），《供需错配：解开中国房价分化之谜》，《世界经济》，第10期，第126—149页。

陆铭、张航、梁文泉（2015），《偏向中西部的土地供应如何推升了东部工资》，《中国社会科学》，第5期，第59—83页。

米旭明、代单（2020），《农村集体建设用地流转与产业结构调整——基于地票制度的自然实验研究》，《经济学动态》，第3期，第86—102页。

张军、吴桂英、张吉鹏（2004），《中国省际物质资本存量估算：1952—2000》，《经济研究》，第10期，第35—44页。

Herkenhoff, K. F., Ohanian, L. E., and Prescott, E. C. (2018). Tarnishing the Golden and Empire States: Land-use Restrictions and the US Economic Slowdown. *Journal of Monetary Economics*, 93, pp. 89 – 109.

Hsieh, C. T., and Moretti, E. (2019). Housing Constraints and Spatial Misallocation. *American Economic Journal: Macroeconomics*, 11 (2), pp. 1-39.

Chen, B., Lu, M., Timmins, C., and Xiang, K. (2019). Spatial Misallocation: Evaluating Place-Based Policies Using a Natural Experiment in China (No. w 26148). National Bureau of Economic Research.

Han, L., and Lu, M. (2017). Housing Prices and Investment: An Assessment of China's Inland-favoring Land Supply Policies. *Journal of the Asia Pacific Economy*, 22 (1), 106-121.

Yu, Y. (2019). Land-Use Regulation and Economic Development: Evidence from the Farmland Red Line Policy in China. Working paper.

金融评论

Financial Forum

Comparative

关于央行数字货币若干问题的思考

姚前

回顾历史，技术变迁推动了货币形态从商品货币、金属货币、纸币到电子货币的演化，并使货币内涵不再囿于“金银天然不是货币，但货币天然是金银”的货币金属论，延展到信用货币、高流动性金融资产等更广义的货币层次。当前，随着区块链、大数据、云计算和人工智能等数字技术的快速发展，技术对货币演化的影响进一步深入，出现了不同于传统货币的新型货币：数字货币。顺应这一趋势，法币数字化已成为数字新时代最重要的货币金融变革，正引起各国中央银行、业界和学术界的广泛关注。

一、央行货币面临的挑战：新型货币战争

关于货币，人们似乎更关心它的价值内涵，而对它背后的技术，在电子货币和数字货币崭露头角以前，兴趣好像没有那么浓厚。这是一个信用货币时代，在很多人眼里，货币就是银行账户里的数字，只要银行不倒闭，它就在那里。除了交易转账，货币往往因价值而动，哪里的价值更稳定，收益更高，货币就往哪里流动。流动间，就发生了货币的替代，或转换为资本，或转变成其他形式的货币（资产）。这些故事可大可小，小的可引发人世间的种种悲喜剧，大的可引发为了抢夺货币主导权的“战争”，比如以邻为壑的汇率战、各

* 作者系中国证监会科技监管局局长。本文仅代表个人学术观点，不代表所在机构意见。

种贸易/货币联盟、国际货币体系改革与博弈等。

如果说因价值内涵而发生的货币替代是“古典货币战争”，那么因技术先进而引起的货币替代则可称为“新型货币战争”。当然，这不是什么新鲜玩意儿，我们已然在货币演化史中看到了技术的痕迹，比如黄金之所以替代其他材料成为广为接受的货币，不仅在于它稀少，还因为它的技术特性，比如容易标准化、可分割、携带方便、材料稳定和不易变质。只是历史过于漫长，人们逐渐忽略了技术的作用。随着现代信息技术革命的兴起，技术对货币的影响正达到前所未有的状态，并将继续演绎、拓展和深化。它不仅发生在现金、存款货币等各货币层次之间，也发生于各国的货币竞争，甚至还可能引发整个货币金融体系变革，因此引起全球各界的广泛关注。

某种意义上来说，这场“新型货币战争”可追溯到2008年全球金融危机。金融危机的爆发使中央银行的声誉及整个金融体系的信用中介功能受到广泛质疑，奥地利学派思想回潮，货币“非国家化”的支持者不断增多。在此背景下，以比特币为代表的不以主权国家信用为价值支撑的去中心化可编程货币“横空出世”。有人甚至称之为数字黄金，寄托取代法定货币的梦想。这是信息技术发展带来的私人货币与法定货币的“战争”，是货币“非国家化”对法定货币的挑战。

第二场新型“货币战争”则是电子支付对法定现金的挑战。近年来，支付宝、微信支付等非现金支付方式的使用率持续激增，“无现金社会”“无现金城市”等词语在媒体上频频出现，甚至成为一些第三方支付机构推广业务的宣传口号。与之密切相关的是，许多发达国家和新兴市场国家的央行货币在货币总量中的比重有所下降。自2003年以来，我国基础货币与M2的比率下降了5%，印度下降了7%，欧元区则下降了3%。其中部分原因就是央行货币（尤其是现金）在流通领域被技术更先进的电子支付方式替代。

或许，我们应该正面看待和解读这场“新型货币战争”。因为它整体上推动了支付效率的提高、金融的普惠以及社会福利的上升。Libra白皮书指出：“Libra的使命是建立一套简单的、无国界的货币和为数十亿人服务的金融基础设施”①，现在看，其宏大使命未必一定成功，但对于这样的愿景，我们应该积极应对，至少在技术方面抑或在模式方面，它为我们提供了新的参考和选

① Libra白皮书1.0，2019，可从以下网址获得：https：//libra.org/en-US/white-paper/。

项，有益于社会的进步。对于法定货币而言，私人支付工具“去现金化”口号，以及“去中心化”数字货币的兴起，更像是闹钟，唤醒中央银行应重视法币价值稳定，唤醒中央银行不能忽视数字加密货币这一难以回避的技术浪潮，唤醒中央银行应重视央行货币与数字技术的融合创新。

这一唤醒作用已开始显现。以我国为例，早在2014年，中国人民银行正式启动法定数字货币研究，论证其可行性；2015年，持续充实力量展开九大专题的研究；2016年，组建中国人民银行数字货币研究所，笔者躬逢其时。央行数字货币研究所基于我国“中央银行－商业银行”二元体系，开发了准生产级的法定数字货币原型系统。2016年之后，各国中央银行也开始行动起来，开展基于区块链技术的央行加密货币实验，比如，加拿大的Jasper项目、新加坡的Ubin项目、欧洲央行和日本央行的Stella项目、泰国的Inthanon项目，还有我国香港的LionRock项目等。这是一条全新的赛道，参加者有私人部门，有公共部门，有主权国家，有国际组织，有金融机构，有科技公司，有产业联盟，有极客，有经济学人……总体看，这场“新型货币战争”才刚刚开始。

二、从私人数字货币到央行数字货币：关联与区别

比特币不是最早的数字货币，最早的数字货币理论由戴维·乔姆（David Chaum）于1983年提出，这种名为E-Cash的电子货币系统基于传统的“银行－个人－商家”三方模式，具备匿名性、不可追踪性。但比特币是最具有影响力的数字货币。它发端于2008年国际金融危机后的货币“非国家化”思潮，是一种不以主权国家信用为价值支撑的去中心化可编程货币。基于数字钱包、分布式共享账本和共识机制的比特币创新设计使数字货币技术实现了新的飞跃，由原来的三方模式变成像实物货币一样点对点的双方交易模式。

比特币引发全球大规模的数字货币实验。与基于主权国家信用的法定数字货币或央行数字货币相对照，有人称它们为私人数字货币。截至2020年5月，共有5425种私人数字货币。它们的亮点在技术创新。比如，以太币扩展了比特币的可编程脚本技术，发展出一个无法停止、抗屏蔽和自我维持的去中心化智能合约平台；瑞波币允许不同的网关发行各自的数字借据（I Owe You，IOU），并实现不同数字借据之间的自动转换；零币应用了零知识证明算法，以增强交易的隐私性；等等。它们的缺点则在于两方面：

一是缺乏稳定价值支撑，价格不稳定。比如，比特币价格暴涨暴跌，一度飙涨到 1.9 万美元，但也曾跌破 3500 美元。价值不稳定带来的后果是私人数字货币难以成为真正的货币。它们越来越倾向于被视为资产，而非货币。于是近几年来，寻求代币价值稳定成为私人数字货币的热点，出现了稳定代币，或基于算法规则，或基于法币抵押，以维持与法币的汇率平价，获得代币价值的稳定。USDT、TUSD、Dai、摩根币（JPM Coin）、Libra 等即是代表。

二是合规性问题。包括对货币主权的挑战、监管套利、用户审核（KYC）、反洗钱和反恐融资（AML/CTF）、逃税避税、数据隐私保护、资金跨国流动、投资者权益保护等一系列合规问题。这涉及如何对私人数字货币进行定性，其中最具争议的是初始代币发行（ICO）。面对这种有点类似股票公开发行（IPO）的新型融资方式，各国监管部门一开始有点“无所适从”。2017 年，我国和韩国禁止所有形式的代币融资。目前，美国等国家倾向于按实质重于形式的监管原则，更多判定初始代币发行是一种证券行为，要求遵守《证券法》相关规定。应该说，各国对私人数字货币的立法越来越重视，意图从资产交易、支付、税收、初始代币发行、反洗钱、反恐怖融资、金融稳定、消费者保护等各个方面，对其交易、使用和流通进行规范。但总体看，许多私人数字货币主要基于公有链模式，合规性问题并未真正得到解决。不过，我们也看到一些私人数字货币正在积极解决合规性问题。比如，2018 年，美国 Gemini 信托公司发行的 Gemini Dollar（GUSD）和 Paxos 信托公司发行的 Paxos Standard Token（PAX）均得到纽约州金融服务局（NYDFS）的批准。Libra 2.0 白皮书充分考虑了各方监管关切，提出了一系列合规措施，包括放弃公有链、申请支付牌照、建立用户审核、反洗钱和反恐怖融资的合规框架等。

与私人数字货币不同，法定数字货币或央行数字货币“根正苗红”，不存在价格不稳定和合规性问题，但与私人数字货币开源、众智的创新方式相比，央行数字货币创新动力和能力略显不足。有些经济体选择了以区块链技术为代表的加密货币技术路线，比如，加拿大的 Jasper 项目、新加坡的 Ubin 项目、欧洲央行和日本央行的 Stella 项目、中国香港的 LionRock 项目、泰国的 Inthanon 项目，而有些经济体则摇摆不定，对是否采用区块链技术依然存有争议。于是，出现了所谓基于账户和基于价值的央行数字货币“两分法”，通俗来说，前者是国家发行和运营的“支付宝”，后者是国家发行和运营的“比特币”。实质上，前者将央行数字货币的定义进行了“泛化”，将电子货币也纳入了数字货币范畴，更准确地说，应该称之为“央行电子货币”。数据显示，相较于2018年58.4%的同比增长，2019年我国移动支付交易规模同比增速仅为18.7%，增速持续放缓意味着移动支付市场渐趋饱和，将步入存量竞夺的发展阶段。因此在第三方支付高度发达的国度，推出类“央行电子货币”的央行数字货币，亦有人对其建设意义存有疑虑。

区块链技术具有难以篡改、可追溯、可溯源、安全可信、异构多活、智能执行等优点，是新一代信息基础设施的雏形，是新型的价值交换技术、分布式协同生产机制以及新型的算法经济模式的基础。当前，各国基于区块链技术的央行数字货币实验进展迅速，内容已涉及隐私保护、数据安全、交易性能、身份认证、券款对付、款款对付等广泛议题。作为一项崭新的技术，区块链当然还有这样那样的缺点与不足，但这正说明该技术有巨大的改进和发展空间。

三、央行数字货币的价值属性：央行负债，还是私人负债

既然称为央行数字货币，自应是央行的负债。但也有人提出了100%备付金模式：私人机构向中央银行存缴100%备付准备金，以此为储备发行的数字货币也可视为央行数字货币。IMF经济学家阿德里安（Tobias Adrian）和曼奇尼－格里弗利（Tommaso Mancini-Griffoli）将这样的央行数字货币称为合成型央行数字货币（Synthetic Central Bank Digital Currency，SCBDC）①，在此情形下，所谓的央行数字货币就不是央行的负债，只是以央行负债为储备资产。这算不算真正的央行数字货币，尚无定论。合成型央行数字货币当然不能“只此一家，别无分店”，从技术的角度看，其间的交互不仅没有显著改善中央银行的服务压力，反而提高了系统的复杂程度。100%准备金存缴意味着数字货币的发行、流通、收回、销毁等全生命周期均要依附于传统账户体系，尤其是跨运营机构央行数字货币的流通，除了央行数字货币账本更新外，还要处理相应准备金账户间的清结算，一定程度上会牺牲系统灵活性，准备金账户管理和额度管控的关系也会导致新的复杂性，有可能还需要成立专门的清算机构提供互联互通服务。

应该说，合成型央行数字货币只是诸多公私合营方案的一种，并不唯一。公私合营的目的是为了共同发挥公共部门和私人部门的优势，一方面保持中央

---

① Adrian, Tobias, and Tommaso Mancini-Griffoli. 2019. The Rise of Digital Money. FinTech Notes No. 19/001 (July 15). Washington: International Monetary Fund. 可从以下网址获得：www. imf. org/en/Publications/fintech-notes/Issues/2019/07/12/The-Rise-of-DigitalMoney-47097。

银行的监管职能和信任背书的功能，另一方面发挥私人部门的活力和创新优势。关键在于，边界在哪里？如何分工？合成型央行数字货币将数字货币的技术设计、系统建设和日常运营交给了市场，同时又向市场机构让渡了一定的货币发行权，这是否最佳？我们可以看看 Libra 2.0 的设计①，它俨然成了央行数字货币服务提供商的角色，为各国央行数字货币的发行和流通提供 BaaS 服务（Blockchain as a Service，区块链即服务）。各国央行无须独立建设各自的央行数字货币系统，可作为 Libra 网络的超级节点，直接利用 Libra 的区块链即服务平台，发行、流通和管理央行数字货币。在这一过程中，央行没有让渡货币发行权。相较于 100% 备付金模式或合成型央行数字货币，Libra 2.0 的央行数字货币服务提供商模式也许是更好的公私合营范例。

从各国央行数字货币实验和计划来看，央行直接负债模式或许是主流。2020 年 3 月美国推出 2.2 万亿经济刺激法案时，其初稿端出了数字美元方案。方案明确数字美元由美联储发行，是美联储的负债。2020 年 5 月，数字美元基金会（Digital Dollar Foundation）与全球咨询公司埃森哲共同打造的数字美元项目（Digital Dollar Project）发布了一份白皮书。② 白皮书也明确指出数字美元是美联储的直接负债，而且认为 Money（货币）与 Currency（通货）有着本质的区别：Money 主要是存款机构的负债，但 Currency 是美联储的负债。它强调“中央银行货币发挥着特殊作用，特别是在批发支付和证券交易中。在美国，没有比美联储发行的货币更安全的货币了。它降低了结算风险并提供了结算的最终性，因此监管者和市场参与者对使用央行货币有着强烈的偏好”。这与国际《金融市场基础设施原则》（PFMI）原则九“货币结算”的观点一致。《金融市场基础设施原则》也强调，金融市场基础设施应该在切实可行的情况下使用央行货币进行货币结算。如果不适用央行货币，金融市场基础设施应最小化并严格控制因使用商业银行货币产生的信用风险和流动性风险。因此，从安全性角度看，应优先考虑基于央行直接负债的央行数字货币，而不是基于私人负债的央行数字货币。

2020 年 10 月欧洲中央银行发布数字欧元报告，并计划于 2021 年中期开展数字欧元实验。报告指出“数字欧元将是欧元体系（Eurosystem）的负债，是

---

① Libra 白皮书 2.0，2020，可从以下网址获得：https：//libra.org/en-US/white-paper/。

② Digital Dollar Foundation. 2020. The Digital Dollar Project Exploring a US CBDC.

无风险的中央银行资金”，而且它着重强调“基于任何私人实体债权发行的货币形式都不是CBDC，即使由欧元体系储备金全额支持”。① 显然，同数字美元一样，数字欧元也选择央行直接负债模式，而非100%备付金模式。

四、央行数字货币的生成：发行还是兑换

货币发行与兑换的区别在于：前者的主体是货币发行机构，属于主动供给；后者的主体是货币使用者，属于按需兑换。既然主动供给，就有量上的自由裁量，存在扩表发行的可能。按需兑换则是需求拉动，以一种形式的央行货币兑换另一种形式的央行货币，央行没有扩表发行。因此在央行资产负债表上，两者表现不同：按需兑换是在负债端完成1∶1兑换，资产没有扩张；扩表发行则在资产负债两端均有扩张。

对于央行数字货币的生成，应是发行还是兑换？取决于央行数字货币的定位以及货币政策的需要。如果只是M0替代，那么它和现金一样，是按需兑换；如果中央银行根据货币政策目标的需要，通过资产购买的方式，向市场发行数字货币，则是扩表发行。扩表发行须界定合格的资产类型，以适当的数量和价格进行操作。

数字美元基金会的白皮书指出，数字美元是美联储以美元计价的负债，是M0的组成部分，作为其补充，像美元钞票一样分发，并强调数字美元对货币政策的影响中性，不会影响美联储货币政策。显然这一方案是遵循按需兑换的思路，白皮书还给出了实物现金和代币化数字美元的双层分发模型。而美国经济刺激法案中的“数字美元计划”则甩开了包袱，它设计了面向家庭财政补助以及在此基础上的小额支付场景，是“直升机撒钱”。

五、央行数字货币的技术路线：基于账户还是基于代币

研发央行数字货币首先要回答一个问题，什么叫央行数字货币。对此，目前还没有共识。2017年，美国学者科宁（Koning）② 根据是否基于央行账户，提出央行数字账户（Central Bank Digital Account，CBDA）和央行数字货币

① European Central Bank. 2020. Report on a Digital Euro.

② Koning J. P.，Evolution in Cash and Payments：Comparing Old and New Ways of Designing Central Bank Payments Systems，Cross-border Payments Networks，and Remittances. R3 Reports. 2017. https：//www. r3. com/research/#toggle-id-14.

（Central Bank Digital Currency，CBDC）的概念。2018 年，国际清算银行的一篇报告①给出了一个比较有意思的定义，不过它不是正面回答这个问题，而是使用了一种排除法进行定义。它将目前存在的各类支付工具进行汇总，然后判定哪些不是央行数字货币，一一排除后，剩下的就是央行数字货币。

国际清算银行使用了四个维度的标准：是不是可以广泛获得、是不是数字形式、是不是中央银行发行、是不是类似于比特币这种技术产生的代币。按照这四个维度，现金是可以广泛获得的、非数字化的、中央银行发行的、以代币形式存在的货币。银行存款是可以广泛获得的、数字化的、非中央银行发行的、不是代币形式的货币。它们都不是央行数字货币。除了现金，中央银行发行的货币还有银行准备金，包括存款准备金、超额存款准备金。银行准备金已经数字化，但是国际清算银行认为，这不是中央银行要真正研究的央行数字货币。

一种可能的央行数字货币是，中央银行的账户向社会公众开放，允许社会公众像商业银行一样在中央银行开户，这一点其实容易理解，相当于中央银行开发了一个超级支付宝，面向所有的 C 端客户服务。国际清算银行认为，这样形成的央行货币是央行数字货币，将其称为基于账户（Account）的央行数字货币，或称央行数字账户。另一种可能的央行数字货币是中央银行以比特币这种技术发行的代币，可称为基于代币（Token）的央行数字货币，或称央行加密货币（Central Bank Crypto Currency，CBCC），这类货币既可以面向批发，也可以面向零售。据笔者理解，代币模式是一种基于密码学的新型账户体系，本质上是一种全新的加密模式，在该模式下，用户对账户的自主掌控能力更强。基于账户还是基于代币，代表了两种不同的技术路线，哪种路线占据主流，有待观察。笔者认为，代币模式可以突破现有账户体系的禁锢，在开放环境下，对交易安全、数据安全和个人隐私保护等问题提供一整套新的解决方案，其支撑技术即为区块链技术。②

目前各国央行数字货币实验大都选择了代币模式。同样，数字美元基金会的白皮书也明确提出，它的愿景是将美元代币化，使数字美元成为一种新的更具活力的央行货币。他们认为“代币化为支付和金融基础设施领域的创新提供了无与伦比的机会”。他们还指出了账户模式存在非最终结算的缺点：“移动

① Committee on Payments and Market Infrastructures，Markets Committee. 2018. Central Bank Digital Currencies. March.

② 姚前，《数字货币的前世与今生》，《中国法律评论》2018 年第 6 期。

支付系统速度更快、更方便，但它仍然是基于账户的，这意味着交易尚未完成或不是‘最终’的，在记录、核对和结算各自的借贷交易之前，仍然可以撤销。”

从隐私保护角度看，采用代币模式的央行数字货币可吸收实物货币“点对点”支付和匿名性的特性，将支付权利真正赋予用户自身。在一定程度上，第三方支付的出现破除了用户对银行账户的依赖以及被施加的约束（如需要访问多个银行的网银办理业务、一层层烦琐的业务程序等），有效释放了用户的支付主动性和能动性，降低了支付交易成本。但这还远远不够，货币、账户的所属权归谁？其中的信息可向哪些人透明？透明到什么程度？可否被追踪？这些理应都由用户自主掌控，但在现有账户模式下，中介机构拥有更大控制权。

代币模式的另一好处在于金融普惠。美国联邦存款保险公司（FDIC）在2017年开展的一项调查发现，大约1400万美国成年人没有银行账户，这一数字在新冠疫情期间变得更加重要，导致美国政府难以向其中许多人发放紧急救济资金。而基于代币的数字美元钱包的相关成本要低于传统银行账户的成本，相应的服务覆盖范围可扩大到虽没有银行账户但能够使用移动设备的人群。

六、央行数字货币与智能合约：审慎还是积极

智能合约最早由密码学家尼克·萨博于1993年提出，它是区块链上可以被调用的、功能完善、灵活可控的程序，具有透明可信、自动执行、强制履约的优点。智能合约极大地扩展了数字货币的功能，发展出各类基于智能合约的去中心化金融（DeFi），比如存贷领域的AAVE和Compound，资产交易所的UniSwap和Balancer，保证金交易的dYdX，金融衍生品交易的Augur，保险的Nexus Mutual等，由此生成一个基于数字货币且充满活力的去中心化金融应用生态系统。

目前看，加拿大、新加坡、欧洲央行和日本央行开展的央行数字货币实验均应用了智能合约，它们的实验项目运行在以太坊、Corda、Hyperledger Fabric、Quorum等带智能合约的平台上，加拿大的Jasper项目、欧洲央行和日本央行的Stella项目建立了基于智能合约的流动性节约机制（Liquidity Saving Mechanisms，LSM），新加坡的Ubin项目通过智能合约发行央行数字货币。笔者曾结合央行数字货币的可编程特点，提出央行数字货币发行的“前瞻条件触发”机制①，包括时点条件触发、流向主体条件触发、信贷利率条件触发和经济状

① 姚前，《法定数字货币对现行货币体制的优化及其发行设计》，《国际金融研究》2018年第4期。

态条件触发等货币生效设计，研究显示可编程性为央行数字货币提供了极大的创新空间，有效丰富了央行的货币政策工具。

数字美元基金的白皮书对数字美元的可编程性以及智能合约的应用也持积极的态度。它认为，数字美元提供了超出当今央行准备金和纸钞之外的新功能和实用性，其中即包括可编程性，数字美元的可编程性将为价值转移的创新和精确性开辟更多的途径。它指出“在全球范围内，各国政府和私营机构正在试验代币化的商品、合同、法定所有权，最关键的是，商业银行和央行的数字货币可以与算法驱动的智能合约相结合。虽然刚刚起步，但这一数字创新仍在全球范围内不断扩展”。它还提出央行数字货币可编程的两个好处：一是可编程的央行数字货币若与数字证券相结合，可实现真正的原子结算；二是数字美元的可编程性可更好地控制用户数据的收集与利用，比如可控匿名。

七、央行数字货币的运行架构：单层运营与双层运营

笔者在 2017 年专文阐述央行数字货币发行的二元体系①：“虽然纯数字货币系统可以不与银行账户关联，但由于我国的货币发行遵循中央银行到商业银行的二元体系，而且当前社会经济活动主要基于商业银行账户体系开展，如可以借助银行账户体系，充分利用银行现有成熟的 IT 基础设施以及应用和服务体系，将大大降低数字货币推广门槛，提高使用便捷性和灵活性，有助于最广大的客户群体使用数字货币。数字货币在融入现有的应用基础之上将拓展出更加丰富和多元化的场景，数字货币的自身服务能力和竞争力也将进一步增强。”在具体思路上，可采用“商业银行传统账户体系 + 数字货币钱包属性”的设计思路，由此央行数字货币不仅可以有机融入“中央银行 - 商业银行”二元体系，还可以复用现有的成熟的金融基础设施，更重要的是，此一处理，既可使数字货币与银行账户独立开来，又可分层并用，发钞行只需对数字货币本身负责，账户行承担实际的业务，应用开发商落实具体的应用实现，各司其职，边界清晰，若辅之以其他手段，或可降低银行存款大规模流失的可能性。而且增加数字货币属性也是对商业银行账户体系的创新，商业银行不仅可以利用现有账户系统继续为本行客户提供数字货币服务，还可以利用数字货币的新

---

① 姚前，《数字货币和银行账户》，《清华金融评论》2017 年第 7 期。Yao，Q. 2018. Technical Aspects of CBDC in a Two-Tiered System. Institute of Digital Money，People's Bank of China.

特性积极拓展新型业务，进一步加强自身的服务能力与竞争力。

此后的国际清算银行报告①提出与二元体系相似的双层架构（Two-tiered System）。库姆霍夫和努恩（Kumhof and Noone，2018）② 提出的间接央行数字货币模型（Indirect CBDC Model）以及阿德里安和曼奇尼－格里弗利（2019）③ 提出的合成型央行数字货币其实也是采用了双层架构方案。双层架构正逐渐形成各国的共识。

但笔者以为，双层运营与单层运营并非二选一的关系，就像出租车与公共汽车，二者似可并行不悖，兼容并蓄以供用户选择。前文述及的数字美元方案不仅提出了双层运营，同时还考虑了单层运营，即美联储直接向社会公众提供数字美元服务。如果央行数字货币直接运行在以太坊、Libra 2.0 等区块链网络，那么中央银行可借助它们的 BaaS 服务，直接向用户提供央行数字货币服务，而无须借助中介机构，用户也无须托管数字钱包。单层运营可以使央行数字货币更好地惠及弱势群体，实现金融普惠。欧洲中央银行的数字欧元报告也同时考虑了单层运营和双层运营，用户可直接访问中央银行资产负债表，也可通过中介机构，由其作为结算代理人开展数字欧元交易。

央行数字货币的建设与推广，是依赖新型的金融科技公司，还是传统的金融机构？这里当然不是非此即彼的关系，理论上讲，只有充分发挥各方的优势，央行数字货币这个新生事物才能根深叶茂，行稳致远。

八、央行数字货币与货币政策工具：计息，还是不计息

不计息，央行数字货币仅是一种支付工具，就像实物现金一样；计息，央行数字货币则是生息资产，成为一种新的价格型货币政策工具。一是在批发端，当央行数字货币利率高于准备金利率时，它将取代准备金利率成为货币市场利率走廊的下限；二是在零售端，央行数字货币利率将成为银行存款利率的下限。若央行数字货币完全替代现金，那么可以实施有效的负利率政策。但许多

---

① Raphael Auer and Rainer Böhme. 2020. The Technology of Retail Central Bank Digital Currency. *BIS Quarterly Review*, March.

② Kumhof, M. and C. Noone. 2018. Central Bank Digital Currencies – Design Principles and Balance Sheet Implications, Bank of England Working Papers, no 725.

③ Adrian, Tobias, and Tommaso Mancini-Griffoli. 2019. The Rise of Digital Money. FinTech Notes No. 19/001 (July 15). Washington: International Monetary Fund. 可从以下网址获得：www. imf. org/en/Publications/fintech-notes/Issues/2019/07/12/The-Rise-of-DigitalMoney-47097。

人对央行数字货币计息存有疑虑，担心会引发存款从商业银行转移到中央银行，导致整个银行体系信贷能力萎缩，成为“狭义银行”。

笔者认为①，实质上，中央银行对央行数字货币具有无可辩驳的控制权，央行数字货币对银行存款也并非就是完美的替代品，比如银行存款可以透支，而央行数字货币不行。而且商业银行也不是完全被动的，他们会对央行数字货币的优势做出反应。为了防止在计息的情况下央行数字货币对银行存款的替代，至少可以采取以下措施，增加银行存款向央行数字货币转化的摩擦和成本。一是央行可以参照实物现金管理条例对央行数字货币实施“均一化”管理，以此管控央行数字货币的大额持有，实质上就是管控大额取现。二是中央银行对银行存款向央行数字货币每日转账施加限额，不支付高于规定限额的余额的利息，降低大额央行数字货币的吸引力。三是商业银行引入大额央行数字货币提款通知期限，对可能接近现金存储成本的异常大额余额征收费用。四是商业银行提高银行存款吸引力，比如提高利息或改进服务。因此，无须对央行数字货币怀有“狭义银行”恐惧症。

数字美元方案似乎也不在乎“狭义银行”，提出直接对数字美元计息，突破了当下各国央行数字货币实验暂不计息的谨慎思路。欧洲中央银行的数字欧元报告虽然强调应避免资金从银行存款突然转移到数字欧元而带来的相关风险，但它不反对数字欧元计息，提出所谓的分级计息系统（a tiered remuneration system），以可变的利率对不同数字欧元持有量计息，以减轻数字欧元对银行业、金融稳定和货币政策传导的潜在影响。

九、央行数字货币的监管考量：实现隐私保护与监管合规的平衡

身份可信是现代经济社会稳定运行的基础。身份管理如此重要，以至于世界各国都将其作为最根本的社会治理制度之一。在我国，自殷商以来就有严密的户籍管理制度，是征兵、赋役、管制的基础。户籍管理不仅中国有，国外也同样有。外国的户籍管理多叫“民事登记”或“生命登记”、“人事登记”，叫法不一，但基本上与我国的户籍管理大同小异。如果说现实生活中的身份管理依托于人口登记，那么数字世界中的数字身份又该如何展开，如何维护，如何管控呢？目前的公私钥体系还有哪些需要改进的地方？这些都是央行数字货币

① 姚前，《法定数字货币的经济效应分析：理论与实证》，《国际金融研究》2019 年第 1 期。

必须研究的问题。

央行数字货币赖以运行的一大技术支柱是密码算法。现有加密数字资产的纯匿名方式会引发用户的财产损失风险，在央行数字货币体系中必须彻底解决。同时，在央行数字货币的用户体验上，也需要考虑用户个人隐私保护的需求，通过隐私保护技术确保用户数据的安全，避免敏感信息的泄露，且不损害可用性，为央行数字货币流通营造一个更为健康的使用环境，体现央行数字货币竞争优势。在央行数字货币监管方面，利用数字货币“前台自愿，后台实名”的特性，通过安全与隐私保护技术来管理相关数据使用权限，实现一定条件下的可追溯，确保大数据分析等监管科技有用武之地。①

在笔者构建的“一币、两库、三中心”央行数字货币原型系统中，由央行通过认证中心对央行数字货币机构及用户身份信息进行集中管理，它是系统安全的基础组件，也是可控匿名设计的重要环节。登记中心则记录央行数字货币及对应用户身份，完成权属登记，并记录流水，完成央行数字货币产生、流通、清点核对及消亡全生命周期登记。这里的机制是认证中心和登记中心的数据若非监管和司法需要，不得随意匹配，要有防火墙来达成两方相关数据的隔离。数字身份的独立和严格管理，既可以提供公共服务，又意在保护用户隐私。

十、结语

2017 年，笔者曾撰文探讨数字法币的内涵与外延：“法定数字货币在价值上是信用货币，在技术上是加密货币，在实现上是算法货币，在应用场景上则是智能货币。与现有的私人数字货币和电子货币相比，法定数字货币将呈现全新、更好的品质。让货币价值更稳定，让数据更安全，让监管更强大，让个人的支付行为更灵动，让货币应用更智能，不仅能很好地服务大众，同时又能为经济调控提供有效手段，还能为监管科技的发展创造坚实的基础，这些优秀品质是中国法定数字货币所追求的目标。”②

时至今日，虽然各国“引而不发”，至今还没有出现真正意义上的央行数字货币，但无论是数字美元方案，还是数字美元计划白皮书，均表明美国已正式加入“火热的央行数字货币战局”。事实上，无论是虚拟货币监管，稳定币

① 姚前，《央行数字货币的考量》，《第一财经 App》2018 年 3 月。

② 姚前，《理解央行数字货币：一个系统性框架》，《中国科学》2017 年第 11 期。

的市场化探索，还是美联储的“体制内”研究创新，都涉及本文探讨的央行数字货币关键考量，美国人均有多元化的选择，客观上为后继发展留出了极大的弹性空间。美国的入局将像催化剂一样，大大加速全球央行数字货币的研发，央行数字货币时代或不再遥远。作为大国，我们应在这一数字创新浪潮中迎头而上，积极有为。

数字时代已然来临，数字货币时代也必将来临。

参考文献

Adrian，Tobias，and Tommaso Mancini-Griffoli. 2019. The Rise of Digital Money. FinTech Notes No. 19/001 (July 15). Washington：International Monetary Fund. Available at www. imf. org/en/Publications/fintech-notes/Issues/2019/07/12/The-Rise-of-DigitalMoney-47097.

Committee on Payments and Market Infrastructures，Markets Committee. 2018. Central Bank Digital Currencies. March.

Digital Dollar Foundation. 2020. The Digital Dollar Project Exploring a US CBDC.

European Central Bank. 2020. Report on a Digital Euro.

Libra 白皮书 1.0，https：//libra. org/en-US/white-paper/。

Libra 白皮书 2.0，https：//libra. org/en-US/white-paper/。

Raphael Auer and Rainer Böhme. 2020. The Technology of Retail Central Bank Digital Currency. *BIS Quarterly Review*，March.

Koning J. P.，Evolution in Cash and Payments：Comparing Old and New Ways of Designing Central Bank Payments Systems，Cross-border Payments Networks，and Remittances. R3 Reports. 2017. https：//www. r3. com/research/#toggle-id-14.

Kumhof，M. and C. Noone. 2018. Central Bank Digital Currencies – Design Principles and Balance Sheet Implications”，Bank of England Working Papers，no 725.

Yao，Q. 2018. Technical Aspects of CBDC in a Two-Tiered System. Institute of Digital Money，People’s Bank of China.

姚名睿，《Libra 的货币金融风险与监管方案》，《财新周刊》2019 年第 29 期。

姚前，《中国法定数字货币原型构想》，《中国金融》2016 年第 17 期。

姚前，《数字货币和银行账户》，《清华金融评论》2017 年第 7 期。

姚前，《理解央行数字货币：一个系统性框架》，《中国科学》2017 年第 11 期。

姚前，《央行数字货币的考量》，《第一财经 App》2018 年 3 月。

姚前，《法定数字货币对现行货币体制的优化及其发行设计》，《国际金融研究》2018 年第 4 期。

姚前，《数字货币的前世与今生》，《中国法律评论》2018 年第 6 期。

姚前，《法定数字货币的经济效应分析：理论与实证》，《国际金融研究》2019 年第 1 期。

姚前，《区块链与央行数字货币》，《清华金融评论》2020 年第 3 期。

名义的“实际”与实际的“名义”

孔令闻

经济学变量可以归为名义或实际两类。经济学研究的中心问题是稀缺资源配置，属于实际变量范畴，因此效用最大化和福利改善等经济学核心概念均以实际变量呈现。但在现实商品生产和流通中，几乎所有的分配问题都需要名义变量参与。在研究中，实际变量的主导性和现实中名义变量的普遍性是经济学的基本矛盾之一。两类研究方法应运而生：一类基于理论经济学假设，用实际变量的发展解释货币问题；另一类基于现实观察，从完整描述货币体系的特征入手，归纳实际变量和货币的相互联系。目前，多数经济学研究以第一类方法为主，但从实践论视角看，第二类方法才是符合“从实践中来到实践中去”的研究方法。

一、名义的“实际”

经济学研究中的实际变量指去除了整体价格水平同步变动影响后的经济变量。它有两个要素：一是必须和资源配置行为相关，而不是物理、化学等角度的其他性质；二是消除了货币总量对产出总量的平均变动影响，而着眼于商品或生产要素间的相对价格变动。实际变量通常分为两类：一类有现实对应的数量，仅受价格间接影响，比如劳动时间、商品产量等，自身数量与价格无关，

---

* 作者现任教于清华大学五道口金融学院。

可以通过直接观察获取，但它们在参与资源配置中必然伴随价格变动；另一类直接与价格有关，比如实际价格、实际产值等，这些变量无法通过直接观察取得，只能通过现实中与之对应的名义变量调节整体价格水平后构造得出。

调节直接观察到的现实名义变量得出实际变量的原理，不依赖市场均衡机制，而主要采用界定理性消费者或生产者行为的方式。以生产者行为为例，①若当期所有产出和原料的价格相对上期以同一比例变化，则该企业当期生产行为应与上期保持一致。为了在相对价格上反映这种一致性，可以将上期和当期价格加权平均，并以上期价格为基准，将当期价格按平均数的比例调整，得到当期“实际”价格，可知当期“实际”价格与上期一致。直观地，在所有物品价格末位都加上一个零，理性的厂商和消费者不会改变产销行为；对应现实中，若所有商品计价单位从“元”改到“角”，价格在数量上多了一个零，但是几乎没有人会改变行为。

部分研究为了简化讨论，往往把一种特定商品的价格定为单位量，以此商品为计量单位，考察相对价格的变动情况。因此，实际变量又被定义为以实物衡量的经济变量。

引入实际变量在理论上仅依赖理性人假设，结论的稳健性强，实践中很容易在个体行为上找到对应现象，使得经济学多以实际变量的名义展开研究，不可辩驳而深入人心。

二、实际的“名义”

现实世界中绝大多数资源配置无法离开名义变量。商品价格是名义的，雇员工资是名义的，企业营收是名义的，政府税收是名义的，一切以货币度量的变量都是名义的。这种名义的世界给脱胎于实际变量的经济学研究带来了一定的费解：既然可以明确定义实际变量，并且接受它也并非难事，为什么现实世界的运行还要“绕道”名义变量呢？该问题的答案有两个层次：一是要理解现实中名义变量存在的意义，二是要明确现实中的名义变量和理论中的实际变量的联系。

现实中的名义变量之所以存在，是为了资源配置的高效性。实践中，名义

① Friedman（2007）在其价格理论中用消费者行为阐述了这一过程，本文描述了生产者的行为作为对比，以体现构造实际变量方法在产销双方均具有操作性。

变量的范围和它们对应的资源配置功能要远大于经济学研究中经常讨论的货币体系下的价格系统。比如，在法国大革命前，被命名为贵族意味着享受不用交税等特权（托克维尔，1997）；在中国古代社会，某些特定姓氏可以免除徭役，因此不少人试图改变姓氏以享受这一权益（肖锐，2015）；在现代企业和政府中，对各种“长”的任命，也意味着权力和义务的赋予。这些命名定义了头衔、名称或职位，也同时分配了对应的支配权，也即名义变量系统通过赋予名称特定的真实资源，实现了分配。当然，这些赋值需要社会多数成员在特定文化和制度下习得并拥护。一旦名称的内涵获得广泛拥护，则通过命名的方式分配，远比每次分配过程中明确名称涵盖的内容细节要简洁有效。相比需要熟悉特定习俗的姓氏制度（安光镐，2015），或是需要通晓文化、法律知识的官制（钱穆，2012）而言，掌握经济学研究的价格系统仅需要学会比较数字大小，门槛较低。因而，它的运行效率更高且适用范围更广，成为日常商品和要素流通的主要分配系统。

经济学研究中普遍将名义变量加工成实际变量，并非否定前者的分配“本质”，而是否定它的货币“形式”，代之以实际计价单位。帕累托最优、福利经济学第一定理和第二定理，这些经济学研究用以衡量分配效率的尺度均建立在实际变量的基础上。在解释实际变量何以脱离货币“形式”而展示分配本质的问题上，宏观经济学引入了“货币中性”的概念（Walsh，2017），也即货币供给的独立变动不会引起实际产出水平的改变，真实经济周期模型便是抛开货币分析产出波动的典型。

然而，经济学理论对名义变量的“本质”和“形式”的切割，并只关注“本质”的做法往往造成了与现实情况和实践经验相反的结论。比如，整体名义价格水平剧烈波动期往往抑制了实际产出水平，而货币当局在实际产出下滑后，普遍想办法扩大名义货币的供给量。理论和实践的冲突引起了经济学对货币的讨论，形成了两类文献：一类文献仍然坚持实际变量的“本质”和货币“形式”之分，用片面的、特殊的“本质”和“形式”联系，来阐述货币的存在意义和运行机制；另一类文献从描述整体货币体系的特征出发，重新总结实际变量和货币的功能角色。下文将依次综述两类文献。

三、从实际到名义

传统宏观经济研究直接分析实际变量的分配结果，分配过程多以实际变量最优化为基准，并将经济运行结果与基准化的偏离解释为实际摩擦成本带来的低效率。货币在分配过程中不扮演角色，或在部分特殊假设下与实际摩擦成本有关。根据假设和研究视角差异，传统经济学对货币功能的认识存在反复：16 世纪以来，货币数量论受到哲学家和经济学家的广泛讨论，比如哥白尼、休谟和穆勒等人通过观察金、银进口量的变化，总结出铸币数量增加将导致价格上涨的规律。20 世纪初，凯恩斯在《通论》中认定名义工资是黏性的，并且货币可以提供流动性，因而名义货币量变化将影响实际产出水平。其后，菲利普斯（Phillips，1958）的研究认为，通货膨胀率和产出缺口有直接的线性关系，可以作为政策制定的依据。20 世纪 70 年代，卢卡斯（Lucas，1976）否定了菲利普斯曲线的政策意义，建立了“卢卡斯批判”，使得名义货币量对实际分配的影响从直接、主动的，转变为间接、被动的，成为实际变量的“一层面纱”。从此，货币主义和货币数量论对货币本质的理解再度占据主流，对货币现象的解释则通常借助于实际商品或要素市场在时间或空间上的特殊结构或者引入信息不对称；而将货币体系直接作为名义分配系统的相关讨论在传统货币学研究中基本绝迹。2008 年金融危机后，传统货币研究虽然重新认识了金融系统对实际经济产出的作用，但是并未系统、全面地阐述货币的功能。

1. 货币形式的否定

传统货币研究在讨论货币本质和存在的问题时，不直接观察和分析货币体系的特征与功能，而是抽取货币与“实际”变量关系一个或多个侧面的特点，如流动性偏好（凯恩斯，1999）、特殊市场结构（Gali，2015）、代际分割（Diamond，1965）或是记账技术缺乏（Kocherlakota，1998）等带来的“实际”需求，再纳入讨论实际变量的已有分析框架，得出货币的作用。在这类研究中，名义变量的分配功能由实际变量继承，而名义的“形式”遭到忽略，“实存名亡”。货币数量论、货币效用模型、货币先行模型和货币搜索模型是其中的典型代表。

货币数量论以弗里德曼和芝加哥学派为代表（Friedman，1989），认为货币虽然以名义形式供给，但是经济主体仅关心去除了总体价格变化后的实际货币量，并且货币的供给需求分别受到完全不同的两组变量影响，其中名义货币量主要由供给决定，而实际货币量主要由需求决定。对应到经济变量分析上，经济主体的消费、劳动、投资和产出等仅与货币的实际需求相关，而与名义供给无关，因此无须给定货币的供给条件，就可以完整地描述实际的“产出－消费”行为。而对名义价格和货币系统的分析，则借助数量方程和货币供给等式，引入货币流通速度和货币乘数等变量，可以独立于实体产销行为确定整体价格和货币总量。

上述过程将名义变量的分配功能隐藏在实际变量的最优化决策过程中，也即把名义变量的分配本质主观地混同到实际变量中；又不得不将名义变量其他侧面的次要特征，如价格水平、名义货币量等上升到本质的高度，以形成与实际变量的“对立”。应该相互对立的本质特征遭到了混同，而非主要特征发生了错位的对立，这是货币数量论对名义和实际“二分法”抽象过程的突出问题，使得它的重要结论与现实情况相去甚远，难以有效指导实践。

货币效用（Money In Utility）和先行（Cash In Advance）模型分别由克洛尔（Clower，1967）和西德劳斯基（Sidrauski，1967）等人提出，其中货币都被赋予了实际价值或功能，前者直接反映在效用函数中，后者体现在需要用名义货币进行消费的约束上。效用函数包含货币，是对货币数量论中经济主体持币需求的直接表达，并且效用函数在确定具体形式后，可求得货币头寸的规模。经济主体持币数量在理论和实证研究中没有共识，导致这一模型很难得到广泛运用。在该理论中，货币的分配本质仍然遭到主观上的忽视，而将持有货币的结果倒置成原因进行分析，数据上可以实现对特殊时期货币变化的刻画，但理论上无法体现人们决定持有货币的内在机制，因而仅能通过调整参数，拟合特定时期的数据，而不具普遍解释力。

货币先行模型的突出特点是购买消费品受到名义货币量的约束，它与预算约束共同影响经济主体的优化过程，导致名义货币变动影响了均衡结果。在该理论中，类似“铸币”和纸币形式的货币导致了经济主体的流动性约束，体现出名义货币分配功能的一个侧面。但在经济发展中，该类型的流动性约束随着中央银行和存款保险制度的日益完善，基本得到解决，而使用纸币支付的比重日益降低，使得该模型对经济活动的解释力大幅下降。

货币搜索模型以清泷信宏和赖特（Kiyotaki and Wright，1993）、石寿永（1997）以及拉戈斯和赖特（Lagos and Wright，2005）等人为代表，认为匿名交易对手方存在着不信任的“原罪”，名义货币作为一种信用凭证被普遍接受。在随机见面的交易模式下，没有货币时，交易者在需求双向相符时才能达成交易；有了货币以后，交易者仅需一方持币，而另一方供给商品便能完成交易。货币充当了交易媒介，是交易者曾经劳动的“记忆”。在这类模型中，货币的本质是交易媒介，体现出分配功能的一个特征，但局限性较大，也即只能解决货币存在性的问题，而在具体分析货币名义量和实际产出的关系时，要么因为交易的随机性难以得到有指示意义的结论，要么因为技术简化导致结论与货币数量论无异。更重要的是，在现实经济活动中，随机不信任交易模式并不普遍，人们总是习惯于从自己较为了解的供给者购买所需，也即现实交易极力避免“原罪”的发生，但货币仍然存在，这是该理论的盲点。

金融危机后，多数有识的经济学家意识到金融体系的动荡可能造成实体经济资源的严重错配。分析银行与实体经济关系的文献层出不穷，代表性的研究有格特勒和清泷信宏（Gertler and Kiyotaki，2010）在银行受净资产约束下讨论金融加速器，布伦纳梅尔和桑尼科夫（Brunnermeier and Sannikov，2014）讨论了在低波动时期金融系统有加杠杆的偏好从而造成非线性的风险放大机制，以及克里斯蒂亚诺等人（Christiano et al.，2014）在标准的货币动态一般均衡模型中加入了金融加速器拟合美国数据，以体现各个不同部门的差异性风险等。其中多数研究仍然将银行系统描述成转移实际货币和资源的传统金融中介，没有把银行系统作为名义货币的创造者进行完整的分析，从而将银行和货币、名义货币和实际变量进行了主观的分割。

上述模型都自有一套定义“货币”或“银行”的学说，但是其模型机制往往与实践中运行的货币体系差距甚远。它们的支持者对此往往不屑一顾，认为对现实必要的“简化”和“调整”正是经济学理论抽象的精华。然而，含有这些精华的研究的效果和意义，并不比实践中总结出的经验法则有效，意味着对货币体系本质的研究需要新的视角。

2. 货币现象的重构

传统货币研究在理解货币本质上的局限性，使得相关模型难以复刻或解释现实中的货币和产出的联系，比如通货膨胀与产出缺口的关系、名义货币刺激带来产出提升等现象。为了弥补这些缺陷，传统货币研究建立了新的独立理论，通过加入信息不对称或相对价格变动，还原了名义与实际变量的联系，货币幻觉模型和新凯恩斯主义模型是其中的典型代表。

货币幻觉在 1928 年费希尔的同名著作中被讨论，并于 1997 年被莎菲尔等人（Shafir et al.，1997）用实证方法检验。其典型的模型形式是经济参与者处于分割市场中，仅能接受来自个别市场的信息，无法区分名义价格变动究竟是来自货币总量的上升，还是自身产品价格的相对上涨，只能通过先验给定或者后验观察对两种情况赋予主观概率，以此为依据优化行为。货币幻觉体现为，无论面对货币当局超发货币的刺激，还是自身产品相对价格上涨，只要价格涨幅一致，参与者提升相同幅度的产值，体现了名义货币对现实生产的影响。在最优情况下，参与者应该在货币总量扩张时保持产量不变，而在相对价格上涨时扩张产出。实际的优化结果偏离最优情况，体现了信息不对称的成本。货币在其中仅充当了信息不对称的载体，而不是驱动参与者改变行为的根本因素。货币幻觉模型的结论认为，只有在不对称信息条件下货币政策才能起作用，这与现实情况下货币当局深入沟通以加强政策效力的实践大相径庭。

新凯恩斯主义经济学在2000年前后建立了动态随机一般均衡模型（Erceg et al.，2000；Smets and Wouters，2003），成为宏观政策分析的主流。其中名义价格变动遵循卡尔沃（Calvo，1983）提出的交错定价机制，也即在一期内仅有部分经济参与者可以依据最优化规则改变价格，而其他参与者只能保持价格不变，体现出凯恩斯主义价格黏性的重要假设。在模型环境中，总体价格水平随着部分经济参与者的调价行为而变化，背后受相对价格的实际变动驱动，而非来自所有名义价格的同比变化。上述环境中，可以推导出通货膨胀和产出缺口同向变动，复刻了菲利普斯曲线的结论，因此获得较多的政策关注。在新凯恩斯模型中，名义货币和实际经济行为的交互，依赖于市场力量和企业定价行为的假设，它虽然构造出现实世界中的部分数量关系，但是仍然局限于解释货币的表象和侧面，并没有分析货币体系的本质和全貌。

比较传统货币理论对货币本质和现象的研究，我们可以发现，引入货币本质后，现实的货币现象通常难以在模型中自然呈现；反过来解释现实货币现象时，却又需要额外的市场或经济参与者的行为约束。也即，传统货币理论对货币本质的理解，无法解释现实的货币现象，而对货币现象的刻画，又不能直接反映货币的本质特点。这一难题是传统货币研究片面看待货币体系，并将名义与实际进行主观分离造成的；只有全面剖析货币体系，并清楚建立起名义和实际变量的对立统一关系，才能彻底解决它。

四、从名义到实际

“贷款创造存款”（LCD）理论（孙国峰，1996a、1996b、2001、2019a、

2019b）的建立和发展，完整刻画了现代信用货币体系的分配功能：银行系统是创造货币的唯一主体，其他经济参与者必须借助货币创造来实现资源分配，银行系统引发货币创造变化势必带来实体经济运行的波动。

贷款创造存款理论分三个层次论述了现代信用货币体系作为名义分配体系与实际经济活动的联系：一是通过货币创造过程，形成名义债权债务关系从而组织实体生产，指导资源配置。二是利用债权债务关系约束实际经济均衡。三是施加货币创造规则约束改善资源分配效率。下文将依序展开分析。

1. 名义债权债务关系

现代信用货币体系的显著特征是银行的信用货币创造过程：银行接受客户贷款需求增加资产，同时不借助额外融资支持，创造自身存款负债（也即贷款创造存款）。银行因而垄断了信用货币创造，显著区别于借助募资－投资转移实际资源式的传统金融中介，扮演了信用货币体系的核心角色。

银行创造货币过程中新增的债权债务从本质上看是名义的：一方面，形式上银行扩张资产负债表产生的贷款和存款是一项“记账”动作（孙国峰，2012），因而理论上该数量可以脱离实际产量取任意正值；从沃纳（Werner，2014）对英国和德国数家银行货币创造过程的精确测算结果看，银行新增债权债务关系确实不需要借助其他任何实际资源。另一方面，每笔贷款对应的实际产出和价格只能事后同时确定：原因是，微观个体实际产出有较大不确定性，在违约和债务重组都存在的情况下，可偿付贷款量可以在零到应付贷款量区间之内取任意值，只能在了解微观个体产出分布的情况下先计算均衡价格水平，而后得出相应个体的还款额。

虽然理性预期假设是微观个体在准确了解相关实际变量分布后，能够做出对未来实际变量的期望，但现实中针对个体的实际变量分布信息普遍缺失或者分布情况极端分散，理性预期难以实施或预期结果没有意义。在产出情况分散环境下，用预期价格指导资源配置，则价格水平无法根据最终的实现情况进行调整，无异于计划经济体制下的价格管制，带来资源配置的低效率；而银行创造货币固定名义债权债务的模式，能够使价格水平随产出情况灵活调整，发挥出了市场均衡调节的优势。因此，在现实中，不仅银行信贷，其他多数的债权债务也以确定名义数量为主。

银行通过创造货币新增名义债权债务，组织生产，促进实际的要素和商品流通。生产者在银行信贷支持下获得信用货币同时背负贷款，并支付要素报酬；实际生产要素集中于生产者，而信用货币向要素持有者转移，完成了要素市场的资源配置。其后，要素持有者购买生产者的产出，实际产品流向要素持有者，信用货币回到生产者手中，生产者偿还之前借款并将剩余形成资本积累，完成了商品市场的资源配置。其中商品市场资源配置依赖于要素市场资源配置的产出，而要素市场资源配置中，银行垄断了信用货币发行，因此银行主导了由名义指导实际的资源配置过程。

由上述两个市场的资源配置看，银行对企业的贷款贯穿始终，并决定资源配置路径。下一节将详述该路径。

2. 企业的负债约束

贷款构成企业的负债约束：企业要避免破产才能长期存续，需要合理安排要素投入，规划商品生产和销售活动，保证收入能够顺利归还贷款。因而，经营现金流大于应还贷款量成为企业长期利润最大化的约束之一。

在一般均衡的框架下，企业将分别在各要素、商品和信息市场进行决策，因而负债对它的约束也间接影响到这些相关市场的均衡情况，从而传导至宏观经济的一般均衡。

不过，银行货币创造过程不必然为企业新增负债约束，而是根据银行资产扩张的类型不同，对企业的负债约束产生差异化影响。贷款创造存款理论中，银行的信用货币创造过程可以分三类：一是贷款，即银行购买对货币持有主体的债权；二是购买第三方主体的债权，如外汇、国债等；三是给自己购买商品（孙国峰，2019b）。第一类满足了企业组织生产的需求，新增了企业的负债约束；第二类直接满足了交易主体金融资产配置需求，但企业的负债约束维持不变；第三类满足了银行自身的资源需求，是银行利用垄断地位牟利，属于不规范的货币创造。可见，仅有为企业贷款的货币创造过程直接影响企业的决策，通过负债约束筛选有偿债能力的企业，促进实体经济均衡，改善经济效率，因而它是银行主导资源配置和货币创造作用于实体经济的路径。

在自然状态下，银行的信用货币垄断地位、自身利润导向和提供公共性质物品三者间将发生冲突，导致第一类货币创造新增的负债约束对实体经济的影响力减弱，需要相应的规则减轻冲突、增进效率。

3. 货币创造规则约束对资源配置的改善

银行垄断货币创造过程，通常可以保证正的存贷息差，根据贷款创造存款理论，银行没有普通企业的负债融资约束，同时由于自身营利性和公共职能之间的内在冲突导致它有过度创造货币的冲动（孙国峰，2019b），意味着超出实体经济融资需求的货币被创造，致使企业负债约束减弱甚至松弛，不利于通过企业债务约束促进实体经济均衡。基于此问题，对银行货币创造的约束应运而生。

流动性约束直接影响商业银行在银行间市场的行为，间接调控货币创造行为，体现在三个方面：现金制约、清算制约和准备金制约。其中，现金和清算制约，是由于商业银行客户的提现需求和商业银行间的清算需求，而分别产生对中央银行发行的现金和基础货币的需求所致。准备金制约是中央银行为商业银行持有的基础货币设置的强制性最低限额规定（法定准备金率）。中央银行尽管可以调节自身对银行贷款的利率，但却很难不满足银行的流动性需求，因此流动性约束就成为一种软约束（孙国峰，2019a）。

资本约束动态监控银行资产和经营状况，减少货币创造行为的风险过度累积。银行的资本一部分来自实体经济，另一部分来自利润累积，当它持有贷款违约或投资失败将导致资本减少乃至清零。银行资本清零倒闭将引发信用货币体系动荡等一系列负外部性，因而资本约束要求它按资产的风险权重分层持有足以吸收经营损失的资本量，《巴塞尔协议》就是对该约束的实践（孙国峰，2018、2019a）。资本约束减少了银行垄断地位造成的过度、低效放贷，收紧了企业负债约束，以此促进实体经济的配置效率。

银行内部风险规则是对银行内部信息披露和利益冲突的约束，主要包含两方面：一是银行的信息披露相较于普通企业而言，还应针对货币创造过程制定相应监管规范。这是因为银行的会计信息相较于普通企业而言，被赋予了更多的职责，既要消除委托代理关系中的信息不对称，还要消除监管体系中的信息不对称。二是要重视银行创造货币的公共属性，避免道德风险。为此需要优化银行的股权结构，并加强对“三会一层”（即股东大会、董事会、监事会和高级管理层）制度建设的规范，实施对银行业的微观审慎监管（孙国峰，2019c）。内部风险规则的创建使得银行自身、监管机构和社会各界对商业银行运行风险有了更清楚的认识和更全面的掌握，可以通过内外部协力防止其货币超发的行为。货币创造约束的创建帮助商业银行更好地行使公共性的资源配置角色，并克服了片面的牟利行为。

综上所述，贷款创造存款理论具体描述了名义货币分配体系的全貌，与传统经济学仅描述实际产销过程形成了鲜明对比，将名义体系的功能和特征完整、清晰地与实际变量的行为区分开。在贷款创造存款理论下，名义变量不再是实际变量的面纱，或者是依附于特定市场和信息安排的被动从属变量，而是指导实际资源分配，影响实体经济均衡的主导因素。

五、货币学和宏观经济学的未来

自金融危机后，传统货币学和宏观经济学研究框架加入了金融部门等诸多属性，但对名义和实际变量的本质及联系的认识却少有提高，特别是新凯恩斯主义框架仍然沿用了产出缺口和通胀变化之间日益减弱的关系，导致在解释新问题、新现象的过程中，又“创造性”地提出了对研究假设本身检验的衍生需求。传统研究往往针对不同的经济现象构造了“多样化”的假设和环境，但现实宏观经济运行机制应是在同一体系下，受互相联系的几个方面因素交替影响的。传统研究的支持者认为，研究只要抓住问题的主要矛盾进行假设即可。然而，现实的情况是，很多研究所关注的问题本身是影响经济运行的次要矛盾，而它的主要假设却否定了影响经济运行的主要矛盾，本末倒置，最终造成问题越解释越复杂，越分析越模糊的窘境。

抓住名义和实际变量的相互联系是破解上述难题的关键，而贷款创造存款理论对名义货币体系给出了高度抽象和一般性的整体描述，又可以提供丰富具体的实际细节，在对名义和实际矛盾的认知效率上，要高于对个别或特殊货币现象的总结，或可成为未来货币和宏观经济学研究的新起点。

参考文献

安光镐．从两个知识人的视角看古代中韩姓氏制度——以中国宋朝的郑樵和韩国朝鲜时期的刘馨远为中心，《社会科学》，2015（6）：146－154.

钱穆．中国历代政治得失．九州出版社，2012 年版．

凯恩斯．就业、利息和货币通论．商务印书馆，1999 年版．

孙国峰．中国货币政策传导机制研究，中国人民银行研究生部硕士论文，1996.

孙国峰．中国货币政策传导机制研究，《国际金融研究》，1996（12）.

孙国峰．信用货币制度下的货币创造和银行运行，《经济研究》，2001（2）：29－37.

孙国峰．关于当前银行“存差”问题的思考，《财贸经济》，2002（10）：33－35.

孙国峰，邓婕，尹航．电子货币对信用货币体系的影响——基于自由竞争市场，《金融研究》，2014（10）：50－68.

孙国峰．第一排中国金融改革的近距离思考．中国经济出版社，2012年版．

孙国峰，贾君怡．中国影子银行界定及其规模测算——基于信用货币创造的视角，《中国社会科学》，2015（11）：92－110.

孙国峰．信用货币视角下的人民币国际化，《中国金融》，2017（18）：14－15.

孙国峰，何晓贝．存款利率零下界与负利率传导机制，《经济研究》，2017（12）：105－118.

孙国峰．货币创造、资本约束与防控金融风险，《财新周刊》，2018（11）：66－68.

孙国峰．货币创造的逻辑形成和历史演进——对传统货币理论的批判，《经济研究》，2019（4）：13.

孙国峰．贷款创造存款理论的源起，发展与应用，《国际金融研究》，2019（11）：3－11.

孙国峰．货币创造、银行公司治理与系统性风险防范，《比较》，2019（2）：132－140.

托克维尔．旧制度与大革命．商务印书馆，1997年版．

肖锐．论中国姓氏文化研究意义，《中南民族大学学报》（人文社会科学版），2015，35（4）：63－66.

Brunnermeier, M. K., James, H., & Landau, J. - P. (2018). *The Euro and the Battle of Ideas*, Princeton University Press.

Brunnermeier, M. K., & Sannikov, Y. (2014). A Macroeconomic Model with A Financial Sector. *The American Economic Review*, 104 (2), pp. 379 - 421.

Calvo, G. A. (1983). Staggered Prices in a Utility - maximizing Framework. *Journal of Monetary Economics*, 12 (3), pp. 383 - 398.

Christiano, L. J., Motto, R., & Rostagno, M. (2014). Risk Shocks. *American Economic Review*, 104 (1), pp. 27 - 65.

Clower, R. (1967). A Reconsideration of the Microfoundations of Monetary Theory. *Economic Inquiry*, 6 (1), pp. 1 - 8.

Diamond, P. A. (1965). National Debt in a Neoclassical Growth Model. *The American Economic Review*, 55 (5), pp. 1126 - 1150.

Erceg, C. J., Henderson, D. W., & Levin, A. T. (2000). Optimal Monetary Policy with Staggered Wage and Price Contracts. *Journal of Monetary Economics*, 46 (2), pp. 281 - 313.

Fisher, I. (2014). *The Money Illusion*, Simon and Schuster.

Friedman, M. (2007). *Price Theory*, Transaction Publishers.

Galí, J. (2015). *Monetary Policy, Inflation, and the Business Cycle: An Introduction to the New Keynesian Framework and Its Applications*, Princeton University Press.

Gertler, M., & Kiyotaki, N. (2010). Financial Intermediation and Credit Policy in Business Cycle Analysis, in *Handbook of Monetary Economics* (Vol. 3, pp. 547 - 599): Elsevier.

Jakab, Z., & Kumhof, M. (2015). Banks Are Not Intermediaries of Loanable Funds - and Why This Matters. *Bank of England Working Paper* No. 761.

Kiyotaki, N., & Wright, R. (1993). A Search-theoretic Approach to Monetary Economics.

The American Economic Review, 63 – 77.

Kocherlakota, N. R. (1998). Money Is Memory. *Journal of Economic Theory*, 81 (2), pp. 232 – 251.

Lagos, R., & Wright, R. (2005). A Unified Framework for Monetary Theory and Policy Analysis. *Journal of Political Economy*, 113 (3), pp. 463 – 484.

Lucas, R. E. (1976). Econometric Policy Evaluation: A Critique. Paper presented at the Carnegie-Rochester conference series on public policy.

Phillips, A. W. (1958). The Relation between Unemployment and the Rate of Change of Money Wage Rates in the United Kingdom, 1861 – 1957. *Economica*, 25 (100), pp. 283 – 299.

Schularick, M., & Taylor, A. M. (2012). Credit Booms Gone Bust: Monetary Policy, Leverage Cycles, and Financial Crises, 1870 – 2008. *The American Economic Review*, 102 (2), pp. 1029 – 1061.

Shafir, E., Diamond, P., & Tversky, A. (1997). Money Illusion. *The Quarterly Journal of Economics*, 112 (2), pp. 341 – 374.

Shi, S. (1997). A Divisible Search Model of Fiat Money. *Econometrica: Journal of the Econometric Society*, pp. 75 – 102.

Sidrauski, M. (1967). Rational Choice and Patterns of Growth in A Monetary Economy. *The American Economic Review*, 57 (2), pp. 534 – 544.

Smets, F., & Wouters, R. (2003). An Estimated Dynamic Stochastic General Equilibrium Model of the Euro Area. *Journal of the European Economic Association*, 1 (5), pp. 1123 – 1175.

Sun G. (2015), *Reforms in China's Monetary Policy: A Frontbencher's Perspective*. Palgrave Macmillan.

Turner, G. (2008). *The Credit Crunch: Housing Bubbles, Globalisation and the Worldwide Economic Crisis*, Pluto Press.

Walsh, C. E. (2017). *Monetary Theory and Policy*, MIT press.

Werner, R. A. (2014). Can Banks Individually Create Money out of Nothing? —The Theories and the Empirical Evidence. *International Review of Financial Analysis*, 36, pp. 1 – 19.

新书架

New Books

Comparative

我的工作方法

保罗·克鲁格曼

约稿方给本文提出的正式任务是谈谈我的“人生哲学”。但需要声明在先，我无意遵从上述指示，因为我对一般意义上的人生并无特殊见地。我记得熊彼特曾经宣称，在其故国奥地利，他不仅是最好的经济学家，也是最出色的骑手与最浪漫的情人。我不骑马，在其他成绩上也没什么幻觉，就是厨艺还算不错。

我打算在本文谈的是范围更有限的内容：对思考的某些认识，尤其是关于如何做有趣的经济学研究。我认为在同一代经济学家当中，自己可以说有较为独特的学术风格。因为有许多途径成为好的经济学家，这种风格未必胜过同仁的选择，只是对我来说非常合适。该风格的本质是一种通行的研究策略，可以总结为几条规则。此外，我认为自己以政策为主题的写作与言论在根本上也是基于相同的规则。这些研究规则将在本文稍后部分总结，因为我觉得更好的叙述办法是先讲讲自己如何偶然踏上这条学术之路的。

起源

今天的大多数年轻经济学家是从技术专业进入这个研究领域的。他们起初想从事硬科学或工程类的职业，然后下滑到社会科学中最严谨的部分。从这个方向踏入经济学的优势显而易见，他们已经受过良好的数学训练，能很自然地接受规范模型的概念。但我的出身与之不同，我的初恋是历史学，开始学的数

---

* 本文摘自中信出版集团 2020 年 11 月出版的《克鲁格曼的经济学讲义》一书，略有修改。

学很少，在前进的途中根据需要补课。

不过，我在很早就深入了经济学领域。还在耶鲁大学读三年级的时候，我就给威廉·诺德豪斯担任世界能源市场课题的研究助理。之后我很自然地进入研究生院，在麻省理工学院的时候写出了首篇较为成功的论文，内容是对国际收支危机的理论分析。我发现自己善于采用小巧的数学模型，懂得用简化的假设让模型便于处理。但在离开研究生院时，我至少在内心里仍有些缺乏方向感。我不确定该做哪些工作，甚至不清楚自己是否真正喜欢做研究。

但非常突然地，在 1978 年 1 月，我找到了自己的立足点。由于感觉失落，我去拜访了恩师鲁迪格·多恩布什，给他讲了几方面想法，包括模糊地提到，自己在罗伯特·索洛的短期课程上学到的垄断竞争模型，尤其是迪克西特与斯蒂格利茨用的可爱的小模型，或许能用于国际贸易的研究。鲁迪格说这个想法或许很有意思，于是我回家之后做了些扎实的工作，几天后便意识到：我已经找到了后来将成为自己职业生涯核心部分的东西。

我发现了什么呢？细想起来，我的贸易模型的突破点并不特别惊人：即使在没有比较优势的情况下，规模经济也可以成为国际贸易的独立原因。这对我而言是个新发现，但很快就认识到，传统贸易理论的批评者此前多次提出过类似观点。我设计的模型留下了些悬而未决的问题，特别是往往有多个均衡解。即使如此，为了便于模型的处理，我依然做了些明显不符合现实的假设。在设定这些假设后，模型变得相当简单，因此没有给论文写作留下展示任何高端技巧的机会。所以有人或许认为我没有做出什么有意思的发现，某些同事在之后几年也确实就是这么跟我说的。然而我却看到（由于某种原因是几乎立刻看到），模型的所有这些特征是优点而非缺点，这些特征支持的研究领域可以在之后若干年里结出丰硕的成果。

显然，我只是指出了传统贸易理论的批评者在数十年里都在讲的道理。但这一观点此前并未成为主流国际经济学的组成部分，原因何在？因为它从来没有用漂亮的模型表述过。新的垄断竞争模型给我提供了一个工具，利落地开启此前被视为繁杂棘手的盲区。但更重要的是，我突然意识到经济学的方法论能够在多大程度上造成盲点。凡是不能做规范建模的地方，我们就视而不见。这其中最大的盲点与收益递增相关，因此正好便成了我的使命：从略微不同的角度看待事物，由此揭示平凡之理，那些一直藏在我们眼皮子底下的真相。

我在那个冬天到春天写下的模型并不完善，如果有人细究，会发现它们很反映模型设计者的水平，所幸模型仍能讲述有意思的故事。我用了很长时间才表达清楚自己在做的事情，不过最终我认识到，处理复杂课题的一个办法是改变问题，尤其是调整思考层次。细节的分析可能极为烦琐，而系统性的综合描述要简单得多，并且可以讲清楚你需要知道的一切东西。

当然，到达这种系统性的综合描述层次要求接受比较笨拙的对称性假设，那正是迪克西特—斯蒂格利茨理论及相关模型的基础。这些笨拙假设能让我讲出有说服力的故事，采用正统竞争模型的优雅假设反而讲不清楚。于是我又开始意识到，在经济学研究中我们一直在做蠢笨的假设，只是因为有些假设的使用过于频繁，才使其看起来较为自然而已。因此在弄清楚假设会得出何种结果之前，我们不能随便拒绝看似蠢笨的模型。

最后，模型的简洁或许挫败了我的迫切愿望，未能炫耀自己在研究生院费尽力气学到的数学技巧，但我很快发现了简洁对这项研究事业的核心意义。过去的贸易理论家没有考虑收益递增的影响，不是因为缺乏实际证据，而是源于他们认为这很难建模。那么，将展示模型设计得近乎简单幼稚，会给研究带来多大的促进作用？

就这样，在25岁生日之前，我基本上已经看清自己在职业生涯中要做些什么。我不知道，如果这一宏大项目当时遇到其他经济学家的冷眼，结果又会怎样。或许我会变得急躁，或许会失去信心并放弃努力。但现实中一切进展出奇顺利。在印象中，我的核心研究曲线自1978年1月后保持了非常连续的轨迹。在几个月之内，我就完成了基本的垄断竞争贸易模型，与阿维纳什·迪克西特和维克多·诺曼（Victor Norman）的模型，以及凯尔文·兰卡斯特（Kelvin Lancaster）的模型几乎同时独立完成。我在论文发表时遇到了点麻烦，被一本顶级学刊《经济学季刊》拒绝，这似乎是所有经济学创新思想的宿命，但我还是继续推进。从1978年到大约1984年底，我把几乎全部研究精力都集中在收益递增和不完全竞争对国际贸易的影响上，中间有一年我曾为美国政府工作，此是后话不表。我的个人探索到后来发展成一股潮流，更多人加入进来。尤其是埃尔赫南·赫尔普曼，他先自己做出了关键贡献，然后邀请我开展合作研究，作为深刻的思想家，他的正直与自律给我的古怪与散漫提供了很好的补充。我俩的代表作《市场结构与对外贸易》让我们的理念不仅赢得尊重，而且几乎成为标准，用7年时间颠覆了正统理论的地位。

出于某种原因，我让关于收益递增的宏大研究项目在20世纪80年代休耕了几年，把注意力转移到国际金融领域。我在该领域的成果主要是一些受当时的政策议题启发而创立的小模型。尽管这些小模型缺乏我的贸易理论模型那种统一主题，但我认为与贸易领域类似，自己在金融领域的研究从某种程度上讲仍保持了一致的学术风格。

1990 年，我从一个新的方向回到收益递增经济学研究。我突然意识到，让我们把收益递增的作用正式纳入贸易理论的技术方法，也可以用于另外一大片被荒废的研究领域：经济地理学，也即关于生产活动空间布局的理论。这里的情形甚至比贸易研究领域更突出，各种实证观察、精彩故事和显而易见的现实意义摆在我们眼前却不受重视，因为人们没有找到好的理论规范方法。在我看来，好比重温作为年幼知识分子的最美好时光。做地理研究是项艰苦的工作，需要大量的深入思考，并使模型变得很琐碎，而我越来越发现自己需要计算机作为辅助，不仅是做数据分析，还要帮忙构造理论。结果表明这样做是非常划算的。我认为，理论研究中遇到的最大兴奋点发生在这样的时刻：模型告诉你某些一直以来应该明显成立的发现，能够让你立刻联想到现实世界，但在过去你却没有真正理解它们的含义。地理研究依然能带来这种兴奋。

在本文写作的时候，有关经济地理的研究似乎正把我引领到更遥远的领域，尤其是在地理模型中自然生成的概念与传统发展经济学［曾经在 20 世纪 40—50 年代走红、然后衰落的高级发展理论（high development theory）］的语言之间存在显而易见的密切联系。因此，我预计自己的基础研究项目将继续在该领域得以扩展。

做研究的规则

介绍自己在 1978 年确立职业生涯的时候，我其实已经隐含地提到了做研究的四条基本规则。现在我将它们明确地阐述出来，再展开解释。这些规则是：

1. 倾听外来者的意见；
2. 对问题提出质疑；
3. 敢于做傻子；
4. 简化，再简化。

倾听外来者的意见

这条规则的具体含义是，“关注睿智的人们在说什么，即使他们与你习性不同或者不会讲你的专业语言”。对此或许最好还是用案例来解释：当我开始反思国际贸易理论时，已有大量文献对传统贸易理论提出批评。实证研究者指出，贸易主要是在要素禀赋差不多的国家之间开展，而且大量贸易是产业内部看似同类产品之间的交换。敏锐的观察家指出，规模经济与不完全竞争在现实的国际市场中颇为重要。但所有这些有见地的评论都被主流贸易理论家忽视了，因为这些批评意见似乎缺乏对比较优势理论的深入理解，也未拿出逻辑一致的模型，那为什么还要关注它们呢？结果就是专家忽略了近在眼前的现实证据和故事。

同样的事情也在地理研究中重演。地理学家与区域研究科学家积累了大量关于区域化外部经济效应的性质与意义的证据，并将它们做了虽非严格但也算合理的归类梳理。然而经济学家并不重视他们的言论，因为那是来自讲错误语言的人。

我并不是说规范的经济学分析毫无价值，或者任何人对经济事务的见解都值得重视。恰恰相反！我强烈推崇理论模型的重要性，理论模型与思考的关系就好比投矛器对于石器时代武器的意义，它们可以极大地拓展我们的洞察力与范围。尤其是，对那些批评理论构造者不切实际的简化、自以为不做清晰的假设陈述就能获得更深刻认识的人，我毫不认同。关键在于，我们应该认识到经济学模型其实是一种比喻而非现实。我们竭尽所能用模型表达思想，并尽量做得漂亮（下文将详述），但始终要记住，你可能做错了比喻，采用其他比喻的人或许看到了你忽略的东西。

对问题提出质疑

1978 年之前有过一些关于外部经济效应与国际贸易关系的研究文献，但从未产生较大影响，因为内容看起来相当凌乱，即便最简化的模型到最后也只是对可能结果做点归类讨论。此后我们逐渐弄清楚了，这种凌乱很大程度上是因为建模者要求模型实现传统贸易理论模型的功能，也就是要对分工与贸易的模式做出准确预测。但为什么要提出这一具体问题？即使在赫克歇尔—俄林模型中，你希望得出的核心观点也不过是“一个国家出口的产品，往往是密集使用自己国内较为丰富要素的产品”。如果你采用的具体模型显示，资本丰富的国家 H 出口资本密集型产品 X，该结论的价值只在于加深了你对上述核心观点的理解，而不是说你真正关心明显过于简化的理论模型的这些具体细节。

所以，如果你不去深究在两部门、两产品经典模型中得出的那些细节，外部经济效应模型并不需要搞得很杂乱。如果只关注福利与世界收入如何分配这些“系统性”问题，完全可以设计出非常简洁的模型。而且我们真正感兴趣的恰恰是这些系统性问题。更直接点说，过度关注细节相当于把过度开发的原有模型的固有偏见带到新的研究领域，并只会制造麻烦。

上述情形在我工作过的若干领域都存在。一般而言，当某个领域的工作者陷入难度极大的问题时，反思一下他们是否找对了问题应该是个好主意。很多时候存在其他一些问题，不仅更容易解答，而且更有意义。但这一技巧的缺陷是，往往会惹人们生气。面对一位把多年光阴用于思考某个难题的学者，你说绕开这个问题反而有利于激活那个研究领域，他很少会表达感激。

敢于做傻子

如果你想发表一篇经济学理论论文，有个比较保险的方法：对某个常见模型做概念上小幅度但数学上高难度的扩展。由于该模型的基本假设已为大家熟知，别人不会觉得奇怪；又由于你完成了技术上很难的工作，你展示的研究实力应该得到认可。当然，不利之处是，这样不能给人类的知识增加多少有效养分。

我发现自己在新贸易理论方面的研究与之正好相反。我采用不太常见的假设，然后用它们做非常简单的推导论证。这样做需要极大的自信，因为人们（尤其是审稿人）一开始几乎肯定会批评乃至嘲笑你的研究。毕竟，你用的假设肯定看起来较为特殊：一个连续产品集，都有着完全相同的生产函数，对称地进入效用函数，各国有着相同的经济规模，要素禀赋呈镜像分布。人们会问，为什么要关注采用这样傻的假设的模型，尤其是还有明显聪明得多的年轻人在通过破解难题证明自己的素质？

许多经济学家或许很难接受的一点是，经济学的所有模型都用了很傻的假设。例如，认知心理学告诉我们，效用最大化就是个荒唐的概念；均衡概念在金融市场之外也很蠢笨；完全竞争对大多数产业都显得很滑稽。之所以会做这些假设，不在于其是否合理，而是因为它们能帮助我们构建模型，以比拟真实世界中发生的事情。

例如，在效用最大化和完全竞争市场假设下的阿罗-德布鲁完全竞争模型，某些经济学家认为它不仅是个有用的模型，而且揭示了至高真理。该模型确实很出色，但并非源于其假设有多高的可信度，而是因为它能帮助我们更清楚地思考经济效率的本质以及在市场体制下实现高效率的前景。它其实是个充满灵感的卓越的傻作品。

我相信这种创造性愚蠢的时代并未过去。作为理论经济学家，其美德并不在于榨干那些在之前的千百篇论文里被引用、从而看似自然的假设。如果有新的假设组合能产生有价值的思想，那就永远不要介意其样子是否古怪。

简化，再简化

劝大家敢于做傻子不等于可以不受约束，事实上，做出真正创新性的理论所要求的智力训练比在成熟研究领域开展工作要多得多。真正的难点是保持方向感，因为身处陌生领域，你非常容易到处兜圈子。凯恩斯在某个地方提到过，“很难想象一个独自思考的人会暂时相信多么愚蠢的东西”。另外的关键点是如何把你的观念表述出来，让没有在过去两年痛苦思考这个问题且并不急于在今后两年为答案挣扎的人也能够较为容易地理解。

幸运的是，有一个策略能完成如下双重任务：既能帮你掌控好自己的思想，又能让这些理念容易被他人接受。这一策略就是，始终用尽可能简单的模型表述你的想法。走向这种简约主义模型的行动将迫使你捕捉自己想说的核心内容，并暴露出你在哪些情况下其实没有真正的创见。然后这种简约模型也将容易解释给其他经济学家。

这一“最小必要模型”方法，我屡试不爽：利用单要素、单产业模型解释垄断竞争模型在贸易中的基本作用；利用部门特殊劳动力（而非赫克歇尔－俄林模型的要素完全替代）的假设解释产业内国际贸易的影响；利用对称的国家条件分析互相倾销的作用，等等。在每个案例中，这种做法都让我能够用第一眼看上去过于简单的手段解开那些被广泛视为超级困难的题目。

当然，这一策略也有其不利之处：你的许多同事通常会认为能用小而可爱的模型来描述的思想必然微不足道且过分浅显。需要有些阅历，人们才会发现简约或许是多年艰苦思考的成果。我听说的一个故事是，当斯蒂格利茨被考虑授予耶鲁大学终身教职时，一位年长的同事看不起他的成果，说那些基本上都是不起眼的模型，而非深刻的定理。于是另一位同事问：“对保罗·萨缪尔森是不是也能做同样的评判”？“正是如此。”那位反对授予教职的人回答。我也听到过对我的研究成果的类似评论。所幸最终有足够多见过世面的经济学家，让学术正义经常能得到主持。另外，大胆探究其他经济学家尚未涉足的一块领域，所用的方法从事后看却又近乎儿戏，这种经历还能给人特殊的愉悦感。

以上就是我对自己的基本研究方法的介绍，我以自己开拓“新贸易理论”的经历以及更近期对经济地理学的拓展为例，是因为这些是我做的核心领域。当然，我还参与了其他许多工作，它们在某种意义上是隶属同一事业的组成部分。因此，本文剩下的篇幅将谈谈这些事情，特别是关于一个人能如何兼任政策经济学家与理论经济学家。

与政策相关的工作

大多数理论经济学家不碰当前政策议题，如果他们卷入政策讨论，那也是在职业生涯的后期，在时间安排上放在创造性的理论研究之后，而非并行开展。似乎有一种共识认为，做出精彩的理论研究所需要的目标清晰与单一性，同活跃于政策讨论所要求的对复杂议题的包容性不匹配。但对我而言从来不是这样。我的学术生涯中混杂着面向不同政府部门和公共机构的咨询活动，以及在一整年里为美国政府服务。我写了一本面向非专业读者的图书《预期消退的年代》，我持续撰写了大量文章，并非出于自己研究课题的内在逻辑，而是为了弄清楚某些政策讨论热点，包括第三世界的债务减免、汇率的目标区域，以及区域贸易集团的兴起等。所有这些活动好像都没有干扰我的研究，而且我最满意的某些论文还起源于面向政策的工作。

为什么与政策有关的工作没有和我“真正”做的研究形成冲突？我想原因是在处理政策议题时，我采用了与更基础的研究工作完全相同的方法。关注媒体的报道或中央银行家与财政部长的言论，是倾听外来者的意见的另一种形式。试图找到办法清晰界定他们的问题，非常类似于对理论问题提出质疑。以自己的非正统观点对阵号称博闻强记的权威，显然要求敢做傻子的勇气。另外，在政策讨论中尽可能地追求简洁，要比在理论研究中的简约主义更具现实价值。

所以，与政策相关的经济学研究对我而言不存在学术风格的巨大调整，而且会带来回报。我得老实承认，相比纯粹的学院派人士，邀请我参加银行家会议和发表演讲的出场费要高得多。同时也要承认，做政策研究的一大乐趣是有机会让资产阶级感到震惊，有机会指出官方立场的空洞或愚蠢。例如，我知道自己不是唯一乐于指出《马斯特里赫特条约》荒谬性的国际经济学家，当我和其他人长期预言的汇率机制危机在1992年秋天终于到来时，也没摆脱有些恶意的快感。然而政策研究的主要回报仍是知识上的激发。不是所有现实世界的问题都有意思，例如几乎任何与税收有关的东西都让我感觉昏昏欲睡。但是，每过最多两三年，国际经济领域总会出现能激发活跃研究的问题。激发我撰写理论研究论文的事件就包括：《广场协议》《卢浮宫协议》《布雷迪计划》《北美自由贸易协定》以及欧洲货币联盟等。即使不考虑相关的政策背景，我认为那些论文自身也有价值。

当然，总是存在这样的风险：加入政策圈的经济学家可能不再有充足的时间做真正的学术研究。我确实撰写了太多的会议论文，我是个非常快的写手，但或许对这个天赋有些开发过度。不过，我认为做政策研究面临的主要危险还不是时间的挤占，而在于价值观受到威胁。我们很容易被诱导，以为直接影响政策比只会撰写论文更重要，我在许多同仁身上见过这种案例。而一旦你走上那条路，一旦你开始觉得大卫·马尔福德* 比索洛更起作用，或者更喜欢巴结理想王国的财政部长，而非同迪克西特探讨理论，你或许就在研究中迷失了。可能很快你就会开始把“影响”当作动词来使用。

幸运的是，尽管自己喜欢同政策议题打交道，我却从来没有太把政策制定者当回事。这种严肃态度的缺失偶尔会给我招来麻烦，例如，在有篇会议论文中关于法国人不失礼貌的插科打诨引来了与会法国官员的长篇抨击，或许也让我永远不可能坐上任何关键的政策职位。但那没什么，最终我宁可多写几篇好论文，而不是掌握实权。当然，在此要提醒政策界：这么说并不代表我一定会拒绝你们发出的邀约！

遗憾

对自己的人生与个性，我有许多感觉遗憾之处。可以说我的职业发展惊人得顺利，但在其他方面却远不是那么轻松写意。不过，本文的内容还是限于职业领域的遗憾。

一个小遗憾是我从未参与真正严肃的实证研究工作。这不是因为我不喜欢

---

* David Mulford（1937—），曾任美国财政部副部长、美国驻印度大使等多个政商职位。——译者注

事实或者真实数据。图表之类较为轻松的实证分析，或许还加上一些回归分析，其实很对我的胃口。但对数据库做严肃的构建与透彻的分析，则似乎是我不会真正投入的事情。我感觉部分原因在于，我的许多理念不太容易做标准的计量检验。当然，更重要的是因为我缺乏耐心和组织能力。每年我都承诺要尝试些真正的实证研究工作：下一年我真要做了！

更大的一个遗憾是，虽然麻省理工学院的课程评定把我列为优秀教师，我却没有带出一长串真正优秀的学生、能给老师增添光彩的后辈。我可以为这个失败找些理由：学生们通常更喜欢多讲方法、少提直觉的导师，我提出的少用数学、多用经济学的要求经常吓跑学生，等等。还有，或许我表现得太忙碌而分心，或许我的个人形象不够激发人心（稍微高几英寸就好了）……但无论如何，我还是希望可以做得更好，并将为此努力。

总而言之，我还算幸运。一系列偶然事件把我引向与自己非常合拍的学术风格，其中势必有很大的运气因素。我在本文中试图对该风格做出定义和解释，这算是人生哲学吗？当然不是。我甚至不敢确定这算不算经济研究领域的哲学，因为对某位经济学家适用的风格未必适合他人。这些只是我做研究的方法，对我自己很适用。

（余江　译）

图书在版编目（CIP）数据

比较 . 第 111 辑 / 吴敬琏主编 . -- 北京 : 中信出版社 , 2020.12

ISBN 978-7-5217-2522-3

I. ①比… II. ①吴… III. ①比较经济学 IV. ① F064.2

中国版本图书馆 CIP 数据核字 (2020) 第 240104 号

比较・第 111 辑

主　　编：吴敬琏

策 划 者：《比较》编辑室

出 版 者：中信出版集团股份有限公司

经 销 者：中信出版集团股份有限公司 + 财新传媒有限公司

承 印 者：北京华联印刷有限公司

开　　本：787mm × 1092mm 1/16　　**印　　张**：14　　**字　　数**：240 千字

版　　次：2020 年 12 月第 1 版　　**印　　次**：2020 年 12 月第 1 次印刷

书　　号：ISBN 978-7-5217-2522-3

定　　价：48.00 元